U0633831

本书为国家社会科学基金一般项目
"风险叠加背景下农民合作社'能力—韧性'提升机制及政策优化研究"
（批准号：24BGL199）的成果

CAPABILITY IMPROVEMENT OF
FARMER COOPERATIVES

农民合作社
能力提升研究

以加快农业强国建设为视角

UNDER THE GOAL OF
MOVING FASTER TO BUILD UP CHINA'S STRENGTH
IN AGRICULTURE

张 滢 —— 著

社会科学文献出版社
SOCIAL SCIENCES ACADEMIC PRESS (CHINA)

谨以此书献给

2025 年国际合作社年

序

　　春节过后，收到张滢寄来的《农民合作社能力提升研究——以加快农业强国建设为视角》书稿，邀我作序。我虽是她的导师，参与了书稿形成全过程的讨论，但从未写过序，多次婉拒未果，只能一试。

　　记得与张滢的初次见面是在浙江大学中国农村发展研究院，我们共同参加了庆祝联合国 2012 国际合作社年的学术研讨会，她当时是黄祖辉教授的访问学者，给我留下的印象是个透着股成熟沉稳之气的"小姑娘"。博士入学后，我才知道她是"孩子的妈"，而且孩子已经读初中了。作为一个过来人，我深知她的不易，要面对学业、事业和家庭的多重压力，因而对她唯一的建议是完成学校规定的任务，按时毕业。出乎预料、令人欣喜的是，博士三年，张滢硕果累累，她顺利通过博士论文答辩，四位博士论文评阅人均给了她的论文以较高评价，她申请到一项教育部人文社科项目，在中英文核心期刊发表论文 3 篇，其中 1 篇发表在权威期刊《中国农村经济》，孩子考上了心仪的重点高中，家庭幸福美满。

　　张滢读书期间，中国农民合作社呈现"井喷式"快速扩张态势，2015 年底，全国登记注册的农民合作社总数突破 150 万家，平均每个行政村 2.5 家。但农民合作社普遍存在"小""散""乱""弱"问题，带动农户增收的能力很有限。当时关于合作社研究的主流是基于制度经济学视角，重点探讨农民合作社的制度安排及其对农民成员的影响等，应用企业理论探讨农民合作社能力建设的研究成果并不多见，这个时代背景为学者们提供了很好的研究场域。张滢独辟蹊径，一头扎了进去，系统学习企业能力经典文献、追踪最新理论成果，同时结合农民合作社的制度特性，开展农民合作社的能力提升研究，不懈地坚持到了今天，没有间断。如张滢所述，在她关注农民合作社能力研究的十余年间，农民合作社的发展经历了"先发展再规范""边发展边规范""量质并举""高质量发展"几个阶段。2019 年，全国登记注册的农民合作社规模超过 220 万家，达到历史最高峰。之后经历了几年新冠疫情，大量农民合作社发展受挫，面临生存危机，农民合作社规模出现萎缩。张滢敏锐地察觉到了这一变化，通过不断强化田野调查，及时开启了农民合作社应对风险的"能力-韧性"研究，拓展和深化了已有的农民合作社能力研究，并获国家社会科学基金一般项目立项。2025 年，联合国的又一个国际合作社年，她终于将这部反复打磨的高质量研究专著呈现给读者，这不仅是中国学者对联合国国际合作社年"强化全球对合作社对于改善粮食安全、减少贫困和饥饿、促进社会包容性发展所作贡献的认识"主题的积极响应，更是对中国农民合作社发展走出徘徊低谷期的现实关怀。

作为第一读者，我认为这部专著有三大特点。一是立意高。本书将农民合作社能力建设置于加快农业强国建设的国家战略中，突出了提升农民合作社能力的时代意义，核心是要促进小农户与现代农业发展有机衔接，推进农业农村现代化。二是眼界新。本书跟踪并应用企业能力理论的最新成果，结合经典合作社理论，确立了农民合作社能力的内涵和理论框架，按照"能力识别—能力评价—能力与绩效—能力提升"的分析逻辑，构建农民合作社能力综合评价系统和指标体系，为促进农民合作社高质量发展提供了重要的学理支撑。本书不仅丰富了农民合作社研究的理论工具，而且增强了企业能力理论的解释力。三是借鉴性强。本书选取资源整合、内部治理、生产加工、市场营销和服务带动五个维度，构建农民合作社能力系统评价指标体系，抓住了农民合作社对外营利、对内服务的制度特色，通过独立设计问卷开展测评，较好地解决了指标指代性和数据可获性两大难点。围绕如何促进农民合作社提升综合能力，本书选取若干典型的成功案例进行系统解剖，为农民合作社的能力建设实践提供了重要参考。全书结构清晰、层次分明、文字明快，反映出作者严谨的治学精神、良好的科研素养和扎实的文字功底。

当然本书也存在一定不足和学术留白：一是对合作社产权制度、领办人特质如何影响农民合作社能力建设这一问题的探讨有待继续深化；二是书中的样本数据和案例调研全部来自张滢本人的一手调研资料，样本选择集中于浙江省温州和湖州两个较为发达的地区，区域代表性较为有限。但总体上瑕不掩瑜，对于农民合作社的研究者、实践者、政策制定者以及广大爱好者，本书无疑是一本重要而实用的参考文献。

谨以为序。

苑 鹏

中国社会科学院农村发展研究所研究员

2025 年 2 月

目 录
CONTENTS

图目录

第一章

研究概述

第一节　研究背景与问题提出

强国必先强农，农强方能国强。加快建设农业强国是中国式现代化的必然要求，是党中央着眼全面建成社会主义现代化强国的战略部署，也是夯实国家安全根基的重要举措。大国小农、人多地少、资源禀赋不均衡、农耕文明历史悠久是中国的国情农情。走有中国特色的农业强国之路是立足基本国情农情，并准确判断中国农业发展面临的内外机遇和挑战所做出的新的制度设计。

习近平总书记指出，要构建现代农业产业体系、生产体系、经营体系（习近平，2017），三个体系的核心就是新型农业经营主体。与传统分散的农户相比，专业大户、家庭农场、农民合作社和农业企业等新型农业经营主体是对农村基本经营制度的丰富与拓展。新型农业经营主体分为生产型主体和服务型主体两种类型。其中，专业大户和家庭农场直接从事农业生产经营活动，是生产型主体；农民合作社和农业企业为农户提供生产经营服务，是服务型主体，同时也起到部分生产型主体的作用。上述四类主体中，最为重要的就是农民合作社：一是农民合作社利用民办性、合作性、专业性的特点将服务渗透至从生产到流通的各个环节，降低单个农户进入市场的交易费用，改善小农的弱势地位并增强农产品的市场竞争力；二是农民合作社利用外部经济的"内部化"，实现规模经济，在提高农产品供给水平与质量的同时促进农民增收致富；三是农民合作社作为中介参与"农户+公司"等纵向契约的协调，克服了农业企业与农户直接交易而面临的交易费用高昂、违约风险频发的缺陷。因此，发展农民合作社对于完善农业生产经营体系、夯实产业安全根基、加快建设农业强国具有重要意义。

截至 2024 年 5 月底，全国依法登记注册的农民合作社突破 218.5 万家，成员覆盖全国约 50% 农户，业务涵盖粮棉油、肉蛋奶、果蔬茶的生产经营，其中种粮农民合作社达 54.2 万家、从事生猪产业的农民合作社有 13.2 万家，社员人均获得盈余二次返还 1460.4 元，人均享受统购统销服务 1.5 万元。① 农民合作社在经历"先发展后规范""边发展边规范""量质并举"三个阶段后，进入"高质量发展"的新阶段。农民合作社要实现高质量发展，需要解决组织规模偏小、治理不规范、服务功能较弱、带动能力不强、风险应对机制不健全等问题：从农民合作社成员来看，数量普遍较少；从业务范围来看，主要局限于本乡镇范围内；从与社员的关系来看，一些农民合作社与社员利益联结松散，未真正符合合作制原则并以合作社形式运作，甚至出现了"假合作社""翻牌社""空壳社"等组织异化现象；从服务功能来看，农民合作社除了从事农资供应、技术培训、信息服务外，亟须满足农民对精深加工、现代营销、技术创新等服务的迫切需求；从风险抵御能力来看，农民合作社风险防范意识偏弱、在市场竞争中自生自灭较为频繁，亟待建立一整套科学健全的风险防控机制。

这些现象促使我们思考这样一些问题：为什么有的农民合作社能够实现健康可持续发展，而有的农民合作社却规模偏小、实力较弱、与

---

① 农业农村部网站，http://www.moa.gov.cn/。

农民利益联结松散？能力是农民合作社生存和发展的基石，在建设农业强国的进程中，农民合作社该具备怎样的能力才能实现从低水平到高质量发展？农民合作社兼具企业和共同体属性，农民合作社能力蕴含比一般企业能力更为复杂丰富的内涵，农民合作社该如何通过自身能力的提升来创造独特的市场竞争优势，并实现为社员服务，带动小农户与现代农业发展有机衔接，以加快建设农业强国并实现共同增收致富？

农民合作社能力是指在既定制度环境、市场条件和资源要素禀赋条件下，农民合作社对自身的物质、资金、技术、人力、管理等资源进行有效整合，创造并保持独特的市场竞争优势，为农民成员提供更多的服务和收益，从而促进农民合作社实力从弱小到强大、制度建设从不规范到规范、发展从"量"的增长到"质"的提升的功能和潜力。党和国家历来重视农民合作社能力的建设。2009 年中央一号文件突出了金融危机下农民合作社增强风险防范能力的重要性。[①] 2010 年中央一号文件强调要提升农民合作社促进农业增效、带动农民增收的能力。[②] 2013 年中央一号文件开始关注农民合作社能力的提升，尤其是引领带动能力和市场开拓能力，强调其在现代农业发展中的重要性。[③] 2014 年中央一号文件更是进一步指出引导合作社规范运行，着力加强能力建设。[④] 2015 年中央一号文件提出要推进农民合作社与超市、学校、企业、社区对接，引导农民专业合作社拓宽服务领域。[⑤] 2016 年中央一号文件落实创新、协调、绿色、开放、共享的新发展理念，大力推进农业现代化，积极培育家庭农场、专业大户、农民合作社、农业产业化龙头企业等新型农业经营主体。[⑥] 2017 年中央一号文件支持农民合作社提高加工

---

① 《中共中央 国务院关于 2009 年促进农业稳定发展农民持续增收的若干意见》。
② 《中共中央 国务院关于加大统筹城乡发展力度进一步夯实农业农村发展基础的若干意见》。
③ 《中共中央 国务院关于加快发展现代农业进一步增强农村发展活力的若干意见》。
④ 《中共中央 国务院关于全面深化农村改革加快推进农业现代化的若干意见》。
⑤ 《中共中央 国务院关于加大改革创新力度加快农业现代化建设的若干意见》。
⑥ 《中共中央 国务院关于落实发展新理念加快农业现代化实现全面小康目标的若干意见》。

能力，积极拓展农业产业链价值链。^① 2018 年中央一号文件提出鼓励农民合作社带动小农户和现代农业发展有机衔接，提升小农户抗风险能力。^② 2019 年中央一号文件支持农民合作社提升精深加工能力和现代营销能力，以促进农村三次产业融合，让农民分享更多的产业增值收益。^③ 2020 年中央一号文件指出，重点培育家庭农场、农民合作社等新型农业经营主体，提升农业全产业链价值。^④ 2021 年中央一号文件指出，突出抓好家庭农场、农民合作社两类经营主体，推进农民合作社的能力建设和质量提升。^⑤ 2022 年中央一号文件支持农民合作社大力发展农业社会化服务，多种粮、种好粮，确保粮食和重要农产品稳定安全供给。^⑥ 2023 年中央一号文件着眼战略机遇与风险挑战并存的特殊时期，提出建设供给保障强、科技装备强、经营体系强、产业韧性强、竞争能力强的农业强国。文件指出，开展新型农业经营主体提升行动，支持家庭农场组建农民合作社、合作社根据发展需要办企业，带动小农户合作经营、共同增收。^⑦ 2024 年中央一号文件锚定农业强国建设目标，强调提升家庭农场和农民合作社生产经营水平，增强服务带动小农户能力，构建现代农业经营体系。^⑧ 这充分显示了党和国家推进农业农村现代化进程，鼓励农民合作社等新型农业经营主体引领农户参与加快建设农业强国的坚定决心。

---

① 《中共中央 国务院关于深入推进农业供给侧结构性改革加快培育农业农村发展新动能的若干意见》。
② 《中共中央 国务院关于实施乡村振兴战略的意见》。
③ 《中共中央 国务院关于坚持农业农村优先发展做好"三农"工作的若干意见》。
④ 《中共中央 国务院关于抓好"三农"领域重点工作确保如期实现全面小康的意见》。
⑤ 《中共中央 国务院关于全面推进乡村振兴加快农业农村现代化的意见》。
⑥ 《中共中央 国务院关于做好2022年全面推进乡村振兴重点工作的意见》。
⑦ 《中共中央 国务院关于做好2023年全面推进乡村振兴重点工作的意见》。
⑧ 《中共中央 国务院关于学习运用"千村示范、万村整治"工程经验有力有效推进乡村全面振兴的意见》。

第二节　研究目的及意义

"加快建设农业强国"战略部署的提出是农业生产经营和组织发展方式的根本性变革,对农民合作社能力的提升提出了更为全面、更加深远的要求,如生产要素创新性配置的能力、技术赋能农业生产经营的能力、服务并带动农民推进农业农村现代化的能力、生态环境保护和综合治理的能力、应对更为复杂严峻外部环境的能力等。因此,在建设农业强国的现实背景下开展农民合作社能力提升研究,有可能成为评价农民合作社能力强弱、加强农民合作社能力建设、提升农民合作社发展质量的一个较好的突破口。其研究成果既具有拓宽农民合作社研究和企业能力研究领域的重要理论意义,又具有促进农民合作社这一新型农业经营主体健康可持续发展,加快建设农业强国的重要现实意义。

本书基于企业能力理论,运用"能力识别—能力评价—能力与绩效—能力提升"(Identification-Evaluation-Performance-Improvement,IEPI)分析框架,开展农业强国目标下的农民合作社能力提升研究。具体研究问题如下:一是识别农业强国目标下的农民合作社能力及其构成要素;二是对农业强国目标下的农民合作社能力展开综合评价,了解农民合作社能力的发展水平;三是探寻农民合作社能力与绩效的关联,分析动态环境下能力对绩效的影响机理;四是根据以上构建的农业强国目标下的农民合作社能力系统、能力评价模型以及能力与绩效的关系等研究结论和成果,结合农民合作社能力提升典型案例,借鉴国际农业强国建设经验,为促进农民合作社高质量发展,提出农业强国建设进程中我国农民合作社能力提升的政策启示。

第三节　相关概念界定

一　农业强国

建设农业强国，首先必须厘清"农业强国"的概念。从字面上理解，农业强国就是"农业强的国家"。农业强国的重点在于"强"，是指通过做强现代农业来实现国家强大，而非依靠传统农业为国家强大奠定基础。传统农业的动力主要来源于人力与畜力，生产方式依赖手工操作的铁制工具，耕作方式基于农民世代耕作的经验积累。现代农业是继原始农业、传统农业之后的农业发展阶段。现代农业应用生物技术、机械技术、节水灌溉技术、数字技术等现代科学技术来指导农业生产，用电力、机械力而非人力、畜力作为动力来源，生产主体也由传统分散的农民转变为高素质、高组织化程度的现代农业经营主体，采用现代经营理念与管理方式提高农业标准化、商品化、产业化水平。农业强国是农业现代化持续推进中达到的产业发展状态。通过先进的科学技术、先进的生产方式和有力的农业支持保障政策的协同作用，促进资源配置效率、劳动产出效率、土地产出效率的极大提高，实现强大的农产品生产能力与供给能力以及在全球格局中拥有充分的市场竞争力和国际贸易话语权，是农业强国最为凝练的内蕴表达。

农业强国是一个整体性的概念，体现为供给保障、科技创新、设施装备、产业体系、生产经营、可持续发展、国际竞争力等多个维度综合呈现的结果。农业强国又是一个基于国家间比较的概念，是指一国的农业现代化处于世界领先水平且能引领世界农业的发展。同时，农业强国建设又必须注重因各国或地区的历史条件、经济发展水平和资源禀赋的不同而呈现的地域性。此外，农业强国也是一个动态性的概念，在农业强国建设的进程中，既要总结农业强国建设的长期性规律，又必须根据新的发展阶段、新的目标要求，结合内外部环境的变化而进行不断调整。

"农业强国"并非近几年才有的新词，曾屡屡出现在媒体报道、学术论文中，甚至正式文件和重要讲话中。例如，2002年11月21日《人民政协报》以《编织农业强国之梦》为题刊登了报道。2013年3月，习近平总书记明确提出，实现中华民族伟大复兴的中国梦，就是要实现国家富强、民族振兴、人民幸福（中共中央文献研究室，2013）。同年12月召开的中央农村工作会议上，习近平总书记指出的"中国要强，农业必须强"突出了农业在国家建设中的基础地位。2017年中国农业科学院建院60周年之际，习近平总书记在贺信中寄语农业科技工作者，务必牢牢掌握我国农业科技发展的主动权，为我国由农业大国走向农业强国提供坚实科技支撑。[①] 2018年中央一号文件与《乡村振兴战略规划（2018—2022年）》都强调了农业大国向农业强国转变的迫切性。同年9月，在中共中央政治局第八次集体学习中，习近平总书记明确了农业现代化和农村现代化的一体推进对于实现向农业强国跨越的重要意义。2022年10月，习近平总书记在党的二十大报告中提出"加快建设农业强国"，将农业强国建设作为我国全面建设社会主义现代化国家战略部署的重要组成部分（习近平，2022a）。同年底召开的中央农村工作会议上，习近平总书记进一步强调"强国必先强农，农强方能国强"，并对农业强国建设做出了系统规划，提出建设农业强国要具有中国特色，要立足我国农情国情，不照搬国外现代化农业强国的模式，要走自己的路（习近平，2023）。2023年中央一号文件阐明了农业强国具体的内涵要求，指明了供给保障、科技装备、经营体系、产业韧性、竞争能力五大方面"强"的农业强国路径。同年底的中央农村工

---

① 《习近平致信祝贺中国农业科学院建院60周年 李克强作出批示表示祝贺》，央广网，http://news.cnr.cn/native/gd/20170526/t20170526_523774458.shtml。

作会议和 2024 年政府工作报告进一步明确了建设农业强国的路线图和重点任务。2024 年中央一号文件提出，锚定建设农业强国目标，全面推进乡村振兴、加快农业农村现代化。

"农业强国"从一个抽象的名词到一整套战略安排的正式提出，历经了缜密思考和充分酝酿。加快建设农业强国，既体现了农业在社会主义现代化强国建设中的根基作用，又反映了我国农业发展新阶段的必然要求乃至国家建设整体战略的重大部署。具有中国特色的农业强国建设正是基于大国小农的国情农情、人多地少的资源禀赋、历史悠久的农耕文明、人与自然和谐共生的时代要求而做出的制度选择。

二 农民合作社

合作是人类的天性之一。正如克鲁泡特金（Kropotkin）在其著作《互助论》中反复论证，"互助合作是动物的本性"，"人类中的互助合作倾向，其起源是很遥远的，并且同人类的进化极为密切地交织在一起。尽管历经种种变迁，人类依旧一直把它保持到现今"。合作经济是指社会经济发展到一定阶段，劳动者自愿入股联合，实行民主管理，获得服务和利益的经济形式。其主要特点包括入社自愿、退社自由、社员共同投资兴办、管理民主、服务宗旨和市场经济原则统一、类型多样化以及盈余归全体成员共有。合作社是合作经济的一种典型的组织形式。农村的合作经济形式主要是农民合作社。合作运动是农民基于互助精神而组织的一种合作事业，是改变农民在市场竞争中的弱势地位的一种有效途径。现代合作社运动始于 1844 年罗契戴尔公平先锋社（Rochdale Equitable Pioneers Society）的成立，截至 2024 年已有 180 年的历史。合作社的内涵在国际合作社运动中随着实践的发展而发展，既坚守合作社的本真，又吸取合作社发展的新经验而不断丰富和充实。1995 年，国际合作社联盟（International Cooperative Alliance，ICA）成立 100 周年，在曼彻斯特召开代表大会，通过了《国际合作社联盟关于合作社界定的声明》（ICA Statement on the Cooperative Identity），该声明将合作社界定为"自愿联合起来的人们通过联合所有与民主控制的企业来满足他们共同的经济、社会与文化的需要与抱负的自治联合体"。2002 年第 90 届国际劳工大会正式通过的国际劳工组织（International Labour Organization，ILO）《合作社促进建议书》（ILO Recommendation Concerning the Promotion of Cooperatives）吸收了《国际合作社联盟关于合作社界定的声明》的全部内容，作为向各国政府提出促进合作社发展的政策建议的前提。[①] 建议书将合作社定义为：合作社是自愿联合起来的社员自助的、自治的经济组织；它作为一种企业形态，区别于其他企业形态的本质在于，社员联合所有与社员民主控制的企业，这是合作社特有的所有制结构和法人治理结构；合作社的宗旨是为社员服务，满足社员的需求（唐宗焜，2012）。[②]

中国农民合作社发展历程曲折。改革开放以来，中国农村和农业经济发生了深刻的变革——农业产业化深入发展，消费者需求日益多样化，农产品市场格局急剧转变。我国专业型的农民合作社萌芽于 20 世纪 80 年代，在 90 年代中后期逐渐发展。为了给予农民合作社一个良好的政策、法律环境，并保护农民通过自愿联合获取的市场谈判权利，2006 年 10 月 31 日第十届全国人民代表大会常务委员会第二十四次会议通过《中华人民共和国农民专业合作社法》（以下简称《农民专业合作社法》），明确"农民专业合作社是在农村家庭承包经营基础上，同

---

① 国际劳工组织网站，http://www.ilo.org/。

② 唐宗焜对此进行了四点解释：第一，合作社是"自治联合体"，不是其他组织或机构的附属物；第二，自治联合体是人的联合；第三，人们自愿联合的目的是满足社员的各方面需求；第四，合作社企业的所有制结构是法人治理结构。唐宗焜认为，"联合所有"保证了社员个人在合作社中的所有者权益，而不是在"共同所有"下对社员权益的侵犯；"民主控制"保证了社员通过民主程序对合作社的资本、经营决策和分配实施控制，而不是一般意义上的管理。

类农产品的生产经营者或者同类农业生产经营服务的提供者、利用者，自愿联合、民主管理的互助性经济组织"。自《农民专业合作社法》颁布以来，农民合作社如雨后春笋般涌现，产业类型日趋多样、合作内容不断丰富、服务能力得以增强，成为促进农业生产经营方式变革、带动农民增收的重要组织载体。然而，农民合作社在快速增加的同时，面临发展质量不高、运行不规范、与成员利益联结不紧密等问题，甚至出现了没有实质性运营的"空壳社"、理事长一人说了算的"一人社"、非农成员成立并主导的"假合作社"、借成立农民合作社的名义套取国家补贴或政策优惠的"翻牌社"等组织异化现象。2018年7月1日，新修订的《农民专业合作社法》正式施行，为规范农民合作社的组织运行和提升农民合作社的发展质量树立了法治基础。新修订的《农民专业合作社法》规定，"农民专业合作社，是指在农村家庭承包经营基础上，农产品的生产经营者或者农业生产经营服务的提供者、利用者，自愿联合、民主管理的互助性经济组织"。

本书研究的农民合作社是指按照《农民专业合作社法》运行的农民自组织，即以农民为主体，以服务成员和谋求全体成员共同利益为宗旨，以农产品生产经营或农业生产经营服务为主要业务，以市场竞争为基本导向的农民合作社。上述"假、死、空"合作社不在本书的研究范围内。

三　农民合作社能力

企业能力是一个复杂的概念，通常被抽象地理解为一种特殊物质，即能够使一家企业比其他企业做得更好的特殊物质。尽管理论上难以准确地界定企业能力和找准实践中企业能力的所在，但企业能力的确是客观存在的，且对企业的运行和发展时时刻刻产生着重要作用。巴内（Barney，1986）把企业能力看作企业拥有的一种特殊资本，即与知识相关，看不见摸不着，却又能让人感觉到的、难以交易的智力资本。格兰特（Grant，1991）认为，能力不仅是资源的集合，更是企业内部人与人、人与资源之间相互协调的一种复杂模式。阿米特和舒梅克（Amit and Shoemaker，1993）认为，企业能力是企业为了提高资源的生产效率和保障最终产品或服务质量而拥有的"中间产品"。普拉哈德和哈默（Prahalad and Hamel，1990）认为，能力是企业整合资源以实现预期组织目标的才能，它是企业专有的，并通过企业资源之间复杂的互动作用逐渐发展而来的。比较和分析上述学者的观点，本书认为，企业能力是指，企业将各种从市场上获得的资源进行组合，为特定生产经营目标服务的综合能力。企业能力是企业在经营活动中逐步积累起来的，在本质上属于隐性知识，无法通过市场购买而获得。企业能力建立在资源的基础上，以知识、技能、组织惯例的形式存在。不同的企业拥有不同的能力，从表面上看，企业之间的差别在于所提供产品或服务的不同，但深入探究企业内部会发现，产品或服务存在差异的根本原因在于企业能力的差异。

农民合作社是一个对外营利与对内非营利相结合的特殊企业，因此农民合作社能力与企业能力具有共性。农民合作社能力的概念具有综合性，体现了农民合作社对物质资源、技术资源、人力资源等各方面总体的掌控和运用。农民合作社能力又是一个相对性的概念，横向比较时体现为"强"或"弱"，纵向比较时体现为"提升"或"下降"。这种通过比较而展现出来的能力，一方面表现为农民合作社自身资源结构优化、功能升级、能力提升的过程；另一方面关注农民合作社与农民合作社、农民合作社与其他市场经营主体能力的对比，寻找农民合作社能力建设的短板。农民合作社能力的概念又具有动态性，不仅与农民合作社内部资源密切相关，而且必须随着外部环境的变化而进行适当的调整。但是，作为兼具经济属性和社会属性的特殊企业，农民合作社在组织目标、成员制度、所有权安排、治理机制、经营战略、社会责任方面与一般企业有着显著的差异。所以，农民合作社能力具有区别于企业能力的特殊性。与一般企业以营利为目的、追求利润最大化不同，农民合作社的组织宗旨是"为成员服务"、谋求全体社员的共同利益。农民合作社能力不仅反映了农民合作社将各种组织资源进行有效组合，以实现市场竞争优势的能力，而且体现了农民合作社为社员提供更多的服务和收益，提高社员的生产技术水平和生产效率，引领小农户与现代农业发展有机衔接，带动农民增收致富的功能和潜力。

第四节 研究思路与研究方法

一 研究思路

本书从四个层面展开研究。第一，研究概述部分对研究背景与研究问题、研究目的及意义、相关概念、研究思路与研究方法、研究的可能创新与不足进行阐释，理论基础与文献综述部分对相关理论基础和文献进行梳理。第二，本书第三、第四、第五、第六章按照"能力识别—能力评价—能力与绩效—能力提升"分析框架开展农业强国目标下农民合作社能力提升的研究：首先，识别农业强国目标下的农民合作社能力及其构成要素，辨别农民合作社能力与一般企业能力的异同；其次，构建农业强国目标下的农民合作社能力评价指标体系，对农民合作社能力展开实证分析，比较农民合作社的整体能力以及各个单项能力；再次，研究农民合作社能力与绩效的关系，并深入探寻动态环境下农民合作社能力对绩效的影响；最后，根据以上农民合作社能力识别、能力评价以及能力与绩效的关系等研究结果，结合农业强国建设国际经验，从农民合作社自身层面和政府政策层面，提出农业强国目标下我国农民合作社能力提升的政策启示。第三，本书第七章分析农业强国目标下的农民合作社能力提升典型案例。第四，本书第八章得出研究结论，分析研究存在的不足并提出进一步研究的方向。

二 研究方法

本书将采用文献检索法、系统分析法、问卷调查和访谈调查法、综合评价方法、统计分析法、计量建模法、案例分析法、比较分析法等研究方法。在进行理论基础梳理和文献综述时，采用了文献检索法。在进行农业强国目标下农民合作社能力提升理论框架和分析范式的构建时，对农民合作社和一般企业的组织特性进行比较分析。在进行农民合作社能力识别时，采用系统分析法，建立农业强国目标下的农民合作社能力系统。在进行农业强国目标下的农民合作社能力评价时，采用问卷调查和访谈调查法，通过问卷调查法获取农民合作社能力方面的基本数据，通过访谈调查法对典型个案召开座谈会或进行入户访谈。而后，运用熵权法对农业强国目标下的农民合作社能力进行实证研究。在分析农民合作社能力与绩效的关系时，首先，运用因子分析法对农民合作社能力、绩效以及动态环境进行维度划分；其次，构建结构方程模型，对动态环境下农民合作社能力与绩效的关系进行定量分析并做出合理解释。在给出农业强国目标下农民合作社能力提升的启示时，主要结合国内典型案例和国际经验借鉴进行研究。

三 技术路线

根据以上研究思路和研究方法，本书研究的技术路线如图 1-1 所示。

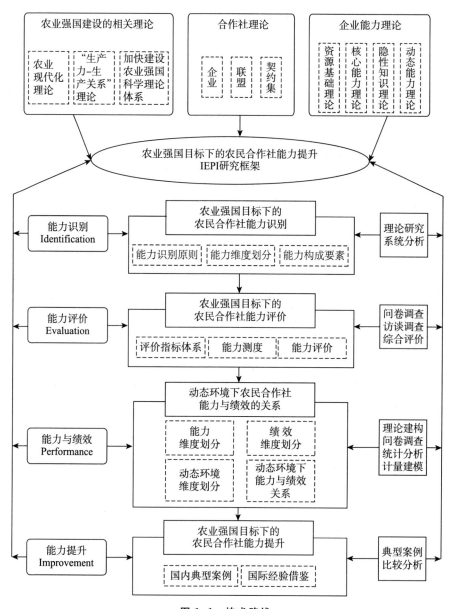

图 1-1　技术路线

第五节　研究的可能创新与不足

一　研究的可能创新

本书主要有以下三点创新之处。第一，将农民合作社研究与企业能力研究相结合，选择加快建设农业强国的现实背景作为研究的切入点，阐释农民合作社能力的内涵，构建农业强国目标下农民合作社能力的理论框架和农民合作社能力综合评价模型，以提升农业强国目标下农民合作社能力建设的效率和质量，这为农民合作社能力的研究提供了一个新的视角。因此，在选题上具有一定的创新性。第二，在以往农民合作社能力研究的基础上，采用"能力识别—能力评价—能力与绩效—能力提升"分析框架开展农业强国目标下的农民合作社能力提升研究，构建农业强国目标下的农民合作社能力系统和能力评价指标体系，为判断农民合作社能力水平的高低、比较农民合作社能力的差异提供扎实的理论基础，拓宽了农民合作社能力研究的范畴。因此，在理论上具有一定的创新性。第三，将动态环境的调节作用引入农民合作社能力与绩效关系的研究中，一方面能清晰地阐释农民合作社能力对绩效的影响机理，为提升农民合作社能力、促进农民合作社绩效增长提供直接的依据；另一方面能探究动态环境下农民合作社能力与绩效关系的实质，为农业强国目标下的农民合作社的能力提升找准发力点。因此，在实践中亦具有一定的应用价值。

二　研究存在的不足

本书可能存在以下不足之处。首先，基于本书的数据来源，研究所确立理论模型的普适性问题需要考虑。或者说，本书获取的数据与实例以及最终的研究结论能够在多大程度上反映中国农民合作社丰富多彩的发展实践，需要进一步考证。其次，由于经营服务类型、自然地理条件、市场垄断程度、组织规模等的不同，农民合作社能力存在差异。如果综合考虑这些因素，本书构建的农民合作社能力系统、能力评价指标体系势必存在一定的局限。最后，能力是一个相对的、动态的概念，农业强国建设是一个比较的、发展的进程。本书实证分析选用了横截面数据，分析框架在未来更长时间段的适用性有待进一步验证。

第二章

理论基础与文献综述

农业强国目标下的农民合作社能力提升研究是以农业强国建设的相关理论、合作社理论和企业能力理论为理论基础，并结合农民合作社的制度特性展开的。本章对农业强国建设的相关理论、合作社理论和企业能力理论进行了梳理、借鉴与整合，奠定了农业强国目标下农民合作社能力提升研究开展的理论基础，并通过国内外研究动态述评，探寻本研究可以进一步拓展的空间。

第一节　农业强国建设的相关理论

一　农业现代化理论

农业强国和农业现代化两个概念在本质上紧密联系。不论是农业强国还是农业现代化，归根结底都属于产业概念的范畴，核心要义都是发展农业产业。农业现代化是农业强国建设的前提与基础，农业强国是农业现代化推进的目标与要求。具体而言，实现农业现代化是世界各国农业发展的共同愿景，但是只有少数国家能够进入农业强国的行列。因此，农业强国理论是建立在农业现代化理论基础之上的理论体系。

农业现代化始终是农业经济研究关注的热点问题。关于农业现代化的研究开始于对现代化的认知。现代化理论的研究分为三个阶段。一是 20 世纪五六十年代的经典现代化研究，以帕森斯的《社会系统》（刘润忠，2005）、勒纳的《传统社会的消逝：中东现代化》（Lerner，1958）、艾森斯塔德（1988）的《现代化：抗拒与变迁》为代表。经典现代化理论认为，现代化是传统向现代的历史转变过程，强调现代化既发生在先进国家的社会变迁中，也发生在后进国家追赶先进水平的进程中。二是 20 世纪 70 年代，贝尔（1984）《后工业社会的来临》开启后工业社会的研究，利奥塔尔（2011）《后现代状态：关于知识的报告》引发了"现代"与"后现代"的哲学争论。后现代理论认为，从传统社会向现代社会，即农业社会向工业社会的转变是现代化，现代化的核心目标是实现经济增长；从现代社会向后现代社会，即工业社会向后工业社会的转变是后现代化，后现代化的核心目标是实现个人幸福最大化；由现代化向后现代化的转变还伴随着经济、政治、性与家庭、宗教观念等的深刻变化。三是 20 世纪八九十年代，胡伯提出的生态现代化理论（Huber，1985）和贝克等（2001）的再现代化理论。再现代化理论将现代化划分为普通现代化与再现代化两个阶段。普通现代化是构建现代工业社会。再现代化是现代化的现代化，即消解现代工业化。农业现代化研究以现代化理论为基础，以农业发展的过程和结果为研究对象。其中，以舒尔茨（2006）的改造传统农业理论、梅尔（1988）的农业发展阶段理论、早见雄次郎和拉坦（1993）的农业发展诱致性技术创新理论最为经典。

（一）改造传统农业理论

20 世纪 50 年代初，经济学家提出了以工业为中心的发展战略，认为只有工业化才能够促进经济腾飞；农业则是停滞的，不能对经济发展做出重要贡献，只能为工业的发展提供劳动力、资金和市场。在此理论的影响下，许多发展中国家致力于发展工业而忽视农业，导致诸多社会经济发展问题。因此，一些学者质疑工业化发展战略，转而强调农业问题。从舒尔茨（2006）的《改造传统农业》开始，农业现代化成为现代化研究的重要内容。舒尔茨反对轻视农业，强调在发展中国家只有现代化的农业才能促进经济发展，关键问题在于如何把传统农业改造成为现代农业。舒尔茨指出了传统农业的三大基本特征：一是农民所使用的生产要素与技术条件不发生变化；二是获得收入和持有收入的来源和动机长期不变；三是传统生产要素的供求因储蓄为零而达到均衡。因此，从以上三个特征来看，传统农业是一种特殊类型的经济均衡状态，本质上是一种生产方式长期没有发生变动的、基本维持简单再生产的、长期停滞的小农经济。舒尔茨进一步分析，改造传统农业的重心在于引进新的现代农业生产要素：第一，要想改造传统农业，必须建立一套适用于传统农业改造的制度与技术作为支撑；第二，从供求两方面入手，为引入现代生产要素提供条件。对新生产要素供给者而言，舒尔茨认为，新要素供给者不仅要提供新的生产要素，还要让传统农民接受并使用这些要素。对于新的生产要素的需求者来说，新的生产要素（技术、设备、经验等）是否有利，不仅取决于新要素的价格与产量，而且取决于新要素的风险和不确定性以及农业租佃制度。此外，应高度重视人力资本的形成和投资。人力资本投资的形式包括教育、培训、提高健康水平等。其中，教育是最为重要的方式，也是长期有效的方式。

（二）农业发展阶段理论

农业是国民经济中最基本的生产部门，农业的发展具有显著的阶段性特征。20 世纪 60 年代，帕金斯（Perkins）、梅尔（Mellor）、莫舍（Mosher）提出了农业发展三阶段论（刘润忠，2005），其中以梅尔（1988）对农业发展三个阶段的划分最具特色。梅尔将传统农业向现代农业发展的过程划分为三个阶段。第一个阶段为传统农业阶段。在这个阶段，技术变革是停滞的，农业生产的增长几乎完全取决于传统生产要素供给的增加。传统农业阶段的农业生产尽管有所增长，但由于技术变革的停滞，农业生产的增长伴随着土地生产率的降低与人均收入的减少。这就意味着，在这一阶段，农业生产的增长是通过减少单位投入来实现的。第二个阶段为低资本技术阶段，即劳动密集型的技术进步阶段。在这个阶段，农业对经济的全面发展发挥着至关重要的作用，具体表现为：农业在整个国民经济中占据很大比例、工业资本短缺、人口效应与收入效应带来农产品需求猛增、劳动力与土地等传统生产要素投入比例较大、农业机械化程度不高。第三个阶段为高资本技术阶段，又称为资本密集型的技术进步阶段。这一阶段中，农业的重要性大大降低，非农产业部门发展迅速。农业人口向非农业部门转移，带来人地比例的下降。资本在农业生产中的运用趋于集约化。劳动成本日益提高，机器代替劳动成为可能。因此，这一阶段农业发展的基本特征为：资本以大型农业机械的方式替代劳动以节约生产成本，生物科学技术的发展促进单位土地面积产量与单位牲畜产量的显著提高。

（三）农业发展诱致性技术创新理论

早见雄次郎和拉坦（1993）的农业发展诱致性技术创新理论将技术变革视为内生变量，即由相对资源禀赋与需求增长变化所决定的变量，揭示了在自然资源既定的条件下技术生成与变迁的机制。早见雄次郎和拉坦将制度视作资源禀赋变化和技术变迁的应激反应，提出了有关制度创新和技术扩散的新论点。该理论假设，一种生产要素相对价格的提高会诱致能够节省该生产要素的技术革新。技术的发展会引起相对充裕要素对相对稀缺要素的替代，同时还能够促进对稀缺要素的开发，以改变这种生产要素的稀缺性。早见雄次郎和拉坦通过深入研究美国、日本等国家的技术进步方式来验证他们提出的诱致性技术创新理论。早见雄次郎和拉坦发现，虽然不同国家的资源禀赋不同，但是可以通过不同的技术选择，实现同样高的农业生产率。比如，美国人少地多、劳动力供给弹性小、劳动力价格高，美国农业发展采用机械技术推广来提高农业生产率；日本人多地少、土地供给弹性小、土地价格高，日本农业发展通过生物技术进步来提高农业生产率。早见雄次郎和拉坦又进一步论证了技术变迁与制度变迁的关系，他们认为制度变迁有两种，即由于资源禀赋变化引起的制度变迁和由于技术进步引起的制度变迁。许多国家的制度变迁取决于要素价格变化折射出的资源禀赋条件。例如，随着人口密度增加，农村土地所有制与土地使用制度会发生改变。与技术进步有关的新产品、新方法、新机会的不断涌现，是制度变迁的另一主要诱因。

农业现代化经典理论一方面从技术进步的角度强调先进技术对于改造传统农业的重要性；另一方面突出制度因素在改造传统农业中的作用，认为传统农业向现代农业发展必须依靠一整套适合的制度体系。这种技术进步与制度创新并重的分析范式，构成了农业强国理论的基础。

二 马克思和恩格斯关于"生产力-生产关系"的思想

马克思和恩格斯关于"生产力-生产关系"的思想是农业强国理论的发端。生产、生产力、生产关系是马克思主义政治经济学，甚至其整个理论体系中最基本的科学范畴。马克思认为，生产是政治经济学的直接对象与理论研究的出发点。所谓生产，就是将投入转化作产出，或是将各类生产要素进行组合以制造产品的活动。生产力是指，具有相当生产经验与劳动技能的劳动者利用他们的生产资料在物质资料生产的过程中改造自然界，并获得适合自己需要的物质资料的能力。生产关系是指，人们在物质资料生产过程中相互联结而成的社会关系，包括生产资料所有制的形式、人们在社会生产中的地位和关系，以及产品分配的形式（《马克思恩格斯文集》第 8 卷，2009）。其中，生产资料所有制是生产关系的基础，决定了生产关系的性质与特征。生产力决定生产关系，生产关系反作用于生产力，一定的生产关系只能依据一定的生产力发展水平建立起来，任何生产关系都是一定的生产力发展的必然结果，就是"生产力-生产关系"的辩证思想。马克思"生产力-生产关系"理论基于唯物史观看待社会系统演化和制度变迁的逻辑，指出生产力的发展水平是衡量社会发展的根本标尺，也是促进社会发展进步的根本动力。生产力的发展不但影响社会分工、交换方式等生产关系，而且推动社会变革、实现物质财富增长，从而决定社会的生产效能与水平。生产关系如果符合生产力发展的要求，就会促进生产力的发展，反之，则会阻碍生产力发展。

马克思和恩格斯将"生产力-生产关系"的思想应用于农业领域，考察 17 世纪至 19 世纪欧洲资本主义大农业和俄国小农生产实践并将二者展开深刻对比，开创了马克思主义研究农业、农村、农民问题的新范式。经典著作《德意志意识形态》《路易·波拿巴的雾月十八日》《资本论》《家庭、私有制和国家的起源》《法德农民问题》中的马克思主义农业现代化思想构成了加快建设农业强国的思想根基。马克思、恩格斯注意到，随着科学技术的发展和机器大工业向农业领域扩散，传统的人力、畜力被逐渐取代，代代相传的经验和技巧从生产者身上分离，并演化为专业化的现代生产技术。农业生产率的提高使劳动时间大大缩短，化肥的推广改变了土壤肥力结构，种植、养殖方法的进步缩短了生产周期，等等，带来了农业剩余的不断产出并为工农业部门的分离与更大规模的社会分工奠定了基础（《马克思恩格斯文集》第 8 卷，2009）。同时，马克思和恩格斯也敏锐觉察到传统小农的"内生局限"，即排斥生产力的大发展、劳动的社会形式、资本的社会累积、大规模畜牧与科学的不断进步等。狭隘且保守的小农生产方式从自给自足经济的发展形式转变成了资本主义农业生产方式的无形桎梏。无产阶级应引导小农组建合作社并重构土地所有制，通过土地国有化和合作社，实现生产者的联合控制，越过资本主义制度的"卡夫丁峡谷",开创一条社会主义发展的新路子。①

马克思和恩格斯从农业产业功能与农业在国民经济中的贡献度两方面阐释了农业的基础地位。农业是人类生存与一切生产的历史起点与先决条件。农业为人类生存提供了最基本的生活资料。农业生产率的提高是国民经济其他部门赖以独立化的基础。农业是国民经济其他部门进一步发展的根基。农业为工业乃至整个国民经济的发展提供粮食和农副产品等基本生活资料。农业为工业的发展提供大量的原料和市场。农业为国民经济其他部门的发展提供大量的劳动力,农业是经济建设资金积累的主要来源(《马克思恩格斯文集》第8卷,2009)。

农业强国理论遵循生产力和生产关系的互动特点和演化规律。基于马克思主义"生产力-生产关系"的思想在农业领域的思想传统,在生产力方面,农业强国理论拓展了生产力要素的边界,强调利用知识、技术、管理、数字等新要素带动劳动、土地、资金等传统农业生产要素产出倍增价值,实现从资源消耗型生产力向科技驱动型生产力的跃升;在生产关系方面,农业强国理论强调优化制度供给以确保社会生产力大发展,满足农业农村现代化和农民农村共同富裕的需求。

三 习近平总书记关于加快建设农业强国的重要论述

习近平总书记关于加快建设农业强国的重要论述既是新时代中国共产党"三农"思想的重要内容,也是中国共产党领导建设农业强国的经验探索。习近平总书记关于加快建设农业强国的重要论述遵循了世界各国农业强国建设的共性特征,同时又立足"大国小农"的中国特色,从战略定位、首要任务、根本途径、价值追求等一系列关键问题出发,构建了"明体达用、体用贯通"的科学理论体系。

---

① 跨越"卡夫丁峡谷"是19世纪80年代马克思在考察俄国农村公社后提出的设想,指出发展落后的国家可以不经过资本主义阶段而直接进入社会主义。这样做,可以避免重走西欧资本主义国家漫长而又痛苦的原始积累老路。

（一）战略定位：明确农业基础地位

随着经济的转型发展和综合国力的提升，我国当前已经具备了农业强国建设的基本条件。首先，国家经济实力的提升，增强了支撑农业强国建设所需的综合物质能力。其次，我国的农业现代化发展取得了显著进展。农业生产能力方面，我国 2023 年粮食产量达 13908 亿斤，比 1949 年新中国成立时的 2264 亿斤增加 1 万多亿斤，增长了 5.1 倍；[①] 农业产值方面，我国农林牧渔业总产值由 1952 年的 461 亿元增加到了 2023 年的 158507 亿元；[②] 农业产业结构方面，我国从以种植业为主转变为农林牧渔全面多元发展；农业技术进步方面，物联网、数字技术、人工智能技术在农业生产中得以应用，大大提高了农业生产经营的现代化水平。最后，农业劳动生产率大幅度提高，农业规模化生产经营逐渐实现，现代农业经营主体开始培育，为农业强国建设提供了现实可能性。党的十八大以来，习近平总书记始终坚持将"三农"问题放到历史的进程中去审视，战略性地提出"强国必先强农，农强方能国强"。习近平总书记于 2022 年 10 月在党的二十大报告中明确提出"加快建设农业强国"，将农业强国正式纳入我国强国战略体系中。

农业兴则基础牢，农村稳则天下安。习近平总书记将农业农村提高到了在党和国家事业发展的全局中"优先发展"的战略高度，将农业作为考量社会主义现代化强国建设成色和含金量的关键。2024 年 7 月，党的二十届三中全会将完善强农惠农富农支持制度、坚持农业农村优先发展作为进一步全面深化改革、推进中国式现代化的重点工作。[③]

[①] 乔金亮：《从 2264 亿斤到 13908 亿斤——农业发展硕果累累》，中国政府网，2024 年 9 月 12 日，https://www.gov.cn/yaowen/liebiao/202409/content_6974074.htm。

[②] 《农业发展阔步前行 现代农业谱写新篇——新中国 75 年经济社会发展成就系列报告之二》，中国政府网，2024 年 9 月 10 日，https://www.gov.cn/lianbo/bumen/202409/content_6973429.htm。

[③] 《习近平：关于〈中共中央关于进一步全面深化改革、推进中国式现代化的决定〉的说明》，中国政府网，2024 年 8 月 15 日，https://www.gov.cn/yaowen/liebiao/202408/content_6968537.htm。

习近平总书记关于加快建设农业强国的重要论述，是对我国农业现代化目标导向的理论创新，也是全面建成社会主义现代化强国、实现中华民族伟大复兴的中国梦的逻辑使然。

（二）首要任务：保障粮食和重要农产品稳定安全供给

农业强国建设是全面建成社会主义现代化强国的根基，保障粮食和重要农产品的稳定安全供给是农业强国建设的首要任务和头等大事。农业的首要功能是生产食物，即满足人类的饮食需求，提供人类生存和发展所需的基本物质。农业是国民经济的基础，关系到民生福祉与经济社会发展全局。中国是人口大国，首先需要确保 14 亿多人口的农业供给。中国也是农业大国，中国农业生产不仅要提高土地、资本、劳动力等传统农业生产要素的配置效率，以提高生产能力和增强核心竞争力，更要将"端牢饭碗"和保障粮食安全作为促进农业发展、满足人民群众对高质量食物需求的底线。党的十八大以来，习近平总书记高度重视粮食安全，将保障粮食和重要农产品的稳定可靠供给作为重要考量纳入国家经济安全体系中。2023 年 12 月，《中华人民共和国粮食安全保障法》颁布，确立了"以我为主、立足国内、确保产能、适度进口、科技支撑"的国家粮食安全战略，坚持"藏粮于地、藏粮于技"。我国粮食综合产能稳步提升，粮食总产量连续 9 年（2015～2023 年）稳定在 1.3 万亿斤以上。[①] 水果、蔬菜、茶叶、肉类、蛋类、奶类、鱼类等产量居世界第一，"菜篮子""果盘子"琳琅满目，满足城乡居民对食物品质丰富多样、品质营养健康的消费需求。

但综合来看，虽然我国粮食连年增产，供需仍然保持"紧平衡"的状态。由于工业化、城镇化的推进以及城乡居民消费结构的升级，我国粮食产需缺口将会长期存在。据《中国农村发展报告——面向 2035

---

① 魏玉坤：《我国粮食产量连续 9 年稳定在 1.3 万亿斤以上》，中国政府网，2023 年 12 月 11 日，https://www.gov.cn/lianbo/bumen/202312/content_6919554.htm。

年的农业农村现代化》预测，到 2035 年我国需具有 9 亿吨粮食供给保障能力才能满足城乡居民食物消费升级的需求，其中，国内需要具备 7.5 亿吨的粮食生产能力，这也意味着还有 1.5 亿吨的粮食产需缺口需要依靠进口来弥补（魏后凯、杜志雄，2021）。受到人口增长、资源紧张、气候变化等诸多条件的制约，保障国家粮食安全任重而道远。此外，从外部环境来看，国际地缘政治格局不稳、贸易保护主义抬头、粮食价格波动、全球粮农治理影响力有限等不稳定因素陡然增多，我国保障粮食安全面临前所未有的压力与挑战。因此，保障粮食安全既是中国式现代化建设的底线要求，也是应对复杂严峻外部环境的"稳定器""压舱石"。这就需要我们转变传统的"向耕地要食物"的观念，由粮食安全的概念拓展到食物安全的概念，从耕地、草原、森林、江河湖海中开发食物资源，全方位多途径拓宽食物来源。

（三）根本途径：提高农业全要素生产率

农业强国建设离不开强大的生产力。生产要素是生产力最基本的构成部分，通过一定的社会形式结合起来形成生产力。生产要素包括劳动者、劳动资料和劳动对象。劳动者是具有一定生产经验与劳动技能的人，在生产力发展中起主导作用，是物质要素的创造者和使用者。劳动资料是劳动者在生产过程中使用的工具和辅助设备。劳动对象是生产过程中被加工的物质材料。更高素质的劳动者、更高技术含量的劳动资料和更广范围的劳动对象是生产力发展的关键。农业强国建设需要高素质农业人才、高新技术进步的支撑，也需要集约的生产方式和可持续发展的理念来配置并优化土地、劳动力、资金等传统生产要素，以促进全要素生产率的提高。党的二十大报告明确将提高全要素生产率摆在构建新发展格局、推动高质量发展的重要位置。习近平总书记反复强调要统筹保障国家粮食安全与转变农业发展方式，使农业尽快转到数量质量效益并重、注重技术创新、注重可持续的集约发展上来。面对土地、劳动力等传统生产要素日趋紧张的现状，农业强国建设亟须提升农业全要素生产率，让科技进步、人才培育、理念转变、管理创新等新生产要素成为农业增长的新动能。[①]

科技是第一生产力，是农业强国建设的一把"金钥匙"。将先进的科学技术应用于农业生产经营的全过程，可以实现降本增效增值。在产前环节，利用技术准确地判断市场需求及变化规律，引导农民合理调整种植、养殖结构，降低农产品的销售风险；在产中环节，利用技术实现对生产专业的精准控制，降低生产成本并提高农产品的产量和品质；在产后阶段，利用技术降低农产品的交易成本。从我国农业科技发展的实际来看，农业关键领域的科技创新依然有待加强，特别是在优质核心种质和农机智能装备的技术研发领域缺乏具有原创性的标志性成果。其中，种子研发面临由传统种业向现代种业转型的问题，亟须加强核心育种攻关和种质资源保护；中高端智能农机装备依赖进口，自主研发尤其是先进人工智能技术研发亟须突破。

劳动者是生产力中最活跃的能动要素，人才是最宝贵的资源，高素质农民是农业强国建设的主导力量。培育农民的生产经营能力、技术创新能力、风险管理能力和思想引领能力，积蓄农村人力资本，吸引"知三农""爱三农"的实用型人才扎根农村，壮大田间地头善于实干的高素质农民群体，才能赋能农业强国建设。

绿色生态是农业的"底色"，绿色发展是农业强国建设的必然要求。绿色转型发展是农业发展观的一场深刻变革，必须坚持以绿色、低碳、可持续发展理念引领农业强国建设，实现农业经济价值与生态价值的有机统一。习近平总书记立足人与自然相和谐的理论高度谋划农业强国建设，强调"绿水青山就是金山银山"的理念，加快推进"拼资

[①] 全要素生产率是指各种要素投入水平既定条件下所达到的额外生产效率，这种额外生产效率主要来自要素质量的提升或资源配置效率的提高。具体而言，如果一个经济体产出的增长不是由于资本、劳动等传统要素投入的增加，而是由于技术变革、管理创新或其他非要素投入而引起的效率提高，那么这种额外的增长则可视为全要素生产率的提高。

源、高消耗"的粗放式发展向绿色发展转型（习近平，2025）。农业强国建设进程中，我国面临资源要素约束、农业农村污染、优质农产品需求增加等诸多挑战，需要强化农业面源污染治理，科学施用化肥农药，加快研发绿色化肥、绿色农药新品种，科学处理农业生产废弃物，推广可降解农膜和种养结合的循环发展模式。应当合理平衡耕地利用和休养生息，应用节水灌溉技术提高水资源的利用率。不仅要运用大数据、人工智能技术精准管控农业生产全过程，满足人们对天然、绿色、健康、营养农产品的需求，也要传承中华农耕文明中尊重自然、人与自然和谐共生的思想，建设资源节约型、环境友好型、生态稳定型的绿色农业强国。

（四）制度创新：构建现代农业经营体系

农业强国建设的进程不仅是农业生产力提高的过程，也是生产关系变革的过程。现代农业经营体系的构建从本质上看，是调整生产关系以适应生产力发展的一种制度创新。"大国小农"是我国的基本国情农情。"大"体现为我国人口众多、农业人口众多且农产品供需均庞大；"小"体现为农业经营规模小、小农户数量众多。我国农业在几千年的历史长河中形成并发展出了精耕细作、自给自足的小农经济，滋养了一代又一代人，孕育了博大精深的中华农耕文明。农业的基本资源禀赋与人地关系格局决定了这一特殊的国情农情在相当长一段时间内不会发生根本改变。第三次全国农业普查数据显示，我国小农户的数量占全部农业经营主体比重超过98%，小农户从业人员占农业从业人员的比重为90%，小农户耕地面积占总耕地面积的70%。[1] 以小农户为主的家庭经营是我国农业经营的主要形式，这是我国农业发展必须长期面对的现实。小农不是仅指经营规模小，而是指农业商品率低、技术手段传统、受教育水平低、资金缺乏、年龄偏大，同时经营规模又较小的农业

---

[1] 于文静、董峻：《全国98%以上的农业经营主体仍是小农户》，中国政府网，2019 年 3 月 1 日，https://www.gov.cn/xinwen/2019-03/01/content_5369755.htm。

经营主体。因此,农业强国建设必须解决好小农发展问题。

农村基本经营制度是党的农村政策的基石,要在坚持农村基本经营制度的基础上,大力推进农业经营体系的现代化。我国农村基本经营制度是指以家庭承包经营为基础,统分结合的双层经营体制。巩固和完善农村基本经营制度,一是坚持农村土地农民集体所有,二是坚持家庭经营的基础性地位,三是坚持稳定土地承包关系并保持长久不变。现代农业经营体系的构建要以农村基本经营制度为基础,以家庭承包经营为依托,大力培育家庭农场、农民合作社等新型农业经营主体,以服务小农户为出发点强化农业社会化服务,将小农户融入现代农业发展的进程,解决"谁来种地""如何种好地"的问题。在农业强国建设的实践中,基于小农户家庭经营的基本面,要加快构建立体式复合型现代农业经营体系,鼓励通过多种途径促进小农户与现代农业发展有机衔接。第一,鼓励小农户依靠自身能力转型为现代农户,升级为专业化生产和适度规模经营的专业大户、家庭农场。农业农村部的数据显示,截至2024年3月底,纳入全国家庭农场名录系统的家庭农场近400万家。①第二,小农户按自愿互利的原则联合起来,以农民合作社为组织载体发展现代农业。截至2024年3月底,全国依法登记的农民合作社突破219.7万家,依法联合组建的联合社达1.5万家。② 第三,涉农企业带动小农户发展现代农业,采用"公司+农户""公司+合作社+农户"的产业化经营模式,以订单生产的方式将小农户融入现代农业产业体系。第四,以农业社会化分工为导向发展新型农业社会化服务,各类农业社会化服务主体为农户提供耕、种、防、收等一系列的农业生产托管服务,一整套标准化生产技术方案,以及市场分析、政策解读、法律咨

---

① 农业农村部:《对十四届全国人大二次会议第1637号建议的答复》,中国农业农村信息网,2024年7月30日,https://www.agri.cn/zx/hxgg/202408/t20240806_8659027.htm。

② 农业农村部:《对十四届全国人大二次会议第3729号建议的答复摘要》,农业农村部网站,2024年7月31日,http://www.moa.gov.cn/govpublic/NCJJTZ/202408/t20240801_6460100.htm。

询、金融保险等农业综合服务，服务并引导小农户发展现代农业。

（五）价值追求：迈向农民农村共同富裕

中国式现代化是"全体人民共同富裕"的现代化。习近平总书记指出，中国要强，农业必须强；中国要美，农村必须美；中国要富，农民必须富（习近平，2022b）。农民农村共同富裕是实现全社会共同富裕的重要组成部分，没有农村振兴与农民富裕，全体人民的共同富裕就不可能实现。迈向共同富裕最艰巨最繁重的任务仍然在农村，目前仍然存在产业发展水平不高、农民收入增长不快、区域发展不平衡、农村基本设施薄弱、公共服务能力不强等现实短板。唯有补齐农村这些短板，解决农村发展不平衡不充分问题，让农民共享经济社会发展成果，才能真正接近全体人民共同富裕的目标。农业强国建设是实现农民农村共同富裕的主要途径，农民农村共同富裕是农业强国建设的终极目标。

习近平总书记关于加快建设农业强国的科学理论体系坚持把持续增加农民收入、拓宽农民增收致富渠道作为中心任务。

一是产业振兴促增收。树立大食物观、大农业观，以全产业链、多功能和多元价值的视角发展农业。农业全产业链包括生命再生产和经济再生产的产业链、产前产中产后相衔接的产业链、产业链升级所需的要素链（供应链、价值链、组织链、技术链、政策链等）。传统产业链形态向现代农业全产业链升级，需要以农业为依托，通过产业链延伸、产业范围拓展、产业功能多元化，将农业生产、农产品加工销售、餐饮休闲及其他服务业紧密相连、协同发展，实现农村三次产业融合发展。农业由仅具备单一的生产功能拓展为具有农耕文明赓续、农业生态保护、乡村旅游体验等功能的产业体系，扩大产业增值增效的空间。农业产业做强的同时，要夯实农业产业安全根基。农业是典型的风险型产业。习近平总书记高度重视统筹发展和安全，提出"提升产业链供应链韧性和安全水平"（习近平，2024）。产业韧性是加快建设农业强国的安全根基。提升农业产业韧性，要强化产业链核心环节、补充产业链薄弱环节、延伸产业链的长度与宽度，通过强链、补链、延链提高产业链的竞争优势和经济效益。同时，实施风险监测、风险预警和风险管控，以提高农业产业链的风险应对能力与稳定性，进而夯实农业产业安全根基。尤其是在当前国际环境不稳定因素增多的形势下，农业产业安全是保障国家经济安全、生态安全和社会稳定的先决条件。

二是合作联合促增收。农业家庭经营具有精工细作、监督成本低的优势，但存在经营规模小、抗风险能力弱、市场竞争力不足的缺陷。可以将单独且分散经营的农户联合起来，建立农民合作社，解决小农户独闯市场时面临的交易费用高昂、缺乏市场话语权的问题。农民合作社还可以作为中介嵌入"公司+合作社+农户"的产业经营模式中，由公司负责技术指导、种苗提供、产品销售，合作社负责组织与协调，农户进行实际生产，既稳定了公司与农户的契约关系，又减少了农户的市场风险并拓宽了农民的增收渠道。因此，在农业强国建设的进程中，要支持发展农民合作社等新型农业经营主体，服务、带动、富裕小农，实现小农户与现代农业发展相衔接。

三是制度保障促增收。农户是粮食种植的核心主体，是农业价值链上收益与风险的交汇点。面对耕地资源不充裕、农资和人工成本上涨、粮食价格波动的制约，必须健全种粮农民收益保障机制来激发农民种粮积极性。加强农业基础设施建设，保障粮食丰收增产。按照"谁多种粮谁多得"的政策导向制定并提高农业补贴的精准度。鼓励农民采用新技术、新品种、新农机开展规模化、集约化、机械化生产以提高粮食产能和种粮收益。巩固拓展脱贫攻坚成果，确保不发生规模性返贫。大力推动脱贫地区特色产业、富农产业发展、鼓励更多的资金、技术、人才等关键性生产要素向欠发达地区倾斜。完善农村社会保障和帮扶救助制度，确保农村低收入人群在农业强国建设的进程中"不掉队""不落伍"。促进城乡融合发展，缩小城乡发展差距。这不仅需要在空间上推动城乡融合，更需要在要素流动和市场环境上实现城乡融合。鼓励城市资源向农村流动、公共服务向乡村覆盖、社会事业向农村延伸，实现农民更加富裕、农村更加美好。

农业强国建设的进程不仅是一个促进农民增收致富、筑牢农业发展物质基础的过程，更是一个建设宜居宜业和美乡村、推进物质文明与精神文明协调发展的过程。现代农业的发展为农民精神富裕奠定了物质基础，农民文化精神认识水平提升反过来促进物质财富的创造。实现农民精神富裕既要将现代生产要素引入农业农村，培养农民现代性，又要传承乡村传统文化精髓和农民精神文化生活的多样性，以促进人的全面发展和体现以人民为中心的发展思想。第一，要加强农民文化教育，培育高素质现代农民。着重培育精生产、懂技术、善管理的职业农民，为农业强国建设提供人力保障。实施乡村人才振兴，通过事业、市场、政策、情怀吸引爱农懂农人才，让农业成为有奔头的产业，让农民成为体面的职业。第二，传承乡村传统文化，激活农民精神富裕的主体性。赓续中华农耕文明，让传统农耕智慧与现代农业科技互汇互融，更好地指导农业生产、丰富农民的精神世界。传承优秀乡土文化，发掘农村特色文化的产业价值，实现乡风文明与产业兴旺的互促共进。第三，推进乡村治理体系和治理能力现代化。鼓励农民共参共建自治、法治、德治的乡村治理体系，激发农民全面发展的内生动力。第四，推进农村人居环境整治。以"厕所革命"、生活污水和生活垃圾处理、村容村貌提升为重点，改善农村人居环境，建设绿色家园、宜居乡村。

四 中国农业强国建设的研究概观

(一) 农业强国的概念界定

首先，农业强国概念的界定需从字面入手加以辨析。农业强国从字面上看就是农业强的国家。强弱是相对的，这就意味着农业强国是一个相对的概念。农业强国的参照系是其他国家，准确地说，是世界农业强国。贾晋等（2024）认为，应立足国家层面比较来判断一国是不是农业强国，能称为农业强国的国家在农业领域必定具备显著的比较优势。孔祥智和谢东东（2023）指出，农业强国一定要在农业综合实力以及国际影响力方面都具有绝对优势与比较优势。农业强国概念的界定必须厘清农业强国、农业大国、强国农业几个在字面上极为相似的概念的差异。农业大国侧重于体量上的"大"，一般以农业生产总规模、农产品总产量等指标来衡量。从这些指标来看，中国无疑属于农业大国。但从农业综合发展水平来看，中国并非农业强国。只有农业综合实力位居国际前列的国家才能被称为农业强国。中国农业当今面临的事实是"大而不强"，中国农业强国建设的任务就在于实现从农业大国转变为农业强国（何秀荣，2023）。"强国"涉及方方面面，包括政治、经济、科技、文化、外交、军事、资源等。若要成为强国，必须建设强国的农业。农业强是国家强的根基，要通过发展现代农业为国家强盛打下坚实的基础。

其次，农业强国概念的界定要阐释农业强国的基本内涵。魏后凯和崔凯（2022）认为，若一国农业在产出效益、科技创新与国际竞争等多个维度均位居世界前列，且能够领跑世界农业发展，则该国可以被称为农业强国。黄祖辉和傅琳琳（2023）将农业强国的内涵凝练为"农业强、农村美、农民富"，"农业强"体现为农业生产经营的专业化、区域化、标准化、一体化，"农村美"体现为农村环境的景观化和农村治理的效能化，"农民富"体现为农民利益的共享化和农民精神的富有化。张红宇（2024）从目标愿景的角度提出了农业强国的概念，即一国利用先进的农业科学技术和生产方式以及有效的农业扶持政策，提升土地产出率、劳动生产率和资源利用率，最终实现农业生产能力、供给能力及国际市场竞争能力和国际贸易话语权的极大提升。姜长云（2023）则从外部环境的角度指出我国当前经济发展、地缘政治、公共安全等面临前所未有的风险与挑战，不确定不稳定因素显著增加，农业作为"压舱石""稳定器""蓄水池"的作用凸显，加快农业强国建设是应对复杂严峻外部环境的固本强基之策。

最后，农业强国概念的界定还要梳理好农业强国与农业现代化、乡村振兴等重大部署之间的逻辑关系。党的十九大报告提出产业兴旺、生态宜居、乡风文明、治理有效、生活富裕的乡村振兴总要求。党的二十大报告对全面推进乡村振兴、加快建设农业强国做出了重要部署，提出到 2035 年基本实现农业现代化。陈锡文（2023）认为，乡村振兴是途径，加快建设农业强国是总目标。农业强国必须与农业现代化一并推进，全面推进乡村振兴是新时代建设农业强国的重要任务。农业现代化是传统农业向现代农业转变的动态过程，意味着用现代物质条件来装备农业、用现代科学技术来改造农业、用现代产业体系来提升农业、用现代经营方式来推进农业、用现代发展理念来引领农业、用培育新型农民来发展农业。农业现代化是通过提高土地产出率、资源利用率、劳动生产率，最终实现农业质量效益与提高农业竞争力的过程。农业现代化不等同于农业强国。农业现代化反映了农业是否达到先进的生产手段与生产力发展阶段，无须展开国与国之间的比较。与农业现代化相比，农业强国具有更加丰富的内涵和更高远的层次，意味着一国农业从数量到质量、从规模到效益、从生产力到竞争力的全面提升，且须居世界先进行列。直观地讲，实现农业现代化是建设农业强国的一门"基础课"（姜长云，2023）。实现了农业现代化的国家不一定就是农业强国，而农业强国一定是实现农业现代化的国家。因此，农业现代化是农业强国建设的前提条件，农业强国是农业现代化的高级形态。农业现代化和农业强国是一内一外、一体两面的。中国要建成农业强国，肩负实现农业现代化和建设农业强国的双重任务，任重道远（马晓河，2023）。

（二）农业强国的基本特征

世界各国的农业强国建设进程虽然异彩纷呈，但都遵循了现代农业发展的基本规律，凝聚了本国为增强粮食和重要农产品供给保障所做的不懈努力，体现了在农业技术创新增强、国际竞争力提升、可持续发展上的共同追求。综合来看，世界农业强国具备"四强一高"的基本特征，"四强"指的是农产品供给保障能力强、科技创新能力强、国际竞争力强和可持续发展能力强，"一高"指的是农业发展水平高（魏后凯、崔凯，2022）。农业强国的基本特征为"五力强"，即农产品供给保障能力强、科技创新能力强、国际竞争力强、可持续发展能力强、产业链延伸能力强（黄祖辉、傅琳琳，2023）。农业强国的基本特征可以归纳为"六高六强"，即经济发展水平高、农业比较劳动生产率高、农业优质化安全化绿色化品牌化的水平高、专业化规模化特色化产业化的水平高、现代农业产业体系发达、农业创新水平高以及粮食和重要农产品供给保障强、物资技术装备强、国际竞争力和品牌影响力强、产业融合领先地位强、产业组织引领支撑作用强、创新创业生态可持续发展能力强（姜长云，2023）。

中国农业强国建设道路既要符合世界农业强国的共性特征，也要立足我国人多地少、大国小农、资源禀赋不均衡的国情农情，走出一条具有中国特色的农业强国建设道路。人口规模巨大要求农业供给保障能力强、全体人民共同富裕要求共享富农能力强、物质文明与精神文明相协调要求农业多功能拓展能力强、人与自然和谐共生要求农业可持续发展能力强、走和平发展道路要求国际竞争力和合作能力强（张明皓，2024）。中国的农业强国建设需要将粮食安全作为头等大事来承载巨大人口规模，通过巩固拓展脱贫攻坚成果同乡村振兴有效衔接来实现农民农村共同富裕，以农业现代化和农村现代化齐头并进来推进物质文明与精神文明协调发展，以农耕文明与农业思想的传承来实现人与自然和谐共生的理念，改变我国农业"大而不强"的现状并坚持和平与发展道路（史志乐、吴奕，2024）。2023年中央一号文件将农业强国的基本特征表述为"供给保障强、科技装备强、经营体系强、产业韧性强、竞争能力强"。①

(三) 农业强国的衡量指标

关于如何判断一国是否属于农业强国，目前已经出现了不少衡量农业强国的指标。魏后凯和崔凯（2022）参照世界农业强国，以"四强"即农产品供给保障能力、农业竞争力、农业科技创新能力和农业可持续发展能力作为一级指标，以粮食生产能力、谷物自给率、人均产量、土地面积、高标准农田面积、全要素生产率、粮食生产亩均成本、机械化率、加工率、比较优势指数、新型职业农民数量、科技贡献率、科研经费占比、良种覆盖率、核心种源自给率、高新技术企业数量、灌溉水资源利用率、耕地质量等级、化肥农药施用强度、畜禽粪便利用率、农产品质量安全合格率等 21 个指标作为二级指标来设计评价指标体系。何秀荣（2023）从竞争力的角度，利用技术效率和经济效率来评价一国建设农业强国的水平，其中技术效率反映了技术竞争力，经济效率反映了市场竞争力。姜长云（2023）在考虑哪些国家属于农业强国时，将人均 GDP 达到世界银行评定的高收入国家平均值的 70%、具备规模化农业比较优势和强势竞争力农业领域作为两个具有"一票否决"功能的硬性衡量指标，并综合考虑城市化率、农业劳动生产率、农业固定资产、农业从业人数占比等指标建立评估体系，来评定一国是否为农业强国。刘同山和陈斯懿（2023）参照联合国工业发展组织（UNIDO）的工业竞争力绩效评价体系，设计了以产业结构升级、生产出口能力、国际农产品贸易影响、可持续发展能力为一级指标，以劳动农业增加值、劳动农业出口值、农业增加值占 GDP 比重、农业增加值占全球农业增加值比重、农业出口值占全球农业出口值比重、单位耕地面积化肥使用量为二级指标的农业强国测度指标体系。黄祖辉和傅琳

---

① 《中共中央 国务院关于做好 2023 年全面推进乡村振兴重点工作的意见》，中国政府网，2023 年 1 月 2 日，https://www.gov.cn/zhengce/2023-02/13/content_5741370.htm。

琳（2023）通过"五高一低"来度量农业强国水平，分别为土地产出率高、农业劳动生产率高、农产品商品率高、农业科技进步贡献率高、资源利用率高以及农业劳动比重低。孔祥智和谢东东（2023）围绕劳动生产率、土地生产率、产业链水平、供应链韧性，即"三高一强"来进行农业强国国别数据的对比。孔祥智等（2024）提出将农业资本有机构成引入农业强国衡量指标中的设想，结合劳动生产率、土地生产率构成三类核心指标来评价主要发达国家建设农业强国的水平并展开中外比较研究。贾晋等（2024）认为，实现农业现代化是建成农业强国的必要条件，而并非所有实现农业现代化的国家都是农业强国，因此在研究中先利用人均 GDP、农业人均产值、农业产值份额、农业就业份额、城镇化率等反映农业现代化水平的门槛指标筛选出符合农业现代化标准的国家，而后判断这些国家的产业结构是否具备综合性，以及这些国家是否具有农业国际竞争力与引领力。

上述有关农业强国衡量指标的讨论努力贴合世界农业强国建设的共性特征，又在具体指标的选择上尽力体现中国农业强国建设的目标与方向，以便在农业强国建设的实践中精准补短板、强化发力点。

（四）农业强国的推进策略

中国什么时候能建成农业强国、究竟该如何推进农业强国建设，是目前经常被讨论的话题。农业强国是一个动态变化的概念，不能以当下农业强国的标准来判断若干年后农业强国的标准。刘同山和陈斯懿（2023）采用农业竞争力综合指数（CAP）结合联合国粮农组织（FAO）测算，中国在 2019 年第一次跻身全球农业 Top30 国家行列，成为准农业强国。中国农业规模对世界农业生产和贸易影响重大，农业增加值和农业出口值占全球农业增加值和农业出口值比重明显较高。但是，中国能够成为准农业强国，主要依靠的是"量"的优势而非"质"的优势。中国在产业结构升级、生产出口能力、可持续发展方面与世界农业强国存在明显差距。正如习近平总书记所说，建设农业强国是一项长期而艰巨的历史任务，必须保持战略定力、久久为功。[①]

　　中国农业强国建设是一个系统工程，需要立足我国基本国情农情，从多方面持续发力推进。魏后凯和崔凯（2022）提出以强有力的举措，如夯实稳产优供基础、构建现代农业产业体系、推动农业科技和农村改革双轮驱动、做好政策顶层设计来推进农业强国建设。孔祥智和何欣玮（2023）指出确保粮食安全是中国农业强国建设的基础。尤其是当前我国粮食供需"紧平衡"的状态未发生根本性变化，且又面临局部战争、地缘冲突、粮价波动、贸易政策变化等外部不确定因素带来的巨大压力，需要确保大食物观下的粮食安全，筑牢中国农业强国建设的底线。黄祖辉（2023）强调发挥科技、组织、品牌对农业全产业链的赋能作用，利用农业全产业链升级来推动农业强国建设。胡向东等（2023）围绕国内农业生产保供、国际农业影响力、农业科技装备、富有组织力的农业经营体系、农民持续增收等方面提出加快建设农业强国的策略。黄祖辉和傅琳琳（2023）认为，农业强国建设需要处理好国家粮食安全与粮农种粮收益、小农与现代农业、政府与市场三对辩证关系，并提出在完善农业双层经营体系的基础上建立现代农业三大体系，即现代农业产业体系、现代农业经营体系和现代农业生产体系，来带动小农与现代农业发展有机衔接。孔祥智和谢东东（2023）认为农业强国建设应聚焦种业振兴、农机产业发展、土地规模经营和服务规模经营相协调、高标准农田建设、城乡二元结构突破等方面。贾晋等（2024）侧重加快农业绿色生产和绿色消费转型、培育农业强国人才来促进农业强国的建设进程。侯爱萍和查慧珠（2024）认为，发展农业新质生产力是推进农业现代化、建设农业强国的内在要求。农业强国建设必须注重培养农业新质人才、提高农业科技创新能力、强化农业基础设施建设、构建现代农业产业体系和优化农业生态环境。

[①] 《习近平：加快建设农业强国　推进农业农村现代化》，中国政府网，2023 年 3 月 15 日，https://www.gov.cn/xinwen/2023-03/15/content_5746861.htm。

第二节　合作社理论的来源与发展

　　合作社事业是国际性事业，国际合作运动有两个多世纪的历史，创造并积累了市场经济环境中发展各类合作社的较为成熟的经验，形成了使合作社能借以有效运行的基本原则和制度框架，世界各国合作社实践的新经验使这一框架不断发展与完善。

一　国际合作运动

（一）国际合作运动的兴起

　　自18世纪60年代欧洲最早出现合作社以来，合作社的发展已历经两个多世纪。早在16世纪，欧洲就产生了合作思想。最早的合作社出现在英国，并非偶然。英国工业革命始于18世纪60年代棉纺织业的技术革新，盛于19世纪三四十年代机器制造业机械化的实现，大机器工业代替手工业，机器工厂代替手工工厂，市场经济制度基本确立。合作社是市场经济的产物，也是市场经济发展过程中社会"两极分化"的产物。市场经济条件下，人们开展以商品交换为主要形式的经济活动，在经济上形成了相互联系、自由竞争的社会分工秩序。在生产力大发展和社会财富增加的同时，激烈的市场竞争也引发了弱势的小生产者与资本主义制度的对立，贫富悬殊日益加剧，社会矛盾不断激化。1836年，英国宪章运动爆发，工人阶级要求在大工业制度下改善物质生活和社会地位，争取普选权以参与国家管理。这场无产阶级希望通过政治变革来提高经济地位的政治运动，因缺乏科学的革命理论指导而以失败告终。之后，工人阶级由争取政治参与权利转为争取改善自身经济地位。工人、农民、手工业者等市场弱势群体成为国际合作运动兴起的社会基础，尝试利用合作社的制度优势来改善自身处境并提高市场地位。

　　1844年12月21日，在英格兰西北部兰开夏郡的罗契戴尔（Rockdale），一家简陋的小店在一条叫"蛤蟆巷"（Toad Lane）的小巷里开张。罗契戴尔是工人聚居的小镇，环境污秽不堪，市场上出售的食品普遍掺假，缺斤短两司空见惯。小店所在的"蛤蟆巷"没有下水道，婴儿死亡率极高，居民平均寿命只有21岁。这家小店取名"公平先锋社"（Equitable Pioneers Society），意在以公平价格、足斤足两向顾客，即它的社员出售质量安全的食品，并决心在市场经济中依靠合作的力量争取市场交易的话语权。当时，工作环境恶劣，工资低下，食品和生活日用品价格高昂。工人们为了改变这种艰难的处境，决定每人用节省下来的1英镑入股出资建立一个小型的消费合作社，为社员联合购买并平价销售面包等生活必需品。合作社社员一起劳动，共同分享合作社的经营利润，采用"一人一票"的民主决策方式。罗契戴尔公平先锋社的示范作用在于，合作社在解决社员经济困境的同时，把社员的个人利益和合作社的民主管理相结合，兼顾了公平和效率。罗契戴尔公平先锋社作为第一家具有现代合作社特征的合作制企业，为世界合作社的发展奠定了思想和组织上的基础。自此，国际合作运动在英国、欧洲大陆及世界其他地方蓬勃兴起。

不同类型的合作社是随着市场经济的发展而产生的。市场经济的发展推动各行各业专业化水平不断提高、社会分工不断精细化，生产和生活对社会化服务的需求也因而愈发多元化，满足不同服务需求的形式各异的合作社由此产生。英国早期的合作社大多为消费合作社，是为了对抗掺假、缺斤短两以及中间商的价格盘剥而成立的。19世纪，信用合作社的成立旨在为农民和手工业者提供贷款和其他金融服务，帮助他们摆脱高利贷的陷阱。19世纪末期，经济危机引发的农业大萧条激化了美国中小农场主和铁路公司的矛盾，以供销服务为主的农业合作社开始兴起。农业合作社能够应对农产品过剩、铁路部门垄断和中间商剥削，保护了农场主的利益。合作社发展至今，不仅涉足供应、生产、销售、消费、金融、保险等多个领域，而且从经济领域延伸到生活服务领域。在现代市场经济国家，几乎各个领域都能看到满足不同需求的、不同类型的、规模各异的合作社。

（二）合作社原则的演变

合作社原则是合作社不可动摇的根基，但合作社原则又随着国际合作运动实践经验的积累和合作社生存环境的变化而发展。合作社原则的演变既反映了合作社对新形势的适应，又体现了合作社思想的不断现代化，为检验一个组织是否真正具备合作社属性提供了衡量的标尺。

罗契戴尔公平先锋社是由28名失业纺织工人自愿联合而成的消费合作社。这些工人曾受英国空想社会主义者罗伯特·欧文（Robert Owen）、基督教社会主义者威廉·金（William King）合作思想的影响。他们在合作社成立前进行了为期一年的认真思考和酝酿，制定了如下办社原则：一是个人自愿参加或退出合作社；二是社员一人一票，对合作社实行民主控制；三是社员缴纳股金，合作社对股金支付有限的利息；四是合作社出售商品时一律按市场价进行现场交易；五是合作社出售的商品必须质真量足；六是合作社的盈余按各社员全年向合作社购买商品金额的比例返还；七是合作社提取一部分盈余用于建立社员教育基金；八是不论个人宗教信仰或政治倾向如何，合作社须保持政治中立。1937年，国际合作社联盟（International Cooperative Alliance，ICA）巴黎大会肯定了上述原则，将以下七点确定为国际通用的合作社原则并命名为"罗契戴尔原则"：一是开放的社员资格；二是民主控制，即一人一票；三是盈余以社员的交易额比例分配给社员；四是资本有限利息；五是政治与宗教中立；六是现金交易；七是促进教育。

第二次世界大战后，世界各国经历了20世纪40年代中后期的恢复重建和50年代经济、社会的迅速发展，特别是社会主义和资本主义两大阵营的对峙以及摆脱殖民统治而获得独立的大量发展中国家的兴起，使国际合作运动的外部环境发生了巨大变化。1966年，国际合作社联盟在维也纳召开第 23 届大会，审议并修订了合作社原则如下。第一，合作社的社员资格是自愿的，一切能够利用合作社服务并且愿意承担社员责任和义务的人均可获得社员资格，不存在人为的限制或任何歧视，包括社会的、政治的、宗教的等。第二，合作社是一个民主的组织，一切合作社事务应当交由以社员认可的方式选举产生或委任的人来管理，且必须对全体社员负责。一级合作社社员采取"一人一票"的民主决策方式，平等地参与对合作社运营产生影响的决策，其他层级的合作社也应当在民主管理的基础上以合适的方式开展管理。第三，股份资本如产生利息，应该只享受有限的利率。第四，合作社盈余或储蓄（如果有的话），应属于该合作社的社员，并应该以不使任何一个社员因其他社员的损失而获益的方式进行分配。这些盈余或储蓄可以按社员共同决定做如下分配：提取用于合作社进一步发展的公积金，提取为社员提供服务的公积金，按社员同合作社的交易量（额）比例分配。第五，一切合作社都应该向社员、管理人员、雇员以及社会公众提供合作社原则与合作方法的教育，包括经济方面和民主方面。第六，一切合作社组织，为了最好地为社员与社区服务，应该积极地同其他合作社展开地方性、全国性与国际性的合作。

随着全球化进程的加速、金融管制的放松、贸易壁垒的减少、信息技术的发展，国际合作运动开始重新审视合作社面临的新环境以提升合作社在经济全球化中的竞争力。此外，世界上人口最多的发展中国家——中国实行改革开放，并从计划经济向市场经济转轨，东欧剧变与苏联解体都使得全球的经济联系更为紧密，这些地区合作社的发展显得尤为紧迫。另外，亚洲国家的兴起和拉丁美洲与非洲国家的成长，给国际合作社运动的拓展提供了前所未有的机会。这些地区合作社的发展既提供了新的经验，也提出了新的问题。适应新的形势，重申并明确合作社的界定标准，成为国际合作社运动刻不容缓的任务。

1995 年，国际合作社联盟经过充分准备和讨论，在于曼彻斯特举行的成立百年大会上通过了《关于合作社界定的声明》，全面阐明了合作社定义、价值与原则。该声明是国际合作社运动全面确立合作社的世界性标准的经典文件。《声明》阐明了七项合作社原则。第一，自愿开放的社员原则。合作社作为"人"的联合，是人们自愿联合的组织，包括参与基层合作社的"自然人"即个人的联合和参与联合社等其他层级合作社的"法人"的联合。这种"人"的联合是自愿的，不能强迫。入社自愿、退社自由是合作社始终坚持的首要原则。合作社对所有能够享受合作社服务，并且愿意承担社员责任和义务的人开放，不进行社会、政治、性别、种族、宗教等任何歧视。第二，社员民主管理原则。合作社是社员民主管理的组织，合作社方针和重大事项由社员共同参与决定。在合作社内部，民主包括权利与责任两个方面。发展民主精神是合作社永恒的任务。合作社选举产生的代表以及管理人员要对社员负责，因为合作社属于全体社员。基层合作社实行"一人一票"的民主决策方式，其他层级的合作社民主管理的形式由合作社章程规定。考虑到各成员社的不同规模与组织承诺，许多二级合作社、三级合作社（合作社联合社）采用比例投票的决策方式以反映成员社各自的利益。第三，社员经济参与原则。社员公平入股并民主管理合作社的资本。但是，入股仅仅是社员身份的一个条件，分红要受到限制。这意味着，社员必须向合作社投资，但合作社的宗旨是为社员服务，合作社的资本从属于这个宗旨。入股只是获得社员资格、享受合作社的服务和社员优惠的条件，而非以获得股金分红为目的。因此，入股要以公平的方式进行，入股实行股金分红，对分红额亦有所限制。合作社投资的最终决策权必须归全体社员。合作社的盈余分配，一是用于不可分割的公积金以促进合作社的进一步发展，二是按社员与合作社的交易量（额）分红即按惠顾分红，三是用于社员大会决策的其他事项。讨论并以民主方式决定合作社盈余究竟该如何分配，是社员的权利也是社员的义务。不可分割的公积金归全体社员共同所有。第四，自主和独立原则。合作社是社员民主管理的自治独立的组织，合作社若与其他组织（包括政府）签订协议，或通过其他途径筹措资金，必须以社员的民主管理为前提，并保持合作社的自主独立性。世界上所有地方的合作社都受到其与政府关系的影响，政府通过立法、税收或其他经济、社会政策影响合作社的发展。合作社与政府的关系应当是公开的、明晰的，且尽可能地保持独立于政府部门的自治组织的状态。当前，世界范围内许多合作社与私营企业开展联合经营，但是，合作社无论何时与私营企业达成联合经营的协议，都应当保持合作社的独立性。第五，教育、培训和信息公开原则。在合作社内部，合作社要为社员、选举产生的代表、经理和员工提供教育与培训。教育旨在传播合作社思想、培养合作社知识。培训旨在保证所有参与合作社的人具备合作社所要求的知识和技能，以有效地提高工作效率和准确度。在合作社以外，合作社要向公众特别是年轻人宣传合作社的组织特性与制度优势，以争取社会对合作社事业的支持。合作社是公共组织，要定期向社员、公众和政府公开业务信息。社员有权了解合作社的经营状况，以更好地参与合作社的决策。合作社要鼓励管理人员与社员之间的沟通，使合作社的服务能更好地满足社员需求。第六，合作社之间的合作原则。合作社通过与其他合作社展开各种地方性的、全国性的、区域性的、国际性的合作，为成员提供更好的服务并有效地促进合作社的发展。合作社要加强与其他合作社的合作，在遵循合作社原则的基础上建立合作社支持系统。第七，关心社区原则。合作社要将社员需求和社区可持续发展相结合，包括社区在经济方面、社会方面、文化方面的发展以及社区环境的保护。这是合作社的优良传统与社会责任。合作社以什么形式以及多大力度促进社区可持续发展要由社员共同决定。

不管合作社原则如何演变，民主管理、按交易额返还盈余依然是合作社原则的核心，是合作社区别于其他类型经济组织的"试金石"。

二　合作社经典理论

合作社理论的起源可以追溯到19世纪上半叶的欧洲，各种以合作互助为核心精神的合作思想形成并开始传播的时候。但是，直到20世纪末期，合作社理论才进入西方经济学研究的视野并成为该领域的重要内容之一。

（一）早期合作社思想

在合作社理论史上，曾经出现过以社会主义学派和合作联邦学派为代表的改革派，主张改造资本主义制度，并以另一种新的制度取代之，也出现过以萨皮罗（Sapiro）和诺斯（North）为代表的进化派。受进化派理论影响的合作社理论更注重于合作社的经济方面，而非社会目标。该理论认为，农民通过合作社进入市场，不但改善了其在市场中的地位，提高了收入，而且促进了市场竞争，迫使投资者所有的企业（Investor-Owned Firms，IOF）不得不提高效率，从而提高市场效率。因此，合作社承担了市场"竞争标尺"（Yardstick Competition）的社会公共物品的职能。进化派将合作视为资本主义体系的有机组成部分，认为合作的经济形式是资本主义制度的自我完善，逐渐成为西方合作社理论的主流思想。

（二）合作社经典理论

正式的合作社经济模型研究直至20世纪40年代以后才开始。经济学家将合作社分为三种经典模式：一是纵向一体化的形式，也称为"农场的延伸"；二是独立的企业，也称为"作为一种企业的合作社"；三是以集体或协作的方式运作的企业联盟，也称为"合作社联盟"。艾米里亚诺夫（Emelianoff，1942）、菲利普斯（Philips，1953）和鲁博卡（Robotka，1957）是视合作社为纵向一体化的组织的鼻祖。他们认为，遵循"罗契戴尔原则"意味着合作社仅为社员带来利润或亏损，每个社员将根据农作物的边际成本对于单类农作物的边际收益来确定最佳产出水平。这种单类农作物企业模型中隐含的"古诺—纳什"均衡成为学术批评的焦点。将合作社作为一种企业的理论分析源于恩克（Enke，1945）关于消费者合作社的论著。他指出，假如合作社的生产者剩余与成员消费者剩余的总和达到最大化，那么合作社的成员福利和社会福利也将达到最大化。汉伯格和胡（Helmberger and Hoos，1962）将恩克的"福利最大化假设"应用于解释营销合作社的运营。然而，针对该理论主要的批评却认为，在已知净收入、价格接受水平和零盈余目标函数的假设前提下，合作社无法达到一个稳定均衡状态。均衡假设的非现实性促使学者们思考"异质性"的问题。合作社中普遍存在时间、空间、代际、委托人和代理人之间的冲突，这促进了合作社联盟理论的形成。20世纪80年代，随着企业与企业之间以及企业内部协调风险的增加，出现了代理理论、行为理论、交易成本学、产权理论、博弈论等新的经济理论和决策工具。合作社研究硕果累累，出现了三个经典的理论流派：一是作为一种"企业"的合作社研究；二是作为一种"联盟"的合作社研究；三是作为一种"契约集"的合作社研究。

1. 作为一种"企业"的合作社研究

该理论框架下的文献将合作社视作"企业"的一种形式，一种区别于投资者所有企业（Investor-Owned Firms，IOF）的，在市场中从事经济活动并追求利润最大化的企业。萨克森顿（Sexton，1990）利用新古典经济学理论研究了买方寡头垄断市场条件下，合作社发挥市场"竞争标尺"功能的重要性。他指出，遵循平均净收益产品定价行为准则的合作社，其竞争效应要大于同样规模但遵循边际净收益产品定价行为准则的合作社。坦巴克（Tennbakk，1995）运用产业组织理论分析了三种买方劳动市场不同结构，即纯单体双头垄断、合作社和单体双头垄断、合作社和公共公司混合双头垄断下，合作社促进竞争效应的机制。查达克和库克（Chaddad and Cook，2002）认为，面对日益激烈的市场竞争，合作社有可能不再是一种有效的组织形式，有一部分合作社将演变成投资者所有企业。赫博特和普夫（Herbst and Prufer，2007）的研究持同样的观点。特里伯（Tribl，2009）却指出，在纯合作社的市场中，农户的收益大于其在纯投资者所有企业市场中的收益；在纯投资者所有企业的市场中，可重叠性市场的假设会使农户收益更高，而在纯合作社的市场中，不可重叠市场的假设会使农户收益增加；而农户获得最高收益的情况存在于合作社与投资者所有企业的混合市场中。这证明了，当市场不可重叠且合作社成为市场领先者时，合作社的"竞争标尺"效应将十分显著。

2. 作为一种"联盟"的合作社研究

支持合作社联盟理论的研究者分析并讨论了在何种情况下，一组潜在联盟的成员可以通过集体行动获得收益，但同时又必须通过相互之间的协商实现利益的分配。扎斯曼（Zusman，1992）采用契约理论解释了合作社在议价成本控制、不确定性、信息不完全、有限理性条件下进行集体抉择的机制。富顿和维卡曼（Fulton and Vercammen，1995）利用新古典理论构建了非一致性定价计划模型，推导出了在成员异质性的情况下，合作社采用简单非一致性定价计划的均衡状态和分配效应。亨德里克斯（Hendrikse，1998）建立了投资决策的博弈论模型。该模型以组织形式，即合作社还是投资者所有企业作为关键变量，求得超博弈完美纳什均衡，推算出了在何种条件下合作社能成为一个有效率的组织形式。卡兰提尼尼和佐戈（Karantininis and Zago，2001）从成员异质性的角度研究了合作社及其社员的行为，假定一个投资者所有企业和一个合作社以"古诺式"的方式展开竞争，推导出在双寡头买方垄断市场下农民加入合作社的意愿，并研究了成员异质性影响下的最佳合作社规模。德里维斯和吉亚那卡斯（Drivas and Giannakas，2010）利用三阶段的博弈模型来反映合作社和投资者所有企业提高产品质量的决策行为。结果表明，追求社员利益最大化的合作社比追求利润最大化的投资者所有企业更倾向于对产品质量提升进行投资。他们同时发现，产品创新成本和成员的异质性决定了合作社的投资力度。

3. 作为一种"契约集"的合作社研究

合作社契约理论认为，合作社利益相关者之间的关系是合同契约性的。这一理论实质上是交易成本学、代理理论和不完全契约理论的融合与交叉。伊乐斯和汉夫（Eilers and Hanf，1999）利用委托代理理论探讨了合作社中的最佳契约设计，从信息不对称、机会主义行为、利益冲突和随机条件的角度分析了合作社的激励问题。亨德里克斯和维尔曼（Hendrikse and Veerman，2001）运用不完全契约理论阐释了营销合作社发展中究竟采用何种治理形式才能使社员得到投资收益的问题。他特别强调营销合作社中两个最为重要的"阻塞问题"，即流动资产专用性问题、地点性或实物性固定资产专用性问题。他们还运用新制度经济学结合交易成本学、治理结构概念、金融治理理论研究了营销合作社投资限制和控制限制之间的关系，并得出结论：流动资产专用性问题的"阻塞问题"不难解决，而实物性固定资产专用性"阻塞问题"的解决应考虑资产专用性和产品异质性的程度。亨德里克斯和比曼（Hendrikse and Bijman，2002）探讨了生产者治理结构的问题，推导出在何种市场结构和激励作用下，生产者可以通过自我投资并向下游产业延伸带来更多收益。

（三）合作社理论研究的新动向

合作社研究在深度上不断挖掘，在广度上不断拓宽，在理论分析的工具和方法上日益成熟，从寻求合作社存在合理性的解释到在新的经济社会技术环境下剖析合作社组织特性和市场行为。合作社的内部治理、合作社与社员的关系、合作社的多种功能、合作社可持续发展成为合作社理论研究的重点领域。

1. 合作社的内部治理

合作社的治理特征与合作社原则核心的偏离，是学者们研究的热点。成员异质性是这一现象的重要原因。梁等（Liang et al.，2015）认为，农户在资金、人力资源和社会资源等资源禀赋上存在差异，合作社所有权和控制权向资源禀赋更多的农户倾斜。黄等（Huang et al.，2016）将合作社的治理结构分为四种类型，即农户领办型、企业领办型、组织领办型和能人领办型，并提出，治理结构类型的选择受制度环境和技术环境的共同影响，其中交易属性是最为显著的影响因素。此外，伊普洛斯等（Iliopoulos et al.，2017）认为，成员在偏好上的不一致大大增加了合作社集体决策的成本。格拉舒（Grashuis，2023）通过比较美国农民合作社合并或兼并前后的盈余和效率，发现合并或兼并会导致合作社治理机制的变化，合作社并没有获得盈余的增加和效率的改善。

2. 合作社与社员的关系

合作社与社员的利益联结日益受到关注。相关研究主要探究了农户与合作社之间的互动状况或农户对销售渠道选择的偏好。沃尼和费舍尔（Wollni and Fischer，2015）提出，社员规模、市场准入、与合作社联系的紧密度及对合作社的信任度，对社员同合作社的互动产生较大的影响，同时社员自身的农场规模与其向合作社交付的份额之间的关系呈 U 形曲线。部分学者对社员与合作社互动的减少以及倾向于通过其他渠道出售农产品的现象忧心忡忡。艾格伯等（Agbo et al.，2015）认为，社员直接将农产品出售给消费者能促进生产。赛通等（Saitone et al.，2018）认为，对于风险厌恶型农户和非耐心型农户来说，合作社的延迟付款问题和违约问题严重阻碍了他们与合作社之间的互动。比茨（Pitts，2019）分析了墨西哥咖啡合作社的实例，发现咖啡豆种植户在加入合作社之前和之后，在社会资本、市场进入、收入增加方面有了较大的提升。

3. 合作社的多种功能

合作社的功能日趋多样化。合作社在提高社员收入方面效果明显，是减贫脱贫的重要组织形式。格拉舒和马格尼尔（Grashuis and Magnier，2018）认为，不同规模农户加入合作社受益的程度不同。查格威茨等（Chagwiza et al.，2016）认为，小规模农户加入合作社受益更多。库马等（Kumar et al.，2018）指出，小农户可能因规模过小而不愿入社。舒米塔等（Shumeta et al.，2016）则认为，农户规模越大，入社的收益越高。合作社在保障农产品质量安全方面，比如库马等（Kumar et al.，2018）指出的销售渠道选择、质量认证、食品安全措施等方面的作用受到认可。不少学者努力探寻合作社进一步提升农产品质量的策略，比如克兹瓦等（Kirezieva et al.，2016）指出的控制社员规模、对准目标市场和季等（Ji et al.，2018）指出的等级化交易模式提高合作社服务质量等；合作社的功能还体现在技术创新方面，比如马等（Ma et al.，2018a）指出的提高技术效率、采用绿色生产投入品等。技术创新对于合作社赢得竞争优势至关重要。库米亚提等（Kusmiati et al.，2023）分析了印度尼西亚合作社的成员参与、治理机制、治理结构、集体行动和纵向一体化行为，发现合作社在纵向一体化中发挥供应链管理的作用能大大提高合作社的经济绩效并增进社员福利。

4. 合作社可持续发展

随着合作社的发展，越来越多的学者聚焦合作社可持续发展的研究。伯尼和厄兹詹（Boone and Ozcan，2016）认为，合作社制度的劣势在于协调成本过高，社员积极参与合作社事务会大大降低合作社的协调成本，促进合作社基业长青。多诺凡等（Donovan et al.，2017）指出，合作社所获外部资金支持应更多地投入领导力建设、与消费者关系的维护、治理结构的改善等有利于合作社可持续发展的关键要素上，而不是单纯地进行设备和基础设施等硬件上的投资。卡提拉-波罗等（Castilla-Polo et al.，2017）强调了合作社社会责任的履行对于提高声誉、创造可持续竞争优势的作用。迪彭和卡布多（Dipon and Cabudol，2024）通过分析菲律宾卡文地区香蕉合作社2021年与2022年的经营状况，认为成员受教育程度和合作社文化认同对合作社可持续发展极为重要。弗等（Vu et al., 2024）实地调研越南 627 户蔬菜合作社社员，发现女性社员比男性社员在蔬菜种植过程中更有可能采取生物多样性保护实践。除性别外，受教育程度、在当地居住时长、土地质量、水资源情况也对社员采取生物多样性保护实践的情况产生较大的影响。

三 农民合作社在中国的实践

农业领域的合作是国际合作运动的一个重要组成部分。农民作为单个生产经营主体，购买生产资料或出售农产品的数量很少，在市场竞争中处于弱势地位。由于农业生产自然性、季节性强，又由于农产品易腐性、易损性强，农民在市场中处于不利地位。农民通过联合组建农民合作社并利用农民合作社互助合作的制度优势，大大提升了市场竞争能力，改变了原有的市场弱势地位。中国农民合作社发展历程曲折。区别于 20 世纪 50 年代合作化运动中的农民合作社，改革开放以来，中国农村和农业经济发生了深刻变革——农业产业化经营深入发展，终端消费者需求多样化，农产品市场格局由卖方市场向买方市场急剧转变。专业型的新型农民合作社萌芽于 20 世纪 80 年代，于 90 年代中后期开始发展，成为创新完善农业生产经营体系的重要组织基础以及促进农业产业化、推进农业农村现代化和建设农业强国的重要组织载体。

（一）农民合作社的组织特性和制度优越性

1. 农民合作社的组织特性

本书研究的农民合作社，是指拥有土地承包经营权的农户，按照自愿民主原则自发联合起来，以满足共同经济需要、增加生产经营收入为主要目的的互助性经济组织。农民合作社具有以下组织特性。第一，社员以保有和行使土地承包经营权为前提加入农民合作社。它是建立在家庭承包经营制度基础上的制度创新，而不是要取代家庭承包经营制度。农户成立农民合作社，通过集体行动来增加家庭经营收入。第二，农民合作社社员经济利益、业务需求一致，农民合作社是社员在业缘上的联结，而非血缘、地缘的联结。第三，农民合作社的根本特征是成员资格开放。"入社自愿、退社自由"，农民依据自身需求和意愿加入农民合作社，既享受社员的权利又必须履行社员的责任和义务。一个农民可加入一个农民合作社，或者加入一个以上不同经营业务的农民合作社，如农产品销售、农业生产资料购买、手工业生产、农业机械服务等。第四，农民合作社实施民主管理。社员之间不论生产规模或出资额，人人平等。每个社员在合作社章程修订、理事会和监事会选举、重大事项决策等方面均拥有平等的决策权。第五，农民合作社兼具经济属性和社会属性。农民合作社作为经济组织，追求利润最大化，开展生产经营活动以实现营利的目标。农民合作社作为社会组织，坚持"为成员服务"的组织宗旨，组织运行立足社员的积极主动参与、社员对合作文化的认同以及社员之间的合作互助与相互信任。农民合作社的盈余分配主要按照社员与农民合作社的交易量（额）比例返还。

2. 农民合作社的制度优越性

与计划经济下产生的农村人民公社不同，改革开放以来发育并发展的农民合作社作为农民自主建立的互助性经济组织，已显现经济和社会的基本功能并凸显独特的制度优越性，主要表现在如下两个方面。

第一，农民合作社的经济功能。首先，实现规模经济。农民合作社成员通过统一销售、统一采购农业生产资料、统一收集市场信息，以及集体利用农业基础设施、大中型农机具，降低了社员的平均生产成本，实现了规模经济。其次，降低交易成本。农民合作社通过向社员统一提供市场信息、农产品信息、技术服务、投入品采购等，降低社员个人在收集信息、市场谈判、合同履行等环节的交易成本。再次，降低不确定性。农民合作社通过与社员签订供应或销售合同，为社员提供稳定的供应或销售渠道，大大降低了社员面临的市场不确定性。从次，发挥竞争标尺作用。农民合作社为社员提供讨价还价的机会，提升社员在市场谈判中的话语权，促使其他竞争企业改善定价机制，从而促进市场竞争并更有效地发挥市场机制的作用。最后，促进技术推广和创新。在农民合作社中，开展技术推广和创新的农民领头人往往也是新技术的直接采纳者，他们示范效应强、了解农民需求，有利于新技术及时准确地推广与创新。农民合作社以成员参与为特征的制度安排，有利于社员发表观点、想法、意见，激发农民使用新技术的积极性和创造性，从而加快技术推广的步伐、减少技术创新的周期和成本。

第二，农民合作社的社会功能。首先，缩小城乡差距。农民合作社通过改善成员的市场竞争能力，提升成员的收入水平，有助于缩小城乡差距。其次，创造就业机会。农民合作社利用成员的集体行动，实现了规模经济并带动了相关产业发展，为本社区提供了更多的就业机会。最后，促进社区和谐发展。农民合作社成员的主体是相同或相邻社区的农民。土地的不可迁移性决定了农民合作社与当地社区存在天然的紧密联系。农民合作社的发展有利于促进当地经济发展、发挥当地产业特色优势、改善社区公共物品供给水平、增强农民社员对本社区的认同感，最终促进当地社区经济、社会、生态的和谐发展。

（二）新型农民合作社的培育和发展

改革开放以来，"家庭承包经营为基础、统分结合的双层经营体制"是我国农村基本经营制度。它的确立，是中国农村改革的最大成果。经过 40 余年的农村改革与发展，我国的农业生产经营体系形成了以家庭承包经营为基础，专业大户、家庭农场、农民合作社、涉农企业等多类型农业生产经营主体并存的发展格局。

1. 农村基本经营制度

20 世纪 70 年代末 80 年代初，中国农村在坚持土地集体所有制的前提下引入家庭承包经营制度，摒弃计划经济体制下的人民公社、生产大队、生产小队"三级所有、队为基础"的人民公社体制，赋予农户对集体土地的长期使用权和收益权。在公社一级和生产大队或生产队一级分别成立乡、村合作组织，实行农户分散经营和集体统一经营相结合的双层经营体制。其中，集体统一经营通过乡村合作组织围绕集体土地形成，具有社区性、统一性的特点，承载生产服务、管理协调、资产积累的基本功能。随着家庭承包经营制度在我国农村的推行，农民从依附于人民公社传统体制下的单一劳动生产者，转变成为拥有私人财产的独立小生产经营者。20 世纪 80 年代中期，农产品统购统销制度实施改革并引入市场机制，农户获得了农产品生产经营的自主权与自由交易权，真正成为拥有生产决策权和自负盈亏的市场主体。2004 年修正的《中华人民共和国宪法》规定，农村集体经济组织实行家庭承包经营为基础、统分结合的双层经营体制。

2. 新型农民合作社的培育和发展

农户家庭经营占据农业生产的基础性地位。这是由于家庭经营适应农业生产的季节性、分散性和生物学属性；另外，家庭经营建立在血缘和婚姻关系的基础上，能保证利益目标和行为动机高度协调一致。我国的农户家庭经营面临土地细碎化、生产经营成本高、风险应对能力差、劳动者素质相对较低的多重制约。为了克服家庭承包经营制度的缺陷，党的十七届三中全会提出实现"两个转变"：一是家庭经营要向采用先进科技和生产手段的方向转变；二是统一经营要向发展农户的联合与合作，形成多元化、多层次、多形式经营服务体系的方向转变。党的十八大报告提出，"发展农民专业合作和股份合作，培育新型经营主体，发展多种形式规模经营，构建集约化、专业化、组织化、社会化相结合的新型农业经营体系"（胡锦涛，2012）。党的十九大报告提出"构建现代农业产业体系、生产体系、经营体系，完善农业支持保护制度，发展多种形式适度规模经营，培育新型农业经营主体，健全农业社会化服务体系，实现小农户和现代农业发展有机衔接"（习近平，2017）。党的二十大报告进一步提出，"巩固和完善农村基本经营制度，发展新型农村集体经济，发展新型农业经营主体和社会化服务，发展农业适度规模经营"（习近平，2022a）。

（三）农民合作社理论研究和研究热点

中国农民合作社研究侧重于实践驱动型的研究范式，从论证农民合作社发展的必要性和迫切性，到审视农民合作社的制度安排和发展现状，再到关注农民合作社的内部治理、功能与绩效、纵向一体化经营方式以及农民合作社质性规定的讨论等。在最新的研究中，农业农村现代化、乡村振兴、共同富裕背景下的农民合作社高质量发展成为热点领域。上述研究为丰富和充实我国农民合作社的理论研究，提高农民合作社的市场竞争力，促进农民合作社的健康可持续发展奠定了扎实的理论基础。

1. 农民合作社发展的必要性

20 世纪 90 年代，随着农业产业化的兴起，合作经济理论开始成为我国农业经济学的重要研究内容。张晓山和苑鹏（1991）指出，中国合作经济丰富多样的实践活动迫切要求建立一个能反映我国实际情况并对我国合作经济实践有指导意义的合作经济理论体系。何光（1998）通过分析合作经济在中国各个历史时期的经济、社会发展中所起到的重要作用和曲折的发展经历，提出随着专业化、产业化的发展，专业型的农民合作社将成为市场经济条件下农村的重要经济组织。

越来越多的学者力证大力发展农民合作社的必要性和紧迫性。在小农半自然经济向市场经济发展的进程中，分散农民走向自由联合必然会发生。农户规模小且高度分散，仅从事初级产品的生产。要真正与大市场接轨，小农户必须联合起来并按照市场经济的要求进行生产、运销、加工，才能共同致富。农民自由联合的方式各式各样，组建农民合作社是农民联合的有效形式（牛若峰，1998）。农民合作社是以家庭经营为基础的"小生产"与社会化大生产相结合的有效经营方式，是当代农村顺应农业生产经营专业化、商品化、社会化、市场化发展趋势的又一个创造（缪建平，1997）。21 世纪以来，农业产业化的迅速发展极大地推进了农业现代化的进程，学者们愈发认识到农民合作社作为一个有力的组织载体在农业和农村发展中的重要作用。农民合作的必然性是由农业生产的自然属性和区域分散性所决定的，应引导农民合作，将农户家庭经营与合作制度相结合（黄祖辉，2000）。应尽快发展合作经济、提高农民组织化程度，进而促进农业发展和增强农产品的市场竞争力（张晓山，2000）。成立农民合作社是解决农产品"卖难"问题和流通困境的有效途径（陈阿兴、岳中刚，2003）。产品特性、生产集群、合作成员、制度环境是诱致农民合作社制度变迁的四大动因（黄祖辉等，2002）。

2. 农民合作社的制度安排

有关农民合作社制度安排的研究侧重讨论合作社原则与中国农民合作社发展实践这两者的关联。黄祖辉等（2002）阐释了几对重要关系中和几个重要问题中，社会常见的关于农民合作社的认识误区，比如农民合作社与家庭经营的关系、农民合作社与市场经济制度的关系、农民合作社与集体经济的关系、农民合作社与其他组织的冲突、农民合作社产权制度和决策机制是否有效等。林坚和王宁（2002）认为，农民合作社的思想宗旨和内部制度安排存在矛盾，其根源是农民合作社既属于一种人文社会思潮，又是一种企业组织形式。孙亚范（2003）指出，合作社文化的思想基础是人文主义，其核心是集体主义，中国传统文化的一些价值观念不利于农民合作社的发展。随着我国农民合作社的迅速发展，合作社立法问题显得尤为迫切。应瑞瑶和何军（2002）认为，农民合作社立法既要符合国际公认的合作社原则，又要符合中国的基本国情，要体现与时俱进的特征。刘振伟（2004）剖析了农民合作社的法人地位、社员资格、民事责任等几个关键的合作社立法问题。

2006年10月31日，为了引导、支持农民合作社发展，规范农民合作社的组织运行，保障农民合作社及社员的合法权益，第十届全国人民代表大会常务委员会第二十四次会议通过《中华人民共和国农民专业合作社法》（以下简称《农民专业合作社法》），并于2007年7月1日起施行。《农民专业合作社法》颁布实施后，农民合作社呈现井喷式发展的态势。在数量迅猛增长的同时，农民合作社出现了内部治理不规范、社员合作意识薄弱、政府扶持政策难以落实、"翻牌合作社""假合作社"泛滥等诸多问题。有关农民合作社制度安排的研究开始围绕合作社性质和"真伪"展开讨论。黄祖辉和邵科（2009）认为，在农民合作社追求经济利益的阶段，可能会出现偏离合作社原则的制度形态，且这种偏离是必然的，应鼓励社员按照合作社章程选择是否偏离或在多大程度上偏离，政府应合理引导这种偏离。任大鹏和郭海霞（2009）认为判断一个农民合作社的"真伪"，首先要对照合作社原则进行甄别，然后遵循工商部门的登记注册程序，而后应分析农民合作社的功能和实际运营是否符合合作社的本质性规定。潘劲（2011）质疑，如果80%的合作社股权掌握在一个社员手中，那么这样的农民合作社到底有没有真正的民主；农民合作社盈余如果都按股分红，与交易额没有关联，那么这样的农民合作社与投资者所有企业存在什么区别。邓衡山和王文烂（2014）指出，政策监督不到位和农户异质性是导致农民合作社不规范运行的两大原因。冯娟娟和霍学喜（2017）发现，社员的积极参与对农民合作社内部治理的规范化具有重要作用。

3. 农民合作社的功能与绩效

随着农民合作社的发展，其在促进中国农业农村发展中的功能与绩效逐渐显现。针对农民合作社功能的研究集中于农业社会化服务领域，农业社会化服务主要分为生产服务和经营服务两类基础性的服务。农民合作社生产服务体现在农产品生产环节，比如农资统一购买（朱哲毅等，2016）、农业技术推广、机械设备租赁等（郑适等，2018）。农民合作社在标准化生产和食品安全领域中的作用受到广泛关注。农民合作社是实施农产品标准化生产的最主要的主体之一，激励性机制和约束性规制能够促使社员参与标准化生产（李建华等，2016）。罗磊等（2022）发现生产规模小、收入低的社员适用激励性规制，而生产规模大且文化程度高的社员则适用约束性规制。田永胜（2018）基于集体行动理论的视角讨论了影响农民合作社供给安全食品的内外部因素，认为领导者的道德资本、制度供给完善性、选择性激励以及可信承诺是影响农民合作社供给食品安全性的关键因素。霍学喜（2022）从委托代理关系入手，提出农民合作社的服务功能、治理结构、监管职能对农户安全生产行为的影响，认为农民合作社有动力、有动机来管控农户的安全生产行为；农民合作社经营服务体现在农产品营销环节，比如农民合作社实行农产品统一销售（徐志刚等，2017）、参与"农超对接"和"农社对接"等（张明月等，2017）。农民合作社的纵向一体化发展备受关注。刘颖娴等（2015）认为，农民合作社纵向一体化受生产、自然、价格等多方面不确定性因素的影响。其中，自然不确定性对农民合作社纵向一体化存在显著的正向影响。魏玲丽和魏晋（2023）指出，农民合作社的纵向一体化面临诸多困难，比如不确定性、资产专用性、道德风险、逆向选择。

农民合作社绩效的研究围绕经济绩效和社会绩效展开。农民合作社经济绩效的研究主要关注规模经济的实现和农民增收的效果。农民合作社对我国农业经济增长产生的显著正向影响在于促进规模经济和范围经济的实现（刘婧、王征兵，2012）。农民合作社帮助农户实现致富增收的途径多种多样，如实施产品标准化（王芳等，2013）、提高纵向一体化水平（钟真等，2017）、紧密合作社与农户的利益联结机制（杨丹、刘自敏，2017）、与涉农龙头企业结盟（郭斐然、孔凡丕，2018）、农民合作社引领的农村三次产业融合（李明贤、刘宸璠，2019）、人才带动、社企对接、政府监管（平卫英、张谊瑞，2023）、引导家庭农场组建农民合作社（高思涵、鄢伟波，2023）等；农民合作社的社会绩效受到学者们的关注。张连刚和柳娥（2015）认为，农民合作社制度大大提高了社员的满意度和忠诚度。刘同山（2017）测度了农民合作社的幸福指数，提出农户参与农民合作社会显著影响幸福感。应转变经济利益为导向的发展思路，充分重视农民合作社的社会绩效。农民合作社绩效的提升受多重因素的影响，如抗风险能力（张滢，2011）、生产经营情况（徐旭初等，2013）、治理机制（王图展，2016）、人力资本（季晨等，2017）、社会资本（刘洁，2023）、政府扶持（苏玉婷、赵雪，2024）等。

4. 农民合作社的高质量发展

最新的研究中，农业农村现代化、乡村振兴、共同富裕背景下的农民合作社高质量发展成为热点。周娟（2023）指出，以家庭农场为基础组建的农民合作社以提供农业社会化服务为组织宗旨，大大促进了土地流转与适度规模经营，成为农业现代化和农村治理的重要主体。翁贞林等（2023）分析了水稻种植农民合作社的绿色生产技术推广，认为农户风险偏好与绿色生产技术采纳呈正相关的关系。农民合作社应帮助农户提高对绿色生产的认知、增强其抗风险能力，以实现技术推广投入的减量增效并保障农户的种粮收益。李想和黎心怡（2024）针对农民合作社在供应链数字化转型中面临的认知匮乏、资金短缺、大数据分析精准性弱等问题，提出建立激励机制、强化融资能力、加强信息化建设等优化农民合作社供应链体系的措施。孙超超（2024）分析了人力资本，尤其是合作社带头人在生产方式转变、适度规模经营、传统观念改造方面的主动作为在农民合作社进行全产业链发展、以产业发展助力乡村振兴中发挥的作用。农民合作社具有"益贫性"，在带动农民增收致富上具有天然的制度优势。杨丹等（2023）认为，农民合作社在全面脱贫和乡村振兴中发挥了举足轻重的作用。研究选取脱贫摘帽区和非脱贫摘帽区的典型案例进行分析，发现农民合作社通过帮助农户抵御风险和提高农户福利实现了贫困治理的目标，且脱贫摘帽区农民合作社贫困治理的绩效要明显优于非脱贫摘帽区。杨旭和张晨明（2024）认为，农民合作社应通过与脱贫户建立风险共担机制、强化脱贫户的教育和培训、拓宽增收渠道等方式助力脱贫户增收致富。张雄和黄颖祺（2024）指出，共同富裕是实现中国式现代化的必然要求，农民合作社是带领农民迈向共同富裕的有效组织载体。研究基于新内生发展理论，从认同、合作、参与、创新四个维度构建内生发展动力模型，以期复合式提升农民合作社内生发展动力、促进农民农村共同富裕。

第三节 企业能力理论

企业能力理论的思想渊源可追溯至亚当·斯密（2001）。斯密在《国富论》中详细阐释了劳动分工对劳动生产力的影响。他认为，劳动分工实质上是生产流程被简化、被分解的过程。在这一过程中，各种与生产有关的知识不断产生并不断累积，构成了企业能力形成的路径。李嘉图（2021）也发现，一些组织拥有丰富的资产、技巧、能力，另一些组织获得这些资产、技巧、能力的能力却十分有限。他指出，组织拥有的资产、技巧、能力将极大地影响分工效率。马歇尔（2008）以及后来的彭罗斯（Penrose）、理查德森（Richardson）为企业能力理论的形成和发展奠定了直接的理论基础。马歇尔沿用了斯密劳动分工的核心观点，并将其应用到组织管理领域，从企业职能部门的专业分工提高劳动生产率的角度，提出了基于知识和技能的企业成长理论。彭罗斯（2010）进一步拓展了马歇尔的企业内部成长理论，并聚焦单个企业的成长过程。她认为，企业是多种具有潜在的服务效用的、不同性质的资源的"集合体"。企业预见并把握机会的能力取决于企业内部的经验和知识。企业管理本身就是一个将旧的、非标准的操作流程和非常规性决策，转变为新的、标准的操作流程和常规性决策的过程，这一过程主要取决于企业内部的能力。理查德森（Richardson，1972）从基于能力的活动的角度来研究企业协调模式。他认为，能力是企业知识、经历和技能的累积，企业的生产、营销和研发等具体活动都是以能力为基础的，这一观点极大地拓展了马歇尔的外部经济理论。

从 20 世纪 80 年代开始，企业能力理论走向成熟，不断提升其对现实的解释力，形成了资源基础的企业能力理论、核心能力的企业能力理论、隐性知识的企业能力理论、动态能力的企业能力理论四大经典理论分支。

一 资源基础的企业能力理论

维纳菲特（Wernerfelt，1984）发表的《基于资源的企业观》一文标志着资源基础的企业能力理论的正式形成。文章强调了企业内部资源对企业实现利润最大化并树立竞争优势的重要性。他认为，企业的内部环境分析比外部环境分析更为重要，企业内部的管理能力、资源和知识的累积是企业获得超额利润、赢得竞争优势的关键。巴内（Barney，1991）认为，只有能够促进企业占据持续竞争优势的资源才是企业的战略性资源。这种资源必须是有价值的、稀缺的、难以模仿的、不可替代的，企业只有掌握战略性资源才能赢得持续性的竞争优势，即保持"永不消散的租金"。贝特罗夫（Peteraf，1993）用异质性、竞争事前限制、竞争事后限制、不完全流动性四项特征作为判定企业如何获取持续竞争优势资源的标准。赫梅莱夫斯基和帕拉迪诺（Chmielewski and Paladino，2007）在分析澳大利亚不同市场状况调研的基础上，探究了企业资源、能力、绩效三者之间的关系，发现资源的可持续性和市场的波动性将对企业能力和绩效产生正向的组合效应，而资源的可持续性和市场竞争的紧密度对企业能力和绩效产生负面的组合影响。

学者们对以资源为基础的能力展开进一步的阐释和细分。桑切斯（Sanchez，2008）对巴内的"战略性资源"提出了概念界定上的困惑，指出价值难题和赘述问题是两大困扰。研究认为，资源基础理论本身就存在理论刚性，在理论应用时应充分考虑企业特性、产业特性、竞争结构等柔性因素。巴尔巴鲁（Barbaroux，2012）认为资源价值性、稀缺性和不易模仿性是企业赢得无形的竞争优势的关键，进而识别出项目团队、资金、知识、企业文化、组织管理系统等五个影响 IT 企业的重要资源。赵兴庐等（2016）将资源拼凑视为企业在有限资源的情况下充分利用已有资源构建企业能力的现实途径。比如，要素拼凑有助于形成资源整合能力，顾客拼凑有助于形成机会识别能力。资源整合能力、机会识别能力越强，企业绩效则越好。卡马萨克（Kamasak，2017）认为，企业只有将有形资源和无形资源相结合，才能提升综合能力并实现可持续的成长。张吉昌等（2022）将企业资源划分为沉淀性冗余资源和非沉淀性冗余资源，这两类资源对管理者能力和企业创新能力至关重要。阿甘扎德等（Aghazadeh et al.，2023）通过对农产品出口企业的调研发现，检验性资源对提高企业的跨部门沟通能力以及产品的开发和分销能力影响较大，最终会扩大企业的品牌优势，提高企业的出口绩效。王志刚等（2024）认为，企业数字化转型成功与否取决于内部资源与能力的联动，主要有财务资源匹配能力均衡型、创新资源匹配能力辅助型两种基本模式。

资源基础的企业能力理论认识到了企业内部异质性的、不可转移的资源是形成企业竞争优势的关键。但是，该理论对资源概念的界定过于宽泛，没有明晰地、统一地解释究竟什么样的资源才是异质性的、不可转移的资源。

二　核心能力的企业能力理论

1990 年，普拉哈德和哈默（Prahalad and Hamel，1990）在《哈佛商业评论》上发表的《企业的核心能力》一文掀起了企业核心能力的研究热潮。文章指出，资源基础的企业能力理论将竞争优势归结于企业拥有的资源是存在缺陷的，企业拥有各种类型的资源，但是，并非所有资源都能形成企业竞争优势，企业长期的竞争优势来源于企业的核心能力。他们将企业核心能力定义为企业内部的累积性储备，特别是整合和利用不同的生产技术和技能的能力储备。此后的研究中，普拉哈德和哈默（Prahalad and Hamel，1994）进一步指出，企业能力和企业活动如同"孪生体"，企业能力蕴含在企业活动中，企业活动是企业能力的现实体现，企业应该在资源有限的条件下开发出自己核心资源。奥利弗（Oliver，1997）解释了企业在选择和积累资源上的决策是在有限信息、认识偏见条件下做出的、最经济的、合理配置资源的过程。他认为，企业获取战略性资源时，在决策过程和获取模式上的异质性构成了企业的核心能力。

学者们深入剖析企业核心能力的逻辑结构。王毅等（2000b）提出了一种新的企业核心能力分析框架，即企业核心能力是一个由能力和能力单元构成的系统，分为企业、产品、学科、技术、环境等不同的层级。郭斌（2001）提出企业核心能力生命周期模型，认为企业必须适时完成某种跃迁过程，才能使自身的核心能力适应产业的动态变化。丘等（Chew et al.，2008）在对 62 家新创中小企业调研后发现，企业家能力、营销能力、创新能力是新创中小企业在激烈的市场竞争中求生存、谋发展的核心能力。贝尔顿采利和卡夫契奇（Bertoncelj and Kavčič，2011）指出，在企业兼并的过程中，产权对企业核心能力起到至关重要的作用。科层结构和市场结构如同硬币的两面，企业利用科层结构的严苛性获得竞争优势的同时，将失去市场结构带来的灵活机动性，反之亦然。相互信任是低核心能力或低价值企业建立合约关系的基础，而该变量对高核心能力或高价值企业的影响不是太显著。曾萍等（2013）提出，在正式制度约束主导的背景下，企业倾向于形成行业专家型的核心能力并选择区域多元化战略。而社会资本型核心能力的建立和产品多元化战略的采用，更适合非正式制度约束主导的情境。陈劲等（2017）指出，企业核心能力涵盖核心技术能力与非技术能力，其中核心非技术能力包括机会识别、整合重组、组织学习、企业文化等。科什南等（Krishnan et al.，2020）认为，竞争优势、财务绩效、战略绩效构成了企业核心能力的基石。马修和舍迪（Mathew and Seddighi，2022）认为，充裕资金、技术创新和专家头脑风暴构成了技术研发型企业的核心能力。徐岸峰等（2023）认为，市场细分能力、平台定价能力、社会网络能力、数字技术能力以及平台生态互补能力构成了数字平台型企业的核心能力。战睿等（2024）将核心能力划分为核心技术能力与核心非技术能力，认为这两类核心能力都能正向影响企业创新，并且创新生态系统在这两类核心能力与企业创新之间扮演中介角色。

核心能力的企业能力理论拓宽了企业探究竞争优势的理论视野，对资源基础的企业能力理论做了进一步拓展和延伸，认为企业的竞争优势来源于企业开发、利用与整合资源的能力。然而对于是什么决定了企业配置、开发与整合资源的能力，核心能力的企业能力理论没有给出明确的阐释。

三　隐性知识的企业能力理论

巴内（Barney）、格兰特（Grant）、艾利（Allee）等一批学者的研究表明，决定企业能力的其实是企业掌握的知识，企业知识才是企业获取竞争优势的根源。巴内（Barney，1991）认为，能够产生并保持企业竞争优势的"独特资源"恰恰是企业拥有的难以模仿的和难以替代的知识。格兰特（Grant，1991）强调了个人在知识创造和知识存储中的独特作用，认为企业的功能是将个人分散的知识整合为企业知识，然后将企业知识再转化为产品或服务，而如何建立整合知识的协调机制则是企业能力转化为竞争优势的重中之重。艾利（Allee，1997）进一步界定了核心知识能力的概念。他指出，核心知识能力是相对于特定业务而言的，独一无二的专长、知识和技能。核心知识能力决定了企业的核心运营能力，使得企业能够高效率地、高速度地生产优质的产品与服务。魏江（1999）提出，企业要想获取长期的竞争优势，应不断积累和激活知识，才能提升企业的核心竞争力。

　　随着研究的深入，学者们对企业内部资源中的知识，尤其是隐性知识的认识越发清晰。佐罗和温特（Zollo and Winter，2002）将企业知识分为显性知识与隐性知识，认为企业能力产生于隐性知识的累积和显性知识的明确两种机制的协调。其中，显性知识的明确是指通过绩效评估、任务总结、集体讨论使经验知识变得更为明确。隐性知识的累积是指对企业运营惯例进行不断调整的、长期的学习。拉格纳和艾维（Ragna and Evi，2008）强调了隐性知识的获取、传递和创新对创新企业保持竞争优势的重要性。他进一步指出，隐性知识的积累必须克服知识的"黏着性"、人类情感的多变性、企业文化的复杂性等多重阻碍。张国峥等（2015）指出，隐性知识的集成受知识吸收、激励机制的影响。激励程度越高，知识吸收对隐性知识集成的正向影响越显著。张亚莉等（2023）认为，隐性知识是企业创新的基本动力，多主体之间的隐性知识转移、获取、整合及成熟度管理都会影响企业创新。尤其是隐性知识成熟度管理会大大降低企业创新的风险与不确定性。哈索诺等（Harsono et al.，2025）发现，具有变革性风格的企业领导往往能积累更多的隐性知识并具备更强的知识管理能力。

　　学者们在总结相关文献的基础上，提出不同的隐性知识会对不同性质的创新行为产生截然不同的影响。切斯伯格和卢森布鲁姆（Chesbrough and Rosenbloom，2002）提出，直觉和典型概念式的隐性知识将促进建构式和模块式创新的发展，而启发式的隐性知识和整体式的隐性知识会阻碍突进式创新的进程。霍夫曼等（Hoffman et al.，2005）将隐性知识和社会资本视为创新企业提升竞争力的重要因素。乔纳森和欧森（Johannessen and Olsen，2011）则提出了隐性知识具有"两面性"的观点。隐性知识的积极作用表现在其不可模仿性、不可替代性、路径依赖性、无法从市场上购买获得的特征，是企业获得有利的市场机会和开发创新潜力的源泉。隐性知识积累过程漫长、淘汰更新速度快且沟通传递通道不畅，会对企业的创新行为产生不利影响。马莫达尔等

（Mahmoudsalehi et al. ，2012）认为，相比于财务绩效、市场地位，隐性知识的创造、分享和利用更能影响创新企业的组织结构。王龙伟等（2018）指出，隐性知识是决定创新企业竞争力的根本因素。研发联盟是解决创新企业隐性知识不足的有效手段。研发联盟的合同完备度与隐性知识的获得呈"倒 U"形关系，且该"倒 U"形关系受行业竞争程度的负向调节。周燕等（2023）基于企业面临内外部环境变化双重压力的背景，将隐性知识视为企业知识演化的基础，研究探讨了隐性知识分享、角色自我效能、工作繁荣等因素对知识型员工创新的作用。伊伯斯通-朗各等（Exposito-Langa et al. ，2025）指出，隐性知识是内部因素中对企业创新影响重大的决定性因素。企业竞争力的提升会带来更充沛的外部知识吸收。外部知识与内部知识共同构成企业的知识库，会极大地激发企业的创新行为并增强企业与外部利益相关者的联结。瑞曼等（Rehman et al. ，2024）将隐性知识看作企业知识管理的重要内容。企业知识管理和数字产业密集度是数字型企业获取竞争优势的两大主要动因。

四　动态能力的企业能力理论

资源基础的企业能力理论、核心能力的企业能力理论和隐性知识的企业能力理论，都以静态的视角研究企业能力。随着经济一体化趋势的加强和市场竞争的日趋激烈，企业面临的外部环境呈现出越发复杂多变的特点。动态能力的企业能力理论引入环境因素的分析，强调企业将内外部资源和能力进行有效的整合、重构以适应动态变化的环境。该理论成为企业能力理论研究的前沿。

提斯等（Teece et al. ，1997）提出了动态能力的概念和研究框架，认为企业只有从位势、流程、路径等方面建立改变固有能力的能力，才能适应动态变化的外部环境并获得超额利润。提斯（Teece，2007）在进一步的研究中，把动态能力分为三个步骤，即通过环境扫描感知机会和发现威胁，描述环境中的机会和威胁，通过利用、整合、重塑、提升企业有形的资源和无形的资源获取独特的竞争优势。巴累托（Barreto，2010）呼应了提斯的上述观点，认为通过感知机会和威胁，企业能适时地做出基于市场导向的决策、变革企业资源，以适应环境的变化。企业动态能力不仅是一种随环境变化而不断更新发展的能力，而且体现为克服"核心刚性"而日趋完善的过程。里昂纳多-巴顿（Leonard-Barton，1992）在对企业产品开发展开研究时，提出了"核心能力"和"核心刚性"两个相对应的概念。他认为，"核心能力"通常情况下能够促进企业的产品开发。但是，当研发项目的知识内容使员工行为、企业文化、组织结构出现明显的路径依赖，或知识和技术的创造由管理系统自动生成或控制，或各类嵌入的知识与客户价值的方向不同，则企业"核心能力"的价值就会大大缩水，并阻碍研发活动的进展，从而形成"核心刚性"。

动态能力与组织学习的关系日益受到关注。佐罗和温特（Zollo and Winter，2002）明确指出，动态能力的本质就是一种学习机制，企业通过这种学习机制系统地改善运营管理从而提升企业的最终绩效。西佩达（Cepeda，2007）认为，企业通过学习和创造，更新原有的知识、理念、技术和战略，并传递到组织层面且将其制度化，能更有效地促进动态能力的涌现。皮埃托等（Prieto et al.，2009）认为，组织通过持续学习获得知识，并将这些知识用于产品开发、流程改善和组织决策，来改变组织管理。积极主动的学习氛围和智力资本累积将极大地促进企业动态能力的开发。邓托尼等（Dentoni et al.，2016）以跨领域伙伴关系为例证说明，与其他交易伙伴合作的经验将会有利于企业更加有效地交互学习，且充分了解并满足利益相关者的不同需求，并据此做出组织资源和业务流程的调整。

动态能力包括"动态核心能力""变革能力""创新能力""适应能力""动态领导能力"等具体的表现形式。厄班（Urban，2013）强调将"动态"因素融入企业核心能力中，提出了动态核心能力的概念，认为只有平衡企业内外部环境、克服"路径依赖"并通过精细化管理来配置企业的各项资源，才能提升企业的动态核心能力。唐森德和布森尼兹（Townsend and Busenitz，2015）强调高绩效管理团队对新创企业的重要性，认为在动荡行业中发展变革能力能够有效地应对技术商业化的挑战。罗伯兹等（Roberts et al.，2016）对企业动态能力的研究则更加重视管理者对常规系统与创新系统两套不同的信息系统的对比。常规系统的智能分析和模拟有助于管理者开阔思路并捕捉到有价值的信息。而创新系统通过创造性地整合各类数据，能实现新机会的把握、新领域的开发。萨尔瓦多和瓦索洛（Salvato and Vassolo，2018）指出，管理者可以通过促进员工个人的适应能力来提高公司的动态能力。员工在执行任务时根据组织环境的变化而创造性地思考或行动，既提高了企业战略的适应度，又优化了企业运营方式。迪梯尔等（Distel et al.，2019）认为，不同类型的领导风格可以帮助企业塑造不同的动态能力。比如，创业型领导不但可以按现有的组织惯例行事，而且可以改进甚至创造新的组织惯例。具备动态领导能力的东道国管理人员往往能够快速发掘跨国公司和东道国资源的最佳配置，使得跨国公司的子公司从中受益。

中国情境下的动态能力研究已经受到学者们的重视。企业的财务绩效和竞争优势受动态能力的影响，其中探索式创新与利用式创新起到中介作用（焦豪，2011）；动态能力在技术创新模式演进时期对创新行为产生影响（罗仲伟等，2014）；平台型企业技术创新范式的转变过程和动态能力产生的过程是相互交融、相互影响的，技术创新模式的"开发—测度—认知"循环往复的过程可以利用动态能力的"位势—过程—路径"分析思路加以阐释（朱晓红等，2019）；在复杂变化环境中，期望落差与组织衰败等不同消极反应下，企业战略创新变革受多种因素影响。研究以动态能力与冗余资源为调节变量，发现期望落差和战略创新变革之间存在"倒 U"形关系,组织衰败与战略创新变革之间存在正向关系。动态能力与冗余资源对期望落差与战略创新变革之间的"倒 U"形关系具有显著的调节作用。组织衰败对战略创新变革产生积极影响,动态能力在二者之间起到促进作用(焦豪等,2022);环境、社会、治理是企业可持续发展的重要方面,培育企业动态能力可以促进企业环境、社会、治理的表现,绿色创新在三者关系中起到中介作用,政府可以利用基础设施建设促进企业可持续发展(胡玲等,2024)。

随着大数据、人工智能、区块链、云计算、移动互联网等以数字化、智能化为特征的数字技术的快速发展,数据驱动的企业动态能力成为热点研究领域。邱钰雯和白冰(2022)立足动态能力的视角研究制造业企业如何应对供应链中断风险。制造业企业在拓展潜在顾客与供应商时,动态能力对供应链集中度的影响呈"倒 U"形,所在地区的数字经济发展水平对这一影响产生负向的调节作用。冯强和蔡春红(2023)指出,数字化转型是企业紧迫而又现实的任务,由于数字创新的复杂性远远超过传统创新,企业需要塑造动态能力才能适应数字化环境并获取竞争优势,动态能力中的感知、捕获、转型三方面为企业数字创新提供了有益的增量贡献。刘政等(2024)认为,数字赋能对企业双元创新产生深刻影响,数字赋能机制是以动态能力为基础的,企业拥有数字资本越多,技术创新的概率越大,技术价值贡献也越大;数字赋能通过响应市场、嵌入业务流及知识共享三种动态能力的提升,推进企业多样创新与深度创新,灵活敏捷的企业比组织惰性大的企业更容易利用数字赋能实现双元创新。

企业能力理论是在传统企业理论和产业组织理论"结构—行为—绩效"(Structure-Conduction-Performance,SCP)分析框架的基础上发展形成的。该理论以企业能力为研究的切入点,认为企业本质上是"能力的集合";企业是异质的,企业之间存在差异的主要原因是不同的企业具有不同的能力；企业能力是企业竞争优势和生命力的源泉。企业能力理论突破了古典经济学、新古典经济学完全竞争研究范式下"企业万能"的假设，将企业置于"有限能力"的现实世界，从根本上解释了"什么是企业"和"企业为什么会产生竞争优势"等问题，丰富了管理学和经济学理论，提供了一种新的理论范式和研究工具。

第四节　农民合作社能力研究

笔者于 2024 年 12 月底在艾墨瑞德管理学全文期刊库（Emerald Insight）以"cooperative capacity"为关键词进行检索，仅检索出 1 篇题为"Building Cooperative Capacity：The Specialty Coffee Sector in Nicaragua"的文献，进一步利用相似度进行检索，共检索出 61 篇文献，涉及合作社在内部治理、资源整合、生产合作、市场营销、社会化服务等方面的能力。同时，在中国知网"中国学术文献网络出版总库"以"合作社能力"为篇名进行检索，共检索出 306 篇文献，其中 1998 年 1 篇文献，2005 年至 2010 年每年不足 10 篇文献，2011 年开始每年文献均超过 20 篇且逐年增多，涉及农民合作社发展能力、经营能力、服务能力、生产能力、营销能力、赢利能力、治理能力、扶贫能力、融资能力、技术推广能力、带头人能力、抗风险能力等。基于以上文献检索的结果，笔者对农民合作社能力研究这一领域形成了两个初步印象：第一，国外有关合作社能力的文献数量不多且散落在不同的主题下，缺乏系统性；第二，农民合作社能力是一个具有鲜明中国特色、符合中国农民合作社发展特殊性而又崭新的研究领域。国内的相关研究均发表在党的十七届三中全会提出"要加快转变农业发展方式、推进农业科技进步和创新、健全农业产业体系来增强农业抗风险能力、国际竞争能力和可持续发展能力，以实现'高产、优质、高效、生态、安全'的中国特色农业现代化道路"之后，且集中发表在 2010 年以来中央一号文件强调要提升农民合作社的"服务能力"、增强合作社"引领带动能力和市场发展能力","着力加强能力建设"之后。这与政府的政策引导不无关联。2018 年中央一号文件提出，培育农民合作社等新型农业经营主体带动小农户和现代农业发展有机衔接，提升小农户抗风险能力。2020 年中央一号文件指出，重点培育家庭农场、农民合作社等新型农业经营主体。2024 年中央一号文件突出抓好家庭农场、农民合作社两类新型农业经营主体，推进农民合作社的能力建设和质量提升。

一　农民合作社能力的概念界定

对农民合作社能力的概念做出界定是开展农民合作社能力研究的前提。程转男（2011）将农民合作社能力界定为"可持续竞争能力"，认为农民合作社能力是指农民合作社在越来越规范的前提下，能够为农村经济的发展和农民收入的提高发挥作用的能力。倪细云等（2012）将农民合作社能力界定为"发展能力"，提出农民合作社能力是指农民合作社在生产、流通和销售等各环节中不断积累的扩大规模、壮大实力的潜在的能力。刘芳（2013）将农民合作社能力界定为"自我发展能力"，认为农民合作社能力是指农民合作社在人力、财力、物力和技术现状的基础上，利用自身优势，通过优化和协作而产生的能促进农民合作社可持续发展的内在动力。王玉玲（2011）、李二超（2013）则从"核心能力"的角度研究农民合作社能力。特维等（Turvey et al.，2011）将合作社能力界定为"信誉能力"，认为能力是衡量合作社信誉的最为直观的指标，具体而言，可以参考社员的收入水平和经营规模。王图展（2016）通过分析中国农民合作社的演变趋势和深刻变革，将农民合作社能力界定为"自生能力"。研究指出，农民合作社在发展过程中出现了区别于传统合作社原则和法律规定的变异。然而，那些促进成员异质化和集体利益最大化的制度变迁却是激励相容的，并形成了农民合作社的自生能力。席莹和吴春梅（2017）将农民合作社能力界定为"双元能力"，即资源利用能力和资源探索能力，认为农民合作社可以利用外部资源整合和内部治理优化来提升整体治理效益。侯佳君等（2020）将农民合作社能力界定为"自生能力"，认为增强农民合作社理事长能力、财务透明度、技术培训、环境保护和组织资源上的优势能提高农民合作社的自生能力。王佳等（2023）将农民合作社能力界定为"动态能力"，认为在复杂变化的环境下，农民合作社能否获得竞争优势取决于其所嵌入的关系网络及应对环境的动态能力。

二 农民合作社能力的识别

学者们从不同角度提供了农民合作社能力识别的框架，尝试揭示农民合作社能力的内在细节。在内部治理能力方面，罗杰（Royer，1995a）认为，股份交易市场的缺乏导致合作社社员很难有效监督管理者的行为和评价合作社的价值，而股权激励机制的缺失则导致合作社很难吸引优秀的管理者，使得合作社"委托-代理"问题严重，其内部治理能力与投资者所有企业存在差距。卡拉查特和奇库（Krasachat and Chimkul，2009）指出合作社成员在市场规模、风险偏好和未来收益折现率方面的异质性导致利益上的冲突，会增加合作社的决策成本、削弱合作社的决策能力。崔宝玉等（2012）指出如果农民合作社内部人控制现象不加以遏制，农民合作社可能会变成大农盘剥小农的工具，解决问题的关键在于提高民主管理能力和服务成员能力来规范农民合作社治理。在技术创新能力方面，宋燕平和王艳荣（2011）分析了农民合作社的技术吸收能力。罗建利和郑阳阳（2015）从人力、结构、社会资本三个方面分析了农民合作社技术自主创新能力。在农民合作社企业家能力方面，倪细云等（2012）从理事长能力的角度分析了农民合作社企业家能力的重要性。闫石和于占海（2015）认为，农民合作社带头人是指在农民合作社中居于领导地位，带领和组织成员发展经营生产，对农民合作社的建立发展起到带动作用的人。农民合作社带头人包括合作社理事长、理事、监事等。闫石和于占海梳理了 10 项农民合作社带头人必须具备的能力，包括思维能力、战略创新能力、经营管理能力、市场开拓能力、质量安全管理能力、技术应用能力、资本运营能力、政策法规熟悉能力、与社员沟通能力、外部关系协调能力。在农民合作社市场竞争能力方面，任大鹏（2012）强调支持农民合作社兴办农产品加工企业或参股龙头企业，扩展农民合作社的产业延伸能力。楼栋等（2013）指出，农民合作社农产品的品牌经营和质量控制会影响农民合作社的赢利能力。在服务社员能力方面，麦克斯和戴维（Max and David，2012）发现农民合作社的生产和销售能力对于增加社员收入至关重要，不仅如此，农民合作社服务社区的能力还能够大大促进家庭成员的联系、社会的和谐和提高妇女地位。李二超（2013）认为统一服务能力是农民合作社最基本的能力。郭锦墉等（2019）在研究农民合作社"农超对接"经营模式时发现，农民合作社理事长的企业家精神对该经营模式具有正向影响，农民合作社能力对农民合作社"农超对接"同样具有正向影响，农民合作社能力在理事长的企业家精神与农民合作社"农超对接"之间起中介作用。具体来说，理事长的企业家精神在农民合作社"农超对接"高参与度组中影响更为显著，农民合作社能力在农民合作社"农超对接"低参与度组中影响更为显著。唐进（2023）指出，科技是加快建设农业强国的"利器"，并着重从技术获取和技术扩散两个角度分析了农民合作社科技推广能力。龙奥等（2024）认为，农民合作社能力包括资源获取能力、整合配置能力、学习创新能力等能力要素，并揭示了这些能力要素在促进农民收入增长过程中的作用。卡尼拉丝等（Canelas et al.，2024）通过对乌干达咖啡合作社 411 名已婚女性社员的调研发现，合作社女性社员对合作社的贡献十分有限，她们的决策能力和参与度受其丈夫或其他家庭成员的负向影响。合作社社员性别平等和女性自治应受到合作社乃至全社会的关注。

三 农民合作社能力的评价

在农民合作社能力评价指标体系构建方面，费什沃特（Freshwater，1999）认为，由于缺乏一个可以交易股份的公开市场，仅仅使用财务分析指标来进行合作社能力的测评显然是不太合适的，还需要关注技术研发、市场开拓、新产品开发、企业社会责任等其他方面。张等（Zhang et al.，2007）指出合作社能力的评价还必须考虑合作社定价战略的丰富性。刘芳（2013）对广西农民合作社能力进行了度量评分，从经营能力、服务能力、管理能力和获取外界扶持能力等四个维度评价农民合作社自我发展能力，并具体利用组织结构完善程度等 20 项指标展开了进一步的研究。李二超（2013）将农民合作社能力分为整体实力、发展活力和带动能力三大项，通过对 184 位农民合作社理事长的问卷调查，从年经营收入、年纯盈余、资产总额、品牌知名度、理事会成员出资额占总资产比例、实现"一人一票"的程度、按交易额（量）向成员返还盈余的比例、成员对农民合作社的满意度、成员数、成员人均收入高于当地同业非成员平均数比例、带动当地农户数、年均累计培训成员及非成员人数、农资统一购买比例、产品（服务）统一销售（提供）比例、标准化生产比例共计 15 项指标来评价农民合作社的能力水平。在农民合作社能力评价方法上，学者们主要采用了案例分析法、层次分析法、因子分析法等评价方法。倪细云（2012）选取了山西省运城市 3 家具有代表性的农民合作社为案例分析的对象。李二超和于正（2013）以常州、溧阳、铁岭的 11 家农民合作社为例，分析了融资能力和市场竞争能力对农民合作社发展的重要性。多诺凡等（Donovan et al.，2017）以秘鲁可可合作社为例，探讨了社会力量的介入对于提升合作社能力的重要性。程转男（2011）采用层次分析法得到各农民合作社资源获取能力的综合评价得分和评价等级结果。孙琳等（2012）同样采用层次分析法，构建比较判断矩阵获得各个指标的权重，研究农民合作社各单项能力对农民合作社能力水平的影响程度。李二超（2013）选取了农民合作社研究和实践领域的专家作为调研对象，也采用层次分析法来确定各指标权重，从而对各农民合作社能力建设得分进行排序。倪细云（2012）利用因子分析法对农民合作社能力进行综合评价，而后采用聚类分析法中的 K 均值聚类法将 68 家种植类农民合作社归纳为 5 个能力等级。彭莹莹和苑鹏（2014）同样采用了因子分析法，对农民合作社的企业家能力进行了实证研究。唐进（2023）聚焦农民合作社的科技推广能力，利用二参数 IRT 模型评价农民合作社技术获取能力，利用层次分析法从农业技术推广形式、农业技术类型、农业技术推广覆盖面三个方面评价农民合作社技术扩散能力。张坤等（2024）借助莫兰指数（Moran's I）剖析农民合作社能力水平的动态变化与区域差异。研究发现，农民合作社能力整体呈上升趋势，市场运营能力与服务社会能力提高最为明显。农民合作社能力存在区域差异，中部地区增幅最大，中西部地区总体上优于东部及东北地区。地理位置相近农民合作社能力呈现空间聚集性和空间依赖性。

四　农民合作社能力与绩效

能力是企业实现和提高绩效的途径与手段，绩效是企业培育和整合能力的目标与结果。农民合作社能力与绩效关系的文献大多仅涉及农民合作社能力的某一具体方面，并未针对农民合作社能力与绩效二者关系进行直接的分析，比如农民合作社治理能力与绩效（黄胜忠等，2008；徐旭初、吴彬，2010；文雷，2013）、农民合作社标准化生产能力与绩效（鞠立瑜、博新红，2010）、农民合作社销售能力与绩效（韩顺平、王永贵，2006；杨军，2015）、农民合作社纵向一体化能力与绩效（施晟等，2012；张学会，2013）。直接针对农民合作社能力与绩效关系展开实证分析的文献寥若晨星，且局限于合作社企业家能力与绩效关系的探讨。比如黄永利和高建中（2013）认为企业家能力对农民合作社绩效产生正向影响，即企业家能力越强，农民合作社的绩效越佳。胡平波（2013）同样对农民合作社企业家能力与农民合作社绩效关系展开了剖析，认为农民合作社企业家的经营才能和管理能力极大地提高了组织绩效，包括治理绩效与社会绩效。彭莹莹和苑鹏（2014）则认为，农民合作社企业家的创业管理能力、关系能力和合作能力对农民合作社绩效的影响较为明显。戈锦文等（2015）对农民合作社知识吸收能力在社会资本对农民合作社绩效影响中的作用进行了研究。研究表明，社会资本正向影响农民合作社绩效。其中，结构性社会资本对农民合作社绩效产生直接影响，而认知性社会资本则通过吸收能力对农民合作社绩效产生间接影响。农民合作社吸收能力在结构性社会资本与农民合作社绩效之间只起到部分的中介作用，而在认知性社会资本与农民合作社绩效之间则起到完全的中介作用。自生能力与议价权是影响农民合作社经济绩效的两个重要因素，其中，自生能力主要针对内部组织制度安排，议价权主要针对外部市场竞争结构。目前，农民合作社的自生能力与议价权普遍较弱。只有在农产品供求、组织规模和产业链建设上具备优势的农民合作社，才能切实增进经济绩效。琳达（2016）通过对中国农民合作社和印度尼西亚农业合作社的比较研究，发现组织文化与动态能力对中国农民合作社的组织绩效和市场竞争力具有正向影响，而动态能力对印度尼西亚农业合作社组织绩效未产生积极影响，组织文化与动态能力只对印度尼西亚农业合作社的市场竞争力产生显著的影响。梁等（Liang et al.，2018）指出，农民集体行动的能力决定了农民合作社在农业产业组织体系中的地位和作用。侯佳君等（2020）将农民合作社绩效分为经济绩效、管理绩效和社会绩效，并构建了农民合作社自生能力与绩效关系的结构方程模型。研究还发现，农民合作社对外依托外部社会资本或政府参与会降低绩效。股权集中度、社员影响力、产品竞争力并不是农民合作社自生能力的主要推动因素。张滢和苑鹏（2023）运用系统分析范式剖析了农民合作社能力对实现物质富裕、精神富裕、生态富裕产生作用的机制，研究发现，农民合作社的经济、社会、生态价值作用于共同富裕目标的实现。王佳等（2023）以动态能力理论的视角，探究农民合作社关系网络、动态能力与绩效三者之间的关系。他们认为，亲缘关系、业缘关系嵌入均能提升农民合作社绩效，但相较于亲缘关系，业缘关系的嵌入正向效应更强。动态能力在关系网络与绩效之间发挥中介作用。具体而言，亲缘关系通过增强整合能力与创新能力来提高农民合作社绩效，业缘关系通过增强获取能力与学习能力来提高农民合作社绩效。动态能力在亲缘关系与竞争优势之间以及业缘关系与绩效之间的中介效应，受到动态环境的负向调节。

五 农民合作社能力提升

农民合作社能力提升的相关文献主要遵循从分析能力的影响因素到提出能力提升措施的研究范式。赫尼汉和安德森（Henehan and Anderson，1999）注意到理事会规模对合作社成长能力和赢利能力产生正向影响。尼尔森（Nilsson，2001）发现成员异质性决定了合作社的内部治理能力，包括成员出资额、成员参与合作社的程度、成员业务与合作社的吻合度、成员对合作社的忠诚度。艾格斯顿（Egerstrom，2004）认为合作社的发展与企业一样，除了受到同行竞争、供应商的议价能力、购买者的议价能力、替代品的威胁外，还受到政治因素、文化因素等多方面的影响。程转男（2011）认为物质资本资源、人力资本资源、组织资本资源是影响农民合作社能力的关键因素。李二超和于正（2013）认为民主管理和规范化运作的程度和水平是影响农民合作社能力提升的主要因素。坎托吉格（Kontogeorgos，2012）强调合作社的能力，尤其是品牌营销能力提升同时取决于组织内部和外部因素，内部影响因素包括全面质量管理理念、质量认证对标、农业技术应用、合作文化和价值观普及、社员参与、环境保护和可持续发展等，外部影响因素包括消费者行为的特征、政府的支持、市场的变革等。普勒和多诺凡（Poole and Donovan，2014）强调了外部力量的介入对提升合作社能力的重要性，认为除了政府扶持和社会团体的捐赠，合作社能力的强弱还取决于合作社内部组织架构、市场导向型经营战略的实施、组织资源、供应链伙伴的支持特别是第三方物流供应商的能力等。格劳等（Grau et al.，2015）认为，农业和贸易政策的调整、消费者需求的变化、技术的创新变革使合作社的发展处于十字路口，合作社能力的提升，特别是治理的优化、产品的多样化和运营敏捷性的提高是合作社适应外部环境变化的必然举措。席莹和吴春梅（2017）认为，双元能力培育能有效促进农民合作社资源结构升级和治理结构优化，以突破治理困境并实现可持续发展。研究突出外部资源的利用和整合以缓解农民合作社内生资源不足的问题，以及农民合作社内部构建层级化的资源传播体系并依托乡村社会中的熟人关系网络来实现资源探索、传播、转化以迅速扩大辐射范围。伯利诺等（Borsellino et al.，2020）通过对欧盟葡萄酒合作社的调研，发现可以利用欧盟收入稳定政策工具来提高合作社的风险管理能力，最终实现年度收支平衡和财务可持续性。扎努兹等（Zanuzzi et al.，2021）通过对巴西肉鸡合作社的调研发现，知识管理能力的提升有助于提高合作社技术采纳的密集度和肉鸡生产规模。张滢和苑鹏（2023）强调显性能力与隐性能力并重、延伸拓展产业链和治理规范化是提升农民合作社能力、促进农民物质殷实和精神富足的着力点。

农民合作社能力的研究揭示了农民合作社能力的细节，从不同的角度提供了农民合作社能力分析的框架，但同时又存在明显的局限。首先，能力内涵的界定是能力研究的首要和前提。从某种角度来说，能力识别、能力评价、能力与绩效以及能力提升是能力内涵的延伸。正是对农民合作社能力内涵认识的不一致，导致学者们在能力的识别、评价，以及提升方式上产生了不同观点。其次，有关农民合作社能力识别的文献散落在不同的主题下，侧重于单项或局部能力的研究，缺乏系统性，鲜见综合性和多层次的理论分析框架。再次，农民合作社能力评价体系的构建十分复杂与棘手。多数模型在子能力（能力结构体系的第二层指标）的选取上结合了农民合作社职能运行的特点，存在交集，如营销能力、市场能力、技术能力等，而在子能力细分（能力结构体系的第三层指标）指标难以达成一致，从而不能很好地体现农民合作社能力的实质。最后，相比于农民合作社的能力分析、能力识别、能力评价和能力提升，农民合作社能力与绩效的研究相对薄弱。相关文献涉及农民合作社能力的某一具体方面对农民合作社绩效的影响，但并未针对农民合作社能力与绩效二者的关系进行细致系统的分析，比如农民合作社能力对绩效的影响作用是否显著、农民合作社能力具体作用于绩效的哪些方面等，有待进一步的理论阐释。

上述关于农民合作社、企业能力和农民合作社能力的研究，为分析农民合作社能力和能力提升提供了重要理论依据和实践参考。中国农民合作社发展呈现多样化、异质性和嵌入性的特点，农民合作社能力在加快建设农业强国这一特殊的背景下提出，具有鲜明的中国特色。国外有关农民合作社能力的文献分散在不同的主题下，缺乏系统的、综合性的分析，国内的相关文献大多属于尝试性的探索。现阶段，对于如何结合农业产业特性和农民合作社的特点来清晰地界定农民合作社能力的概念、目前农民合作社能力到底如何、农业强国建设目标下究竟需要提升农民合作社的哪些能力等问题，尚无具有说服力的回答。中国农民合作社发展路径独特，不仅呈现传统意义上的从弱小到强大的转变，更重要的是从不规范的发展转变为健康可持续发展，如要提升农民合作社的能力，以使其真正成为引领农民加快建设农业强国的重要组织载体，理论界还需要对上述问题做出更加全面系统的、更具阐释力和说服力的回应。

第三章

农业强国目标下的农民合作社能力识别

能力识别，是指用感知、判断、归类的方法对企业具备的各种现实的、潜在的能力进行辨识和鉴别。能力识别是企业能力研究的首要步骤。本章的研究识别农业强国目标下农民合作社能力的各项子能力，并梳理农民合作社能力的构成要素，为后续的研究奠定基础。

第一节 农民合作社能力识别的原则

一个好的能力结构体系应恰当合理地反映农民合作社能力的本质，更为重要的是，农民合作社可以借助该体系实现能力提升，这一过程包含能力的识别、评价和提升。在构建农业强国目标下的农民合作社能力结构体系时，应结合能力识别的目标，遵循完整性、层次性、重点性、特殊性四个原则。

一 完整性

能力具有综合性和全面性的特点。在构建农民合作社能力结构体系时，既要考虑能力的综合属性对其进行分解并指标化，还应关注其内在特性的外在表现，通过设计外部特征的评价指标间接反映能力的水平。

二 层次性

农民合作社能力结构体系是一个由相互关联、相互制约的众多因素构成的复杂系统。将研究问题层次化，即按照各因素间的相互关联以及隶属关系将其以不同层次进行聚集组合，是识别农民合作社能力的一种简洁的、有效的方法。能力识别的关键是能力细分的层次，即能力识别粒度，其直接影响能力识别的科学性和有效性。如果能力识别粒度过细，那么将会导致能力划分的过程过于烦琐细致，揉入了大量细碎的企业日常生产经营活动；反之，如果能力识别粒度过粗，那么将难以准确地体现企业独特的竞争优势，无法为决策提供参考依据。

三 重点性

农民合作社能力识别的目的是把握农民合作社发展的关键环节。在设计能力结构体系时应突出重点，无须面面俱到。若追求全面，势必会导致选取的指标数目庞大，识别成本高昂，同时对后续能力评价所发现的问题，也很难追溯内在根源，对实践的指导意义弱化。

四 特殊性

作为兼具经济属性和社会属性的特殊企业，农民合作社在组织目标、成员制度、治理机制、经营战略、社会责任方面与一般企业有着显著的差别。在组织目标方面，股份公司的目标是实现利润最大化，而为社员服务是农民合作社的组织目标；在成员制度方面，农民合作社的所有者与使用者具有同一性，股份公司的所有者和使用者是分离的；在治理机制方面，农民合作社实行"一人一票"的表决方式并按交易额（量）返还盈余，股份公司实行"一股一票"的表决方式、按股分红的分配制度；在经营战略方面，股份公司实施以市场为导向的经营战略，农民合作社的经营范围局限于成员提供的农产品，市场导向相对偏弱；

在社会责任方面，农民合作社天然就承担着提高社员物质生活水平和精神文化水平、促进所在社区发展的社会责任，而股份公司承担社会责任是由于受到了外部制度环境的约束。所以，农民合作社能力既与企业能力存在共性，又具有区别于企业能力的特殊性。如何在企业能力理论的基础上凸显农民合作社的特殊属性，是农民合作社能力识别研究最为核心的问题。

第二节 农业强国目标下的农民合作社能力识别过程

农民合作社能力具有完整性的特征。农民合作社能力识别需要对农民合作社各项子能力进行分类梳理，分清哪些子能力对农民合作社助力农业强国建设起到关键性作用，并在此基础上，对农民合作社各项子能力进行进一步的细分，明确农民合作社各项子能力的构成要素。

农业强国目标下的农民合作社能力是指，农民合作社配置、整合物质资源、技术资源、人力资源、资金资源等各种组织资源，以实现市场竞争优势并为社员提供更多的服务和收益，引领小农户与现代农业发展有机衔接，带动农民增收致富的功能和潜力。农业强国目标下的农民合作社能力是农民合作社拥有和控制（农民合作社可以在完全竞争的市场中获得这种能力或者无须付出高额成本就可得到）的所有能力的有机组合，它是由相互联系的能力或能力集组成的（它们彼此关联、相互影响），并通过与外部环境的交互作用来积累经验，优化各项能力或能力集的构成关系以及改变其作用强度，以增强自身的实力。因而，本部分将从系统理论[①]的视角对农业强国目标下的农民合作

---

① 系统理论是研究综合系统或子系统的一般模式、原则和规律的理论体系。该理论将企业视作由若干相互作用和相互联系的组成部分结合而成的一个整体，且处于一个更大的系统环境中。它具有各组成部分孤立状态下所不具有的整体功能，但又总是同一定的环境发生着联系。系统理论的科学思维方法是现代企业管理思想具有的一种普遍的思维方法。

社能力进行识别。

一 系统输入：要素投入

系统输入，即要素投入。企业能力系统具有开放性和适应性，一方面从外部环境中吸收物质、能量、信息和知识，对其进行累积、重构与整合，优化各个能力单元的构成关系和改变其作用强度，以实现能力的整体提升，从而完成某项具体的工作或任务并实现某个既定的目标；另一方面在适应外部环境发展变化的同时，通过与外部环境的不断匹配，反过来影响并改变外部环境。企业外部环境包含供应商、销售商、客户、竞争对手、替代品、技术环境、政策环境和经济环境等。农民合作社能力系统是农民合作社具备的所有能力的聚合。外部环境为农民合作社能力系统提供了要素输入的来源并框定了系统边界。

农业强国目标下农民合作社能力系统的运行反映了农民合作社从外部环境中获取物质、资金、技术、人力等传统要素以及数据、管理、文化、制度等新要素，并将其输入能力系统进行演化发展，通过强化或改变自身功能和潜力，为自身以及社会创造价值并推进农业强国建设目标的实现。农民合作社从外部环境中获取能力系统运行所需的各种生产要素，包括土地、农业基础设施、农机设备、厂房等物质要素，合作社股份资金、日常经营积累、政府扶持资金和金融机构贷款等资金要素，新品种和科研设施等技术要素，合作社企业家、技术管理人才等人力要素，以及与数据有关的信息技术、先进的管理理念和运营方式、合作社独有的互助互信的文化认同、促进农业新质生产力发展的制度因素等新要素。农资供应商、农产品销售商、消费者、市场竞争、技术环境、宏观政策环境、外部经济环境等构成了农民合作社能力系统所处的外部环境，是农民合作社能力系统持续演变的主要动力。但同时，外部环境的不确定性又必然影响农民合作社所需各项要素的获取。

二　作用过程：能力作用

能力作用过程是企业能力系统的核心部分。企业能力系统是具有一定功能并且相互关联的能力单元的组合，具有多层面和多维度的特性。企业能力系统的每一层面均构筑在上一层面的基础之上，又对下一层面起到支持和决定作用。其中，最低层面为能力基础层面，指的是企业聚合物质、资金、技术、人力、管理等各项资源的水平，构成了企业能力形成的基石；中间层面为能力体现层面，指的是企业生产经营过程中产前、产中、产后增加产品价值的各项具体能力，是企业能力强弱的具体表现；最高层面为能力价值层面，是指企业为自身和社会创造价值的能力，具体包括企业提高效率、降低风险以实现盈利的经济价值，关注员工、承担社会责任的社会价值，以及节约资源、对环境友好的生态价值。农民合作社利用各种要素投入，形成生产运营和价值创造的能力基础。

根据隆和维科斯科奇（Long and Vickers-Koch，1995）的"三层次能力系统"模型，企业能力系统由内向外分为三个层次。最内层是组织资源层，主要指企业内部的人力资源、技术资源、管理资源等基础资源的水平，体现了企业能力发展支撑力的强弱，包括资源基础能力、组织管理能力等。中间层为业务活动层，指的是企业生产经营过程中的一系列具体的、能够增加产品价值的活动，包括设计能力、生产能力、营销能力、流程再造能力等，是企业能力水平的具体体现。最外层为价值实现层，主要是指企业产品和服务对外部市场变化的匹配和适应程度，客观体现了企业能力价值实现的程度，包括市场赢利能力、市场反应能力、客户管理能力等（见图3-1）。

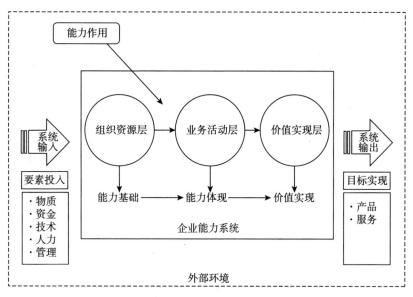

图 3-1　企业能力系统的理论模型

农民合作社是一个对外营利与对内服务相结合的特殊企业，可以借鉴系统理论的思想构建农民合作社能力系统。但是，农民合作社在组织目标、成员制度、治理机制、经营战略、社会责任方面与一般企业有着显著不同。因此，农民合作社能力系统与企业能力系统有共同之处，但又存在区别于企业能力系统的特殊性。本书借鉴系统理论思想并结合隆和维科斯科奇（Long and Vickers-Koch，1995）的"三层次能力系统"模型，构建农业强国目标下的农民合作社能力系统，如图 3-2 所示。

组织资源层是农民合作社能力形成、价值创造的基础支撑。其中，资源整合能力是农民合作社发展的基础性能力，是指对物质资源、资金资源、技术资源、人力资源等资源加以有效整合和利用，以赢得核心竞争优势的能力。内部治理能力体现了农民合作社通过决策机制、激励机制、监督机制等一整套制度安排来实现"社员所有、社员控制、社员受益"的能力。

业务活动层是农民合作社能力强弱的表现，体现在农民合作社业

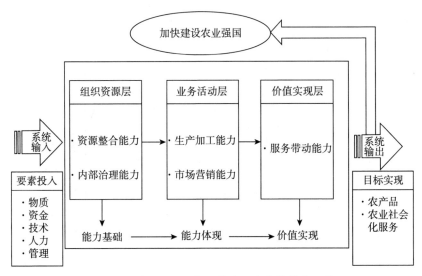

图 3-2　农业强国目标下的农民合作社能力系统

务流程的具体环节中。生产加工能力是指农民合作社在一定时期提供农产品的能力，包括生产和加工农产品数量以及保障农产品质量安全的能力；市场营销能力是指农民合作社为满足市场需求实施农产品的品牌化、营销渠道和手段的多样化战略来增强农民合作社市场竞争优势的能力。

　　价值实现层体现农民合作社为社员创造价值的能力。一般企业以营利为目的，追求利润最大化。农民合作社的组织宗旨是"为成员服务"，谋求全体社员的共同利益。因此，区别于一般企业以增加市场盈利作为能力价值实现的目标，农民合作社的首要功能和组织宗旨是为社员服务，保障社员的经济利益。农民合作社在为社员提供产前生产资料购买、产中生产加工技术指导和产后销售等方面服务的同时，引领周边非社员农户共同增收致富，并进一步带动了农民合作社所在社区经济、社会、文化的发展。服务带动能力是农民合作社能力区别于企业能力的一项特殊能力，是农民合作社价值实现的重要途径。

三 系统输出：目标实现

系统输出，即目标实现。企业能力系统从外部环境中获取各种要素并进行有目的性的分析判断和加工处理，通过改变能力结构和提升能力水平来输出市场所需要的产品和服务，以实现企业既定的目标。农民合作社能力系统内部的各个能力单元并不是孤立存在的，而是相互作用、彼此影响，强调从整体上的能力提升来输出符合既定目标的农产品和农业生产经营的各项服务。

强国必先强农，农强方能国强。加快建设农业强国，不仅体现了农业在社会主义现代化强国建设中的根基作用，而且反映了我国农业发展新阶段的必然要求乃至国家建设整体战略的重大部署。具有中国特色的农业强国建设是基于我国大国小农的国情农情、人多地少的现实困境、历史悠久的农耕文明、人与自然和谐共生的时代要求而做出的新的制度设计。农民合作社等新型农业经营主体是加快构建现代农业产业体系、生产体系、经营体系，提高我国农业综合效益和竞争力，实现由农业大国向农业强国转变的有效的组织载体。农民合作社引领小农户与现代农业发展有机衔接，为加快建设农业强国奠定了物质基础。农业现代化的推进为实现农民的精神富裕和农村现代化创造了条件。农民精神的富足、农村基础设施与公共服务水平的提升、乡村经济的多元化发展反过来又会推进农业现代化进程。与此同时，"绿水青山"的生态价值转化为全体人民共同的福祉。因此，农业强国目标下的农民合作社能力系统旨在整合各种资源要素，提升农民合作社在产业链各个环节的功能和潜力，以促进农民合作社的经济实力不断壮大、内部治理逐步规范，服务并带动小农户与现代农业发展有机衔接，加快建设农业强国并实现农业农村共同富裕。

第三节　农业强国目标下的农民合作社能力构成要素

改造传统农业、推进农业农村现代化是农业发展的根本方向，农业强国是社会主义现代化强国的基石。"加快建设农业强国"战略部署的提出意味着农业生产经营和组织发展方式的根本性变革，对农民合作社能力的提升提出了更为全面、更高质量的要求。农业强国目标下的农民合作社能力构成要素如图3-3所示。

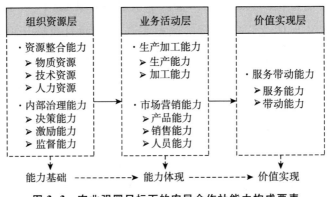

图3-3　农业强国目标下的农民合作社能力构成要素

一　资源整合能力

资源是企业永久性拥有、控制或使用的，有形的或无形的资产或生产的投入。"整合"意为"调整和融合"，是结构调整、系统融合，由无序到有序，从失衡到均衡，由分散到统一，最大限度地发挥功能并实现组织目标的过程。企业资源整合能力是指企业利用资源以有效达到组织目标的能力，是企业基于资源历经长期复杂的作用发展而来的、独特的、基于信息的、用于完成某项工作或任务的手段，可以被视为企业用于提供最终产品或服务、提高资源利用率与战略适应性并实现进一步发展的"中间产品"（Grant，1991）。农民合作社资源整合能力是指，农民合作社在生产经营过程中所具有的面向外部选择并获取、面向内部配置并利用物质资源、技术资源、人力资源等组织资源的能力。"资源节约、环境友好"的农业强国建设道路要求农民合作社实现对资源要素的集约利用，在提高劳动生产率的同时注重农业农村生态环境的保护。

（一）物质资源

农民合作社物质资源是指，农民合作社所拥有的且能够在未来农业生产经营活动中取得经济效益的资本、资产。物质资源构成了农民合作社从事各项业务活动的物质基础。农民合作社拥有的物质资源越丰富，越有利于开展各项生产经营活动，从而越有利于其能力的提高。农民合作社物质资源包括农民合作社所拥有的土地资源、资金资源和实物资源。其中，土地资源是农民合作社从事农业生产经营的基础性资源。土地的类型、质量、区域化差异、开发利用的难易程度构成了农民合作社农作物生产和牲畜养殖的自然环境条件，直接关系到农产品生产的成本、种类、数量和质量。资金资源指的是农民合作社内部积累的资金和外部筹集的资金。农民合作社成立所需的办公场所、水电基础设施的建设和有关的生产性工具的购置，以及农民合作社日常经营中生产基地的建设、品牌建设、技术服务等都离不开资金资源。实物资源包括厂房、机器设备、农业基础设施和交通运输工具等，是农民合作社生产经营所必需的有形的物质资源。

（二）技术资源

技术资源是企业制造某种产品、提供某项服务或应用某项工艺的系统知识，主要包括解决实际问题的知识、技能以及解决这些实际问题所需要的有关设备、工具的知识。技术资源是农民合作社核心竞争力的决定性因素。随着市场竞争环境的日益复杂和消费者对农产品质量要求的不断提高，农民合作社迫切需要提高种植养殖技术、应用新技术、利用先进的生产工具、引进先进的设备更新加工工艺，以提高农产品的技术含量和附加值。现代农业的发展要求转变农业生产方式，即从工业化、化学化的生产方式转向生态化的生产方式。农业生产方式的转变归根结底取决于农业技术的进步，以改变对化肥、农药等的依赖。农民合作社是农业技术推广的重要载体。一方面农民合作社利用自身的技术资源满足社员对新技术、新信息的需求，成为农业科技服务的供给者；另一方面农民合作社代表农民，与政府部门、涉农企业、科研院校和研究所建立合作关系，成为农业科技服务的需求方。农民合作社的技术资源包括技术投入和技术产出两个层面。技术投入主要包括农民合作社在科研设施、产品研发等方面的投入；技术产出主要体现为农民合作社的产品质量认证、品牌知名度等。

（三）人力资源

人力资源是企业具有劳动能力的人的体力与智力总和。在农业强国建设的进程中，人既是实践主体，也是价值主体，更是终极目标。现代化的核心在于人的现代化，没有人的现代化就没有真正意义上的现代化。农业强国目标的实现需要农业劳动者具备一定的专业知识，具有应用现代农业技术的素质，市场意识和管理才能较强，能熟练应用先进的农业机械设备。农民合作社的人力资源包括农民合作社企业家和经营管理技术人员。人力资源是农民合作社所有资源中最具能动性的资源，其他类型的各种资源都要通过人力资源才能实现相互转化。其中，农民合作社企业家主要是指合作社理事长，他们的创业能力、管理能力和关系能力在农民合作社成立与发展过程中发挥着至关重要的作用；农民合作社的经营管理技术人员包括农民合作社专门聘任的经理人员、财务人员、专业技术人员等，是构成农民合作社人力资源的骨干力量。

二 内部治理能力

企业治理是指一整套用于支配在企业中有重大利益关系的团体（包括投资者、经理人、员工）之间的关系，并从中实现经济利益的制度安排。农民合作社是企业的特殊形式，农民合作社治理与一般企业治理存在显著的差异。农民合作社与企业治理的产权基础不同，农民合作社是劳动的联合，社员入社是为了获得对其生产经营有利的各项服务。企业是资本的联合，是股东追逐利润最大化的产物。两者虽都由出资者出资，但出资者权利的性质不同，农民合作社是一种成员权利，出资的主要目的是获得成员资格。企业是一种财产权利，所有者按出资比例进行利润分配。权利的转让性也不同，前者社员权利一般不可转让，社员入社资金和剩余索取权可以在退社时带走，但不能在社员之间转让。在公司制企业中，股东依法享有股权交易的权利。在治理理念上，农民合作社坚持"为社员谋利"的宗旨，企业治理推崇"股东至上"。在治理结构上，前者由社员大会、理事会、监事会构成，后者由股东大会、董事会、监事会和经理层构成。在治理机制上，企业利用内部监督与激励以及外部市场竞争来解决治理问题。由于农民合作社集中在农村并从事农业领域，外部市场竞争相对有限，再加上合作社经理人市场并不完善，且权利不可转让流通，决定了农民合作社治理体系是一个建立在社员民主管理基础上的、相对封闭的治理体系。因此，农民合作社内部治理能力的研究可以借鉴企业治理的分析框架，但不能简单套用。

综合以上分析，农民合作社内部治理能力是指，农民合作社通过社员大会、理事会、监事会的权责安排以及决策机制、激励机制、监督机制的设计实施，促进农民合作社各利益主体利益协调，实现农民合作社民主管理的宗旨，提高农民合作社组织绩效的能力。

（一）决策能力

农民合作社的决策能力是指农民合作社识别机遇与问题，比较不同来源的信息，选择行动方针、应对方法或解决方案的能力。农民合作社的"人合"性质决定了农民合作社采用社员民主管理的决策方式，社员大会是农民合作社最高的决策机构，实行"一人一票"的表决方式，并适当赋予出资较多或贡献较大的社员附加表决权。农民合作社重大事项的决策权归属以及决策方式与流程的规范性直接决定了农民合作社决策能力的水平。

（二）激励能力

农民合作社的激励能力是指农民合作社利用集体或个人激励的制度设计，包括经理人员的薪酬、社员的利益分配及社员进入退出条件等，以实现社员、管理人员与农民合作社激励兼容的能力。

（三）监督能力

农民合作社的监督能力是指农民合作社通过监督机构对合作社经理人员以及普通社员的经营行为进行审核、监控和督导的能力。监事会是农民合作社具体执行监督职能的机构。

三 生产加工能力

生产加工能力是指在一定时期内，在既定的技术条件下，企业为社会提供某种产品或服务的能力。生产加工是企业价值链上的基本活动之一（Porter，1985）。[①] 生产加工能力是反映企业能力水平的一个重要技术参数，它可以衡量企业的生产加工规模与市场需求匹配的程度。当市场需求旺盛时，企业应考虑扩大生产加工规模，以满足市场需求的增长；当市场需求不足时，企业应考虑缩小生产加工规模，避免产能过剩，尽可能减少经济损失。

[①] Porter（1985）提出的"价值链分析法"（Value Chain Analysis）将企业价值增加的活动分为基本活动和支持性活动。基本活动和支持性活动构成了企业的价值链。基本活动包括生产加工、市场营销、进料后勤、发货后勤和售后服务。支持性活动包括人事、财务、计划、研究开发与采购。

　　农民合作社涉及农业领域，从事农产品的生产和加工。农民合作社的生产加工能力是农业生产过程中的诸多要素综合投入所形成的，可以相对稳定地达到一定水平的综合产出能力，包含两层含义：一是农民合作社的生产能力；二是农民合作社的加工能力。在农业强国建设的进程中，农民合作社生产加工能力不仅体现在农产品的数量方面，而且体现在农产品的质量方面，即农民合作社既要提供足够的农产品以满足市场需求，又要确保农产品的质量安全以满足人们对营养健康食品（农产品）的需求。因此，农民合作社应该具备规模适度的专业化生产能力和现代化的农产品加工能力，通过标准化的生产管理和技术控制来提高农产品的产量和保障农产品的质量安全，以获得规模经济效益。

（一）生产能力

　　农民合作社生产能力是指，农民合作社在一定时期和既定的技术条件下初级农产品的生产能力。农民合作社根据农产品的特点和市场的变化制订生产计划，统一购买和使用农业生产资料，进行生产管理监控以规范社员的生产过程，引进、推广农业生产技术并指导农民进行标准化生产，建立农产品质量追溯机制以保障农产品的质量安全。

（二）加工能力

　　农民合作社加工能力是指，农民合作社以野生动植物资源和人工生产农业物料为原料进行加工处理的能力。传统农业和现代农业的区别在于，传统农业是一种以土地为基本生产资料、以农户为基础生产单元、投入人力和畜力等传统生产要素的封闭式小生产；现代农业重视资金、技术、人才、管理等要素的投入，具有较高的专业化和社会化分工程度。农民合作社是现代农业的重要组织形式。农民合作社开展农产品加工，从耕种收到实施农业产业化经营，是实现发展壮大的必然选择。农民合作社从事农产品加工，可以对初级农产品进行简单加工，也可以对初级农产品进行精深加工以实现效益最大化。农民合作社大力发展农产品加工业，既克服了农产品季节性、鲜活性、易腐（损）性的固有缺陷，又增加了农产品附加值，使农民能够分享初级农产品出售和农产品加工增值的双重收益。

四 市场营销能力

市场营销是在创造、沟通、传播和交换产品的过程中，为客户、合作伙伴以及社会带来价值的一系列活动。农民合作社市场营销与企业市场营销有相似之处，但是由于农业的生产特点和农产品的产品属性，农民合作社市场营销更复杂、难度更大。农民合作社通过提高农民组织化程度改变了农民的弱势地位，增强了农民在市场交易中的话语权，实现了农民和市场的有效对接，在解决农产品鲜活性强、运输贮藏成本高昂、价格波动频繁的问题上体现出了明显的制度优势。首先，农民合作社将单个农户与其他经济主体之间的交易内化为与合作社的交易，减少了农民进入市场的交易费用；其次，农民合作社代表农民成为对抗供应商和采购商的力量，降低了农资供应价格并提高了农产品销售价格；最后，单个农户现代生产和营销能力有限，难以达到农产品质量安全管理的要求，农民合作社把千家万户组织起来，实现由"小而散"到"大而合"的转变，在增强农民的质量安全意识、促进农产品与市场的对接上发挥了极其重要的作用。

市场营销能力是企业依照自身资源和条件，通过系统化的营销在市场竞争中赢得比较优势，创造顾客价值，实现互利交换基础上的经济利益的能力（Berkowitz et al.，1989）。农民合作社市场营销能力是农民合作社所具有的与市场营销活动有关的，并在动态环境中不断强化和提升，进而转化为农民合作社市场竞争力的能力。舒尔茨（Schultz，1992）从资源要素的角度出发构建的"三力营销模型"，把企业市场营销能力分解为产品能力、销售能力和营销人员能力，即将市场营销能力视作基于有形资源的产品能力、基于无形资源的销售能力、基于人力资源的营销人员能力等共同作用的函数，为研究农民合作社市场营销能力的构成要素提供了简洁明了的分析框架。

（一）产品能力

产品是所有市场营销活动的基点，是维系企业与市场、顾客关系的纽带。产品的质量、价格与价值直接决定了产品是否能真正满足顾客的需求。产品是企业市场营销的物质基础。因而，产品能力在企业市场营销能力中处于基础性地位。农民合作社的产品能力是指农民合作社提供的农产品的质量、品种、包装、等级、价格、品牌满足市场需求从而获得高市场份额和市场利润的能力。

（二）销售能力

销售能力是企业运用广告、公共宣传、人员推销等手段，将产品或服务经由营销渠道顶端输送到营销渠道终端，实现从生产者向消费者转移的能力。农民合作社的销售能力涵盖农民合作社为了开拓农产品市场而采取的促销手段和开发的营销渠道两方面的能力，具体是指，农民合作社一方面采用媒体、报刊、户外广告和人员宣传等方式促进农产品销售，或者争取参加农产品博览会和农产品展销会来推广农民合作社及其产品；另一方面通过与农贸市场、农产品批发市场、加工企业、超市、社区、学校对接，打开农产品销路。农民合作社还可以运用现代营销手段和信息技术，利用品牌营销、体验营销、网络营销、数字营销缩短优质农产品与消费者之间的距离。农民合作社销售能力的提高是解决农产品"卖难"问题、增加农民合作社盈利的重要手段。

（三）人员能力

市场营销人员是企业市场营销活动的实践者，是将市场的潜在需求转变为现实需求的载体。市场营销人员的基本技能和素质直接关系到企业营销活动的具体实施。农民合作社的人员能力是指农民合作社的市场营销人员胜任农民合作社市场营销的能力，包括市场营销人员的农产品营销知识和技能、营销道德和观念以及其从事市场营销的敬业精神和工作热情等内容。

五 服务带动能力

区别于一般企业以营利为目的、追求利润最大化，农民合作社是兼具经济属性和社会属性的特殊企业。一方面，农民合作社是市场经济体制下农民为改善自身的市场竞争条件、节约交易成本、实现规模经济而自发组建成立的。但是，作为一种经济行为，农民合作社必须在市场上追求利润，以实现社员的经济利益，尽管农民合作社与社员的业务是建立在非营利或成本的基础，而不以利润最大化为经营目标。另一方面，作为社员共同所有和民主控制的互助性组织，农民合作社以"为成员服务"为组织宗旨，谋求全体社员的共同利益，具有一定的社会属性。因此，服务带动能力是农民合作社能力区别于一般企业能力的一项特殊能力，也是农民合作社实现组织价值的最主要途径。

农民合作社服务带动能力包含两方面的能力。首先，农民合作社服务社员的能力，即农民合作社以社员为服务对象，提供农业生产资料的购买，农产品的销售、加工、运输、贮藏，以及与农业生产经营有关的技术、农机、市场信息等服务的能力。其次，农民合作社的服务对象并不限于合作社社员，农民合作社的服务功能对周边农户、产业、社区的发展都具有一定的正外部性。所以，农民合作社服务带动能力还包括农民合作社对非社员农户和社区发展的带动能力。

（一）服务能力

"服务"从动词的角度来讲，是指以非实物形式给人带来某种利益或满足他人某种特殊需要的活动。随着农业现代化的推进，农业生产与农业服务逐渐分离，出现了"农业服务"的概念。农业服务的范围包括农资、农技、良种等服务。随着农业社会化生产的发展，农业服务逐渐趋于社会化，随之产生了"农业社会化服务"①，农业服务的范围拓展至流通、金融、保险、信息等领域。农业社会化服务在家庭联产承包责任制的基础上发展而来，旨在将农民生产经营中"干不了、干不好、干了不划算"的各种问题从生产或经营环节中抽离出来，交由外部专门的农业社会化服务组织去完成，从而实现农业生产的专业化、规范化、精细化，提高农业的生产效率，推动现代农业的发展。农民合作社是分享其服务利益的人共同拥有和经营的组织，"为成员服务"是农民合作社的本质规定之一。农民合作社以社员为本，而不是以股东为本，为社员谋利是农民合作社的组织宗旨，是农民合作社与一般企业的本质区别。农民合作社在保持农业生产效率的基础上，通过为社员提供产前农资购买、产中技术指导和农机使用、产后加工销售以及资金、信息等方面的服务，降低外部化服务带来的不确定性及其产生的交易成本，提高农业生产效率和技术水平，促进农产品销售，保障社员经济利益，是农业社会化服务体系中的中坚力量。

（二）带动能力

农民合作社从本质上看是农民利益的"保护者"，是农民通过自助、互助实现益贫、脱贫的联合。合作社制度"以人为本"，强调为社会弱势群体服务。正因为其特有的本质属性，农民合作社才显示出较强的外部经济和社会溢出效应。农民合作社在降低社员生产成本、减少市场风险、增强市场竞争力、确保经济利益的同时，还为非社员农户提供农业服务，带动周边农户乃至整个产业的发展，成为引领小农户与现代农业发展有机衔接、带动农民共同增收致富的理想载体。不仅如此，土

---

① 农业社会化服务的概念最早于1991年10月国务院发布的《关于加强农业社会化服务体系建设的通知》中提出，是指经济组织、行政机关、事业单位等为推进农、林、牧、渔等的社会化生产提供的专业性服务。农业社会化服务的内涵包括以下两点：一是提供农业社会化服务的主体包括经济组织、行政机关、事业单位等；二是一切组织或单位提供的促进现代农业发展的服务都属于农业社会化服务的范畴，不仅包括技术推广、农机使用、流通、金融、保险等服务，还包括信息、政策解读等服务。

地的不可迁移性使得农民合作社扎根于农村社区中。农民合作社的发展与社区紧密关联，是当地社区服务的重要供给者。1995 年，国际合作社联盟（International Cooperative Alliance，ICA）制定的合作社原则中，增加了"关注社区"原则[①]，要求合作社"通过它们社员认可的政策，为社区的持续发展效劳"，突出了合作社作为"以人为本"的特殊经济组织对促进社区发展的无可替代的作用。农民合作社不仅提高了社员的物质生活水平，丰富了他们的精神文化生活，还进一步带动了农民合作社所在社区的可持续发展。

[①] 1995 年国际合作社联盟代表大会通过《关于合作社界定的声明》，制定以下七条合作社原则作为合作社将组织价值付诸实践的指南：一是自愿与开放的社员资格原则；二是民主的社员控制原则；三是社员经济参与原则；四是自治与独立原则；五是教育、培训与信息原则；六是合作社之间的合作原则；七是关注社区原则。

第四章

农业强国目标下的农民合作社能力评价

能力评价，是指根据所给的条件，采用一定的评价方法，给评价对象的各项能力赋予一个评价值，再据此择优或排序的过程。农民合作社能力评价不仅为清晰地判断农民合作社能力水平提供了科学的评价方法和工具，而且能够通过综合能力和单项能力的比较，帮助农民合作社了解自身能力的薄弱环节，明确未来发展中能力提升的着力点。

第一节　农业强国目标下的农民合作社能力评价指标体系

开展综合评价，首先要确定评价指标体系，这是综合评价的基础。指标是指根据评价目的设定，能够反映评价对象某一方面情况的特征依据。指标体系从不同侧面全面刻画评价对象各个方面的特征。指标选择的适宜性和指标体系设计的合理性对评价结果具有举足轻重的作用。本章延续第三章农业强国目标下的农民合作社能力系统模型的基本思想，构建了四层次的农民合作社能力评价指标体系。

一　评价指标体系总体框架

农业强国目标下的农民合作社能力评价指标体系包括总目标层、

准则层、指标层和子指标层：总目标层（A 层）为农民合作社能力；准则层（B 层）为构成农民合作社能力的五个子能力，即资源整合能力、内部治理能力、生产加工能力、市场营销能力、服务带动能力；指标层（C 层）为测度准则层五大能力的 13 个指标；子指标层（D 层）选取了能够反映指标层各指标的 60 个具体指标，具体见表 4-1。

表 4-1　农业强国目标下的农民合作社能力评价指标体系

总目标层	准则层	指标层	子指标层	评价标准
农民合作社能力 A	资源整合能力 B1	物质资源 C1	土地资源 D1	很好＝5；较好＝4；一般＝3；不太好＝2；不好＝1
			实物资源 D2	固定资产总额（万元）
			股份资金 D3	注册资金（万元）
			日常经营积累 D4	提取"三金"，是＝1；否＝0
			政府财政扶持 D5	政府扶持资金（万元）
			金融机构支持 D6	金融机构贷款（万元）
		技术资源 C2	新品种引入 D7	是＝1；否＝0
			研发资金投入 D8	研发资金投入占年经营收入的比重20%以上＝5；10%～20%＝4；7%～10%＝3；3%～7%＝2；3%及以下＝1
			注册商标 D9	注册商标项数
			质量认证 D10	质量认证项数
		人力资源 C3	理事长创新创业意识 D11	很强＝5；较强＝4；一般＝3；较弱＝2；很弱＝1
			理事长决策能力 D12	很强＝5；较强＝4；一般＝3；较弱＝2；很弱＝1
			理事长激励、监督社员能力 D13	很强＝5；较强＝4；一般＝3；较弱＝2；很弱＝1
			理事长与政府部门关系 D14	很好＝5；较好＝4；一般＝3；较差＝2；很差＝1
			理事长与产业链伙伴关系 D15	很好＝5；较好＝4；一般＝3；较差＝2；很差＝1
			理事长与科研院校关系 D16	很好＝5；较好＝4；一般＝3；较差＝2；很差＝1
			技术、管理人员数量 D17	技术、管理人员人数
			技术、管理人员学历 D18	小学毕业人数×6+初中毕业人数×9+高中（含中专）毕业人数×12+大学（含大专）及以上毕业人数×15

续表

总目标层	准则层	指标层	子指标层	评价标准
农民合作社能力A	内部治理能力B2	决策能力C4	社员大会召开D19	2023年社员大会召开次数
			社员大会决策表决方式D20	一人一票+20%附加表决权=5；一人一票=4；一人一票+附加表决权超过20%=3；有些事一人一票，有些事按股投票=2；按股投票=1；其他=0
			理事会召开D21	2023年理事会召开次数
			理事会决策方式D22	一人一票=1；非一人一票=0
		激励能力C5	盈余分配D23	按交易量（额）分配与按股分配相结合，以按交易量（额）分配为主=5；按交易量（额）分配=4；按交易量（额）分配与按股分配相结合，以按股分配为主=3；按股分配=2；其他=1
			管理人员工资D24	管理人员工资占当年盈余比重（%）
		监督能力C6	监事会召开D25	2023年监事会召开次数
			监事会表决方式D26	一人一票=1；非一人一票=0
			社员退出条件D27	退还出资额、公积金份额=3；只退还出资额=2；出资额、公积金份额都不退还=1
			成员账户设立D28	是=1；否=0
			财务公开次数D29	2023年财务公开次数
	生产加工能力B3	生产能力C7	种植养殖面积D30	种植养殖面积（亩）
			生产人数D31	生产人数
			标准化生产比例D32	80%以上=5；60%~80%=4；40%~60%=3；20%~40%=2；20%及以下=1
			农资投入D33	2023年农资投入（万元）
			总产量D34	2023年总产量（吨）
		加工能力C8	加工厂房D35	加工厂房的面积（平方米）
			加工设备、设施投入D36	加工设备、设施投入（万元）
			加工人数D37	农产品加工人数
			加工程度D38	精深加工=3；初级加工=2；未加工=1
			产品增值比例D39	80%以上=5；60%~80%=4；40%~60%=3；20%~40%=2；20%及以下=1

农民合作社能力提升研究

总目标层	准则层	指标层	子指标层	评价标准
农民合作社能力 A	市场营销能力 B4	产品能力 C9	品牌知名度 D40	国际品牌=5；国家级品牌=4；省级品牌=3；市县级品牌=2；普通品牌=1
			价格优势 D41	很大=5；较大=4；一般=3；较小=2；没有=1
			市场竞争 D42	很激烈=5；较激烈=4；一般=3；不太激烈=2；没有竞争=1
			市场需求 D43	很大=5；较大=4；一般=3；较小=2；没有=1
		销售能力 C10	广告投入 D44	2023年广告投入（万元）
			媒体报道 D45	2023年媒体报道次数
			参加农展会 D46	2023年参加农展会次数
			渠道开发 D47	客商上门收购、农农对接、农批对接、农企对接、农超对接、农社对接、农校对接、农网对接等销售渠道建设的数量
		人员能力 C11	营销人员数量 D48	营销人员人数
			营销人员学历 D49	小学毕业人数×6+初中毕业人数×9+高中（含中专）毕业人数×12+大学（含大专）及以上毕业人数×15
	服务带动能力 B5	服务能力 C12	产前农资供应服务 D50	有=1；无=0
			产中生产管理服务 D51	有=1；无=0
			产后加工销售服务 D52	有=1；无=0
			资金服务 D53	有=1；无=0
			技术培训服务 D54	有=1；无=0
			信息服务 D55	有=1；无=0
		带动能力 C13	带动当地非社员农户 D56	带动当地非社员农户户数
			创造就业 D57	创造就业人数
			文化宣传 D58	2023年文化宣传次数
			绿色、无公害、有机生产比例 D59	80%以上=5；60%~80%=4；40%~60%=3；20%~40%=2；20%及以下=1
			污染治理 D60	污染治理投资额（万元）

二 评价指标说明

（一）资源整合能力

1. 物质资源

（1）土地资源

土地资源是农民合作社的基础性资源。农民合作社从事农业生产经营，土地对农民合作社能力发展起着至关重要的作用。农民合作社为了实现规模化经营，采取不同的土地资源整合方式：一是"生产在家，服务在社"，社员实行分散经营，由农民合作社为社员提供产前、产中、产后服务；二是通过生产基地集中经营；三是土地通过流转集中到农民合作社，由农民合作社统一经营。土地类型、质量、区域差异、开发利用的难易程度构成了农民合作社农作物种植和牲畜养殖的自然环境条件，直接关系到农产品生产的成本、种类、数量与质量。本书用土地资源的质量来衡量农民合作社土地资源的情况。

（2）实物资源

实物资源是农民合作社有形的物质资源。农民合作社的实物资源包括厂房、机器设备、农业基础设施和交通运输工具等。本书采用固定资产总额来衡量农民合作社实物资源的情况。固定资产是指使用期限在一年以上、单位价值在规定限额以上的非货币性资产，如房屋、建筑物、机器设备、冷冻保鲜设备、加工设备、钢架大棚、农业基础设施等。固定资产总额不仅反映了农民合作社实物资源的情况，而且决定了农民合作社在申请金融机构贷款时是否能够提供足够的抵押物。

（3）资金资源

资金资源是指农民合作社内部积累的资金和外部筹集的资金的总和。资金是农民合作社的"血液"，联系着农民合作社的各种生产要素和所有的经营活动。农民合作社成立所需的办公场所、水电基础设施的建设和生产性工具的购置，以及农民合作社运营中的生产基地建设、品牌建设、服务技术等都离不开资金资源。农民合作社的主要资金来源包括股份资金、日常经营积累、政府财政扶持和金融机构支持。

第一，股份资金。股份资金是农民合作社资金筹集的最为重要的渠道。农民合作社设立之初将规模较小且分散的资金集中起来，以取得规模效益。农民合作社的入股方式不同，一些农民合作社采取的是均股制，更多的则是采取非均股制，即由合作社理事长等核心成员投入较大比例的股金。本书以注册资金作为测度农民合作社"股份资金"D3 的指标。

第二，日常经营积累。农民合作社是一个互助性经济组织，既要为成员提供各项劳务服务，带动成员共同致富，又要开展正常的生产经营活动，以增加积累，保障自身正常运转。农民合作社的日常经营积累来源于为社员提供与农业生产经营有关的服务的收入、销售合作社自身产品的收入以及为非社员提供服务的收入。农民合作社生产经营活动所取得的净收入构成了合作社盈余。农民合作社可以按照章程规定或社员大会决议在当年盈余中提取公积金、公益金、风险金以弥补亏损、扩大生产、应对风险，这是农民合作社资金资源的重要组成部分。本书以是否提取"三金"来对农民合作社的"日常经营积累"D4 进行测度。

第三，政府财政扶持。为促进农民合作社的发展，政府在政策、资金、技术等方面为农民合作社提供必要的支持，包括制定有利于农民合作社发展的政策，为农民合作社的技术培训、信息服务、农产品质量认证、农业基础设施建设、市场营销和技术推广等活动提供资金支持和技术指导。本书采用政府扶持资金来测度农民合作社"政府财政扶持"D5。

第四，金融机构支持。金融机构支持反映了商业银行等正规金融机构以及民间借贷公司、担保公司等民间金融组织，满足农民合作社发展过程中资金需求的程度。金融机构贷款是衡量"金融机构支持"D6 的直接指标。

2. 技术资源

技术资源水平通常从技术投入和技术产出两个方面进行衡量。技术投入主要包括农民合作社在产品研发、科研设施等方面的投入。技术产出体现在农民合作社拥有的专利项数、新产品研发的成功率等指标上。本书以"新品种引入"D7、"研发资金投入"D8 考量农民合作社的技术投入；采用"注册商标"D9、"质量认证"D10 来测度农民合作社的技术产出。

3. 人力资源

（1）合作社企业家

企业家是从事组织管理并承担经营风险，对旧的生产方式进行"创造性破坏"，实现生产要素重新组合的人（坎蒂隆，1986；Schumpeter，1934）。合作社企业家是物质资本、人力资本和社会资本的结合体，他们具有创新精神、合作意识和管理才能，对农民合作社的创立、能力培育和提升以及可持续发展具有非常重要的作用。合作社企业家包括合作社理事长和业务部门负责人。其中，合作社理事长在合作社成立与发展过程中发挥着至关重要的作用，是具有合作精神的"熊彼特式"企业家。他们在投入品采购、新技术采用、信息获取、产品营销、品牌建设等经营活动中发挥着主导作用。合作社理事长为了实现农民合作社成长和发展，必须胜任创业者、管理者和协调者的角色，且具备创业能力、管理能力和关系能力等能力。本书采用"理事长创新创业意识"D11 来衡量合作社理事长的创业能力，采用"理事长决策能力"D12、"理事长激励、监督社员能力"D13 来测度合作社理事长的管理能力，采用"理事长与政府部门关系"D14、"理事长与产业链伙伴关系"D15、"理事长与科研院校关系"D16 来衡量合作社理事长的关系能力。

（2）技术、管理人员

农民合作社的技术、管理人员包括农民合作社专门聘任的经理人员、财务人员、专业技术人员等，是构成农民合作社人力资源的骨干。他们为农民合作社的发展贡献了自己的技术和管理才干，带动农民共同增收致富。本书采用"技术、管理人员数量" D17、"技术、管理人员学历" D18 作为农民合作社技术、管理人才的评价指标。

（二）内部治理能力

1. 决策能力

农民合作社是"使用者控制"的组织，强调使用者掌握农民合作社的决策权。农民合作社的决策能力主要体现在两个层面：一是直接决策，由社员在社员大会上直接对农民合作社的事务进行表决；二是间接决策，即社员选举产生农民合作社理事会，将决策权交予理事会行使。

（1）社员大会

社员大会是农民合作社的最高权力机构，通过定期召开会议或临时会议来行使农民合作社的最高决策权。社员超过 150 人的农民合作社，可以设立社员大会，行使社员大会的部分或全部职权。社员大会制度是农民合作社实现民主管理的重要途径。本书采用"社员大会召开" D19 和"社员大会决策表决方式" D20 来反映农民合作社社员大会的决策情况。

（2）理事会

理事会是农民合作社的决策机构，掌握农民合作社对外投资、利益分配、经营服务等重要事项的决定权。根据《农民专业合作社法》规定，农民合作社必须设理事长一名，由成员大会（本书所指社员大会）从社员中选举产生。理事长是农民合作社的法定代表人，代表农民合作社参加民事活动，对农民合作社的经营和管理负全责，并接受全体成员和有关部门的监督。理事会理事由成员大会从社员中选举产生，依照《农民专业合作社法》和合作社章程的规定行使职权，对社员大会负责。本书采用"理事会召开"D21 和"理事会决策方式"D22 来反映农民合作社理事会决策程序的规范性。

2. 激励能力

农民合作社激励能力是指农民合作社通过激励机制的设计与安排，促使经营管理者以及社员积极参与生产经营的能力，主要体现在农民合作社盈余分配和管理人员薪酬两个方面。促进农民合作社经营管理人员以农民合作社和社员利益最大化为目标，投入农民合作社的经营管理事务中，有效的制度安排是支付经营管理人员合理的报酬。农民合作社如何实施盈余分配是农民合作社激励能力的另一重要体现，显示了农民合作社对稀缺要素投入者的激励程度。《农民专业合作社法》规定，农民合作社在当年盈余中提取公积金用于弥补亏损和扩大生产经营。弥补亏损、提取公积金后的当年盈余，为农民合作社的可分配盈余。可分配盈余按社员与农民合作社的交易量（额）比例返还，返还额不得低于可分配盈余的 60%。按交易量（额）分配盈余的意义在于激励社员更多地使用合作社服务，增加与农民合作社之间的交易比重。该条例还为按交易量（额）之外的盈余分配方式，特别是为按股金分配预留了空间，体现了对资金这一稀缺要素投入者的激励。本书采用"盈余分配"D23 和"管理人员工资"D24 来反映农民合作社的激励能力。

3. 监督能力

农民合作社的监督能力体现为农民合作社社员直接或是通过设立监督机构对经营管理者的经营行为、决策或绩效进行审核、监控与督导，包括社员通过社员大会对经营管理者的监督、监事会的监督以及社员退出权等。同时，规范的财务管理制度使得社员拥有对农民合作社经营管理更为充分的知情权和监督权，是农民合作社监督能力的又一重要体现。

（1）社员大会的监督

作为农民合作社的最高权力机构，社员大会具有监督职能。根据《农民专业合作社法》，当有30%以上的社员提议时就应当召开成员大会，社员可在成员大会上发表异议、否决议案、要求罢免不称职的经营管理者、听取理事长或者理事会关于成员变动的报告。社员大会的监督是农民合作社最高权力机构的监督，具有最高的权威性和最强的约束性。但是，社员大会不是农民合作社的常设机构，其监督权往往交给监事会来行使。

（2）监事会的监督

监事会是农民合作社的专门监督机构，是社员行使监督权的主体，代表全体社员监督和审查农民合作社的经营管理，并对社员大会负责。监事会在实施其监督职能时，具有完全的独立性，不受其他机构干预。监事个人行使监督职权具有平等性，实行"一人一票"制。监事会在监督过程中可随时要求理事会和经理人员纠正违反合作社章程的行为。为了便于对农民合作社业务活动进行全面监督，监事会社员必须列席理事会召开的会议。本书以"监事会召开"D25、"监事会表决方式"D26作为评价监事会监督情况的指标。

（3）社员退出权

由于农民合作社缺乏外部股权交易市场，社员不可能通过股权的出售来退出农民合作社。"入社自愿，退社自由"是农民合作社普遍遵循的原则。退出合作社是社员"用脚投票"、表达不满的一种极端的监督方式。社员行使退出权的关键不在于社员能否退出合作社，而在于社员在退出合作社时所获得的收益如何，如股金是否能够赎回、能否分享合作社的公共积累和未分配盈余。本书采用"社员退出条件"D27来衡量农民合作社社员退出权情况。

（4）财务管理制度

财务管理是组织管理的核心环节，是以价值形式对农民合作社生产经营实施全过程管理。农民合作社的财务管理制度是农民合作社实施规范化管理的重要内容与依据。财务管理制度的设计与安排是农民合作社监督机制内容和范围的具体化，不仅涉及农民合作社资金筹集与使用、收入与分配等财务活动的规范性，而且要对国家财务法规中未做规定的，但又属于农民合作社财务管理范畴的内容、程序、职责分工和权限做出明确规定。设立成员账户是农民合作社实施财务管理的重要手段。《农民专业合作社法》规定，农民专业合作社应当为每个成员设立成员账户，用于记载该成员的出资额、量化为该成员的公积金份额，以及该成员与本社的交易量（额）。"成员账户设立"D28 是衡量农民合作社财务管理制度的一个重要指标。农民合作社及时准确地披露财务信息，是社员、政府等利益相关者了解农民合作社真实运营情况并实施有效监督的基础。本书采用"财务公开次数"D29 来反映农民合作社财务信息的透明度。

（三）生产加工能力

1. **生产能力**

农民合作社生产能力是指，农民合作社在一定时期和既定的技术条件下初级农产品的生产能力。农民合作社从事农业生产，农业生产能力的衡量方法主要有三类。第一类为基于生物生长机理的评估，比如农作物最高产量研究、农作物生长模拟模型。第二类为基于生产函数的评估，假设农业生产能力等同于实际产量或产值，设定生产函数形式，比如 Cobb-Douglas 函数、Translog 函数等，采用计量经济学方法对函数进行参数估计。第三类是投入产出分析法，认为农业生产能力是由农业生产过程中诸多要素综合投入而形成的，可以达到相对稳定产出水平的能力。这种方法使用了与农业生产有关且含义明确又易于量化的一系列指标，适用于评价一定时期或地区、特定主体的农业生产能力。本书针对农民合作社生产的特点，采用投入产出分析法对农民合作社的生产能力进行度量。影响农民合作社农业生产能力的投入要素主要有土地、人力、资金、生产资料、农业科技、管理等。本书采用"种植养殖面积"D30、"生产人数"D31、"标准化生产比例"D32、"农资投入"D33来反映农民合作社农业生产的投入情况。其中"种植养殖面积""生产人数""农资投入"是农民合作社生产能力的资源保障指标，反映了农民合作社提供初级农产品数量的能力。"种植养殖面积"是指种植农作物的土地面积或水产、禽畜等的人工养殖面积；"生产人数"是指农民合作社从事初级农产品生产的总人数；"农资投入"是指单位面积种子、农药、肥料、饲料、种畜禽、兽药、水产苗种、渔药的投入量；"标准化生产比例"是指农民合作社按照生产技术标准生产的面积占种植养殖总面积的比重，是衡量农民合作社提供初级农产品质量的指标。关于农民合作社农业生产产出情况，本书采用"总产量"D34来进行测度。

2. 加工能力

农民合作社加工能力是指，农民合作社以野生动植物资源和人工生产农业物料为原料进行加工处理的能力。农民合作社从事农产品加工反映了现代农业发展的要求，也是农民合作社延伸农业产业链、提高产品附加值、增加农民收入的必然选择。农民合作社加工能力同样体现在投入和产出两方面：加工投入包括物质、人力、技术、管理等要素的投入；加工产出主要体现在农产品的加工程度和附加值提高程度两方面。本书采用"加工厂房"D35、"加工设备、设施投入"D36和"加工人数"D37来反映农民合作社的加工投入；采用"加工程度"D38、"产品增值比例"D39来衡量农民合作社的加工产出。其中，"加工厂房"和"加工设备、设施投入"反映了农民合作社从事农产品加工的实物投入；"加工人数"是衡量农民合作社加工的人力投入；"加工程度"反映了农民合作社加工农产品的精度和深度；"产品增值比例"是指经农民合作社加工的农产品与初级农产品相比价格增加的比例，反映了农民合作社采用先进加工技术、新工艺、新标准来提高农产品附加值的能力。

（四）市场营销能力

1. 产品能力

农民合作社的产品能力是指农民合作社提供的农产品的质量、品种、包装、等级、价格等满足市场需求的能力。质量和价格是产品能力的核心。产品质量是品牌的基础，品牌是产品质量的提升。本书采用"品牌知名度"D40来衡量农民合作社产品的质量。"品牌知名度"是指农民合作社农产品为消费者知晓的程度，反映了品牌的辐射范围或广度，可分为国际品牌、国家级品牌、省级品牌、市县级品牌、普通品牌五个等级。"价格优势"D41、"市场竞争"D42、"产品需求"D43是反映农民合作社产品价格的重要指标。其中，"价格优势"衡量农民合作社农产品在成本上的优势。此外，农民合作社农产品的价格还受到市场竞争的激烈程度与产品需求量的影响。市场竞争越激烈，农民合作社农产品的价格越低；产品需求量越大，农民合作社农产品的价格越高。

2. 销售能力

农民合作社的销售能力是指，农民合作社以开拓农产品市场为目的，具备的整合促销手段的能力和建立营销渠道的能力。促销是农民合作社通过人员或非人员推销的方式，向消费者传递商品或服务的信息，激发消费者的购买欲望及购买行为的活动。促销过程中使用的主要手段有投放广告、利用公共关系、人员推销等。本书采用"广告投入"D44、"媒体报道"D45、"参加农展会"D46作为反映农民合作社整合促销手段能力的指标。其中，"广告投入"反映了农民合作社利用广告促进销售的情况；"媒体报道"反映了农民合作社在公共关系中的形象；"参加农展会"是衡量农民合作社利用人员推销促进销售情况的指标。营销渠道是指，某种商品或服务从生产者向消费者输送时取得这种商品或服务的所有权，或帮助转移其所有权的所有组织和个人。本书采用"渠道开发"D47来衡量农民合作社建立并优化营销渠道，实现农产品向终端消费者转移的能力，具体包括客商上门收购、农农对接、农批对接、农企对接、农超对接、农社对接、农校对接、农网对接等销售渠道。

3. 人员能力

作为市场营销活动的实践者，市场营销人员的基本技能和素质直接关系到农民合作社营销活动的开展和效果。本书以"营销人员数量"D48、"营销人员学历"D49作为衡量农民合作社人员能力的评价指标。其中，"营销人员数量"反映了农民合作社营销人员的规模；"营销人员学历"衡量农民合作社营销人员专业素养。

（五）服务带动能力

1. 服务能力

农民合作社的服务能力由农民合作社的本质属性决定。农民合作社是社员为了满足共同需求而自愿联合组建的互助性经济组织，"为成员服务"是农民合作社的组织宗旨，也是农民合作社的本质规定之一。在加快建设农业强国的进程中，农业生产经营者需要运用现代科学技术和科学管理方法，将农业产前、产中和产后各环节与市场紧密联系起来，以降低生产成本、增加农产品的附加值和提高市场竞争力，维护农民的经济利益。农民合作社为社员提供产前、产中和产后的一系列服务，使社员能专注于生产，以"农户生产小规模、合作社经营规模化"的模式参与现代农业的生产和经营。

本书借鉴波特（Porter，1985）的价值链分析法，从基本活动（产前农资供应、产中生产管理、产后加工销售）和支持性活动（技术培训服务、资金服务、信息服务）两方面来评价农民合作社服务社员的能力。其中，农业生产资料保质保量供应是农业正常生产经营的前提，"产前农资供应服务" D50 反映了农民合作社为社员提供良种、种畜、燃料、肥料、饲料、农药、兽药、设备及器具的能力；"产中生产管理服务" D51 反映了农民合作社在生产过程中，统一进行品种选择、施肥、打药、剪枝、病虫害防治等种植业田间管理，以及养殖业疾病防治的能力；解决农产品的"卖难"问题是农民加入农民合作社的主要原因，"产后加工销售服务" D52 反映了农民合作社为社员提供稳定的销路，实现"小农户"与"大市场"的有效对接的能力。农民合作社为了保证较高的销售价格，采用分级、包装、保鲜贮藏、品牌营销、产品精深加工的方式提高农产品的附加值，实现了农业增效、农民增收。"资金服务" D53 反映了农民合作社为社员提供信贷服务，帮助社员解决资金短缺问题的能力。资金实力雄厚的农民合作社可以向社员提供贷款服务，以满足社员发展的资金需求。除了直接向社员提供贷款服务，农民合作社还可以采用多种形式为社员提供资金服务，比如为社员提供担保服务、开展资金互助合作、建立贷款联保小组、与银行合作对社员进行信用评级等。"技术培训服务" D54 反映了农民合作社专业技术人员为社员提供技术培训，进行科技普及的能力。"信息服务" D55 反映了农民合作社为社员提供产品供求信息、市场价格信息、技术信息、政策解读等信息服务的能力。

2. 带动能力

农民合作社具有一定的"草根性"，创建于农村、发展于农村、扎根于农村，与农业、农村、农民有着千丝万缕的联系。农民合作社不仅能使社员受益，而且惠及周边农户，并进一步带动所在社区发展。2002 年，国际合作社日的主题是"社会与合作社：关注社区"（Society and Cooperatives：Concern for Community），特别强调了农民合作社作为"以人为本"的特殊经济组织对于促进社区可持续发展的独特作用。[①]

农民合作社的带动能力体现在经济、社会、文化和社区环境四个层面。在经济层面,本书采用"带动当地非社员农户" D56 来衡量农民合作社带动当地非社员农户共同增收致富,从而促进当地农业发展的能力。该指标具体是指与农民合作社发生业务往来,包括享受农民合作社服务的当地非社员农户总数。在社会层面,农民合作社从事规模化的农产品生产、加工和经营,能够创造就业并促进农村社会稳定,是农村社会生活中的"安全阀"与"稳定器"。本书采用"创造就业" D57 来衡量农民合作社在社会层面的带动能力。在文化层面,农民合作社通过各种技术培训和指导,或者举办有关农民合作社和农业知识的宣传活动,提升当地农民的文化水平、农业技能、合作意识和民主观念。本书采用"文化宣传" D58 来反映农民合作社在文化层面的带动作用。在社区环境方面,农民合作社减少农药、化肥等的使用量,从事绿色、无公害、有机农业生产,降低农业污染。另外,农民合作社投入资金进行生活垃圾分类和零污染村庄整治,对村容村貌整洁及宜居宜业和美乡村建设发挥了重要作用。本书采用"绿色、无公害、有机生产比例" D59 和"污染治理" D60 评价农民合作社保护社区环境的能力。

第二节 农业强国目标下的农民合作社能力评价实证研究

一 数据采集

本书的数据来源于对农民合作社进行问卷调查所得的原始资料。

---

① 1992 年联合国大会通过第 47/90 号决议,宣布 1995 年 7 月的第一个星期六为联合国国际合作社日,以纪念国际合作社联盟成立 100 周年,并决定考虑将来每年都将此日定为国际合作社日。2002 年国际合作社日的主题是"社会与合作社:关注社区"。

调研初期，对温州市农业科学研究院的部分农民合作社学员进行深度访谈和问卷试填，并征求多位农民合作社研究学者及统计学专家的意见，最终确定调查问卷（见附录）。

调研选取浙江省农民合作社作为样本合作社。浙江省地处东部沿海地区，农业农村现代化在全国处于较高水平，生态高效的农业强国建设极具特色。浙江省是农民合作社发展的典型省份，浙江省农民合作社的制度安排代表了中国农民合作社的发展趋势（张晓山，2004）。样本合作社集中分布在浙江省农民合作社发展较好的地区——温州市和湖州市。样本合作社涉及劳动密集型种植业（如蔬菜、水果、茶叶产业）、土地密集型种植业（如水稻种植业）和劳动密集型养殖业（如水产业），其中涉及劳动密集型种植业的农民合作社 35 家，涉及土地密集型种植业的农民合作社 28 家，涉及劳动密集型养殖业的农民合作社 33 家，集蔬菜、油料种植和水产养殖于一体的农民合作社 4 家。就样本合作社成立时间而言，呈现逐年增多的态势，2005 年之前成立的农民合作社有 8 家，而 2005 年新成立 18 家，2006 年至今更是新成立了 74 家，符合 2005 年《浙江省农民专业合作社条例》和 2007 年《农民专业合作社法》相继颁布实施的实际情况。此次调研共发放问卷 100 份，回收问卷 72 份，有效问卷 56 份。

二　数据描述

本小节主要对问卷调查的数据进行客观描述，以保证数据采集的准确性和完整性。

（一）资源整合能力的数据描述

农民合作社资源整合能力共有涉及物质资源、技术资源和人力资源的 18 个评价指标，具体数据描述见表 4-2。

表 4-2　资源整合能力评价指标数据描述

指标		子指标	最大值	最小值	说明
资源整合能力	物质资源	土地资源 D1	5	1	12.50%的农民合作社选择"很好"，62.50%的农民合作社选择"较好"，14.28%农民合作社选择"一般"，7.14%的农民合作社选择"不太好"，3.57%的农民合作社选择"不好"
		实物资源 D2	1760	0	—
		股份资金 D3	1000	5	—
		日常经营积累 D4	1	0	75.00%的农民合作社选择"是"，占合作社盈余比例最高的为10%，最低的为3%
		政府财政扶持 D5	255	0	69.42%的农民合作社获得政府扶持资金，最高额为255万元，最低额为3万元
		金融机构支持 D6	200	0	3.29%的农民合作社获得金融机构贷款，最高额为200万元，最低额为10万元
	技术资源	新品种引入 D7	1	0	71.42%的农民合作社选择"是"，其余为"否"
		研发资金投入 D8	4	1	37.5%的农民合作社选择"3%及以下"，37.5%的农民合作社选择"3%~7%"，12.5%的农民合作社选择"7%~10%"，12.5%的农民合作社选择了"10%~20%"
		注册商标 D9	2	0	78.57%的农民合作社拥有注册商标，3.57%的农民合作社拥有2项注册商标
		质量认证 D10	5	0	71.42%的农民合作社获得质量认证，其中48.21%的样本合作社获得1项质量认证，51.79%获得2项或2项以上质量认证
	人力资源	理事长创新创业意识 D11	5	3	16.07%的农民合作社选择"很强"，41.07%的农民合作社选择"较强"，42.85%的农民合作社选择"一般"
		理事长决策能力 D12	5	3	8.93%的农民合作社选择"很强"，30.36%的农民合作社选择"较强"，60.71%的农民合作社选择"一般"
		理事长激励、监督社员能力 D13	5	3	7.14%的农民合作社选择"很强"，39.29%的农民合作社选择"较强"，53.57%的农民合作社选择"一般"
		理事长与政府部门关系 D14	5	3	7.14%的农民合作社选择"很好"，60.71%的农民合作社选择"较好"，32.14%的农民合作社选择"一般"
		理事长与产业链伙伴关系 D15	5	3	30.35%的农民合作社选择"很好"，26.79%的农民合作社选择"较好"，42.86%的农民合作社选择"一般"

指标		子指标	最大值	最小值	说明
资源整合能力	人力资源	理事长与科研院校关系 D16	5	3	8.92%的农民合作社选择"很好",50.00%的农民合作社选择"较好",41.07%的农民合作社选择"一般"
		技术、管理人员数量 D17	26	0	85.71%的农民合作社拥有专门的技术、管理人员,14.29%的农民合作社没有专门的技术、管理人员。64.29%的农民合作社拥有5名或5名以上的技术、管理人员。拥有技术、管理人员最多的为26人,最少的为3人
		技术、管理人员学历 D18	291	0	得分最高的农民合作社,初中毕业人数为15人、高中(含中专)毕业人数为3人、大学(含大专)及以上毕业人数为8人。平均受教育年限为13.81年,即平均受教育程度为高中(含中专)

(二)内部治理能力的数据描述

农民合作社内部治理能力共有涉及决策能力、激励能力和监督能力的 11 个评价指标,具体数据描述见表 4-3。

表 4-3　内部治理能力评价指标数据描述

指标		子指标	最大值	最小值	说明
内部治理能力	决策能力	社员大会召开 D19	4	0	96.42%的农民合作社 2023 年有召开社员大会,3.58%的农民合作社没有召开社员大会
		社员大会决策表决方式 D20	5	1	在 2023 年有召开社员大会的样本合作社中,有55.56%的农民合作社选择以"一人一票"为基础的表决方式,其余 44.44%的农民合作社选择"按股投票"的表决方式
		理事会召开 D21	4	0	94.64%的农民合作社 2023 年有召开理事会,5.36%的农民合作社没有召开理事会
		理事会决策方式 D22	1	0	92.86%的农民合作社选择"一人一票"的表决方式,其余 7.14%的农民合作社选择"非一人一票"的表决方式

指标	子指标	最大值	最小值	说明
内部治理能力 — 激励能力	盈余分配 D23	5	1	44.64%的农民合作社选择"按交易量（额）分配"，32.14%的农民合作社选择"按股分配"，16.07%的农民合作社选择"按交易量（额）分配与按股分配相结合，以按交易量（额）分配为主"，其余7.14%的样本合作社没有进行盈余分配
	管理人员工资 D24	40%	0	71.43%的农民合作社有管理人员工资，28.57%的农民合作社没有管理人员工资。管理人员工资占当年盈余的比重最大为40.00%，最小为1.80%
内部治理能力 — 监督能力	监事会召开 D25	3	0	83.92%的农民合作社 2023 年有召开监事会，16.08%的农民合作社没有召开监事会
	监事会表决方式 D26	—	—	2023 年有召开监事会的农民合作社均采用"一人一票"的表决方式
	社员退出条件 D27	3	1	23.21%的农民合作社选择"退还出资额、公积金份额"，62.50%的农民合作社选择"只退还出资额"，14.29%的农民合作社选择"出资额、公积金份额都不退还"
	成员账户设立 D28	1	0	67.86%的农民合作社设立了成员账户，其余 32.14%的农民合作社没有设立成员账户
	财务公开次数 D29	12	0	87.50%的农民合作社 2023 年有进行财务公开，12.50%的农民合作社没有进行财务公开。在进行财务公开的农民合作社中，次数最多的为 12 次，最少的为 1 次

（三）生产加工能力的数据描述

农民合作社生产加工能力共有涉及生产能力和加工能力的 10 个评价指标，具体数据描述见表 4-4。

表4-4　生产加工能力评价指标数据描述

指标		子指标	最大值	最小值	说明
生产加工能力	生产能力	种植养殖面积 D30	20000	500	——
		生产人数 D31	1000	6	——
		标准化生产比例 D32	5	1	17.86%的农民合作社选择"20%及以下"，14.29%的农民合作社选择"20%~40%"，10.71%的农民合作社选择"40%~60%"，28.57%的农民合作社选择"60%~80%"，28.57%的农民合作社选择"80%以上"
		农资投入 D33	2000	30	——
		总产量 D34	5000	3.25	——
	加工能力	加工厂房 D35	21000	0	33.92%的农民合作社拥有加工厂房，66.08%的农民合作社没有加工厂房。拥有加工厂房的样本合作社中最大为21000平方米，最小为52.38平方米
		加工设备、设施投入 D36	1000	0	26.78%的农民合作社有加工设备、设施的资金投入，73.22%的农民合作社没有加工设备、设施的资金投入。有加工设备、设施投入的样本合作社中最多的为1000万元，最少的为5万元
		加工人数 D37	1000	0	33.92%的农民合作社拥有农产品加工人员，66.08%的农民合作社没有农产品加工人员。拥有农产品加工人员的农民合作社中最多的为1000人，最少的为11人
		加工程度 D38	3	1	58.92%的农民合作社从事农产品加工，41.08%的农民合作社没有从事农产品加工。在有进行农产品加工的样本合作社中，只有8家农民合作社从事农产品的精深加工，其余的25家对农产品进行初级加工
		产品增值比例 D39	5	1	在有进行农产品加工的33家农民合作社中，8家选择"20%及以下"的加工产品增值，10家选择"20%~40%"，7家选择"40%~60%"，5家选择"60%~80%"，3家选择"80%以上"

（四）市场营销能力的数据描述

农民合作社市场营销能力共有涉及产品能力、销售能力和人员能力的 10 个评价指标，具体数据描述见表 4-5。

表 4-5 市场营销能力评价指标数据描述

指标	子指标	最大值	最小值	说明
市场营销能力	产品能力			
	品牌知名度 D40	5	1	1.79%的农民合作社选择"国际品牌"，5.35%的农民合作社选择"国家级品牌"，10.71%的农民合作社选择"省级品牌"，30.36%的农民合作社选择"市县级品牌"，51.79%的农民合作社选择"普通品牌"
	价格优势 D41	5	1	7.14%的农民合作社选择"很大"价格优势，44.64%的农民合作社选择"较大"价格优势，26.78%的农民合作社选择"一般"，10.71%的农民合作社选择"较小"价格优势，10.71%的农民合作社选择"没有"价格优势
	市场竞争 D42	5	3	8.93%的农民合作社选择市场竞争"很激烈"，85.71%的农民合作社选择市场竞争"较激烈"，5.36%的农民合作社选择市场竞争"一般"
	市场需求 D43	5	3	7.14%的农民合作社选择市场需求"很大"，48.21%的农民合作社选择市场需求"较大"，44.64%的农民合作社选择市场需求"一般"
	销售能力			
	广告投入 D44	300	0	2023 年有广告投入的农民合作社占51.78%，其余农民合作社没有广告投入。在有广告投入的农民合作社中，最高投入为 300 万元，最少为 3 万元
	媒体报道 D45	40	0	2023 年有媒体报道的农民合作社占73.21%，其余农民合作社没有媒体报道。在有媒体报道的农民合作社中，报道次数最多的有 40 次，最少为 1 次
	参加农展会 D46	6	0	2023 年参加各类农展会的农民合作社占57.14%，其余农民合作社没有参加农展会。在参加农展会的 32 家农民合作社中，次数最多的为 6 次，最少的为 1 次

续表

指标		子指标	最大值	最小值	说明
市场营销能力	销售能力	渠道开发 D47	8	1	14.28%的农民合作社销售渠道包括农贸市场，96.43%的农民合作社销售渠道包括批发市场，25.00%的农民合作社销售渠道包括龙头企业，28.57%的农民合作社对接超市，23.21%的农民合作社开设了专卖店，20.35%的农民合作社农产品直供酒店、学校，35.71%的农民合作社农产品由客商上门收购，62.50%的农民合作社开展网上销售，3.57%的农民合作社农产品出口国外。有5个或5个以上营销渠道的农民合作社占28.57%，46.43%的农民合作社拥有2~4个营销渠道，25.00%的农民合作社仅有1个营销渠道
	人员能力	营销人员数量 D48	34	0	76.78%的农民合作社拥有专门的营销人员，23.21%的农民合作社没有专门的营销人员。拥有营销人员的农民合作社中，人员最多的为34人，最少的为2人
		营销人员学历 D49	450	0	得分最高的农民合作社营销人员中，高中（含中专）毕业人数为20人、大学（含大专）及以上毕业人数为14人。平均受教育年限为11.18年，即平均受教育程度不到高中（含中专）

（五）服务带动能力的数据描述

农民合作社服务带动能力共有涉及服务能力和带动能力的11个评价指标，具体数据描述见表4-6。

表4-6 服务带动能力评价指标数据描述

指标		子指标	最大值	最小值	说明
服务带动能力	服务能力	产前农资供应服务 D50	1	0	73.21%的农民合作社能为社员提供产前农资供应服务
		产中生产管理服务 D51	1	0	75.00%的农民合作社能为社员提供产中生产管理服务
		产后加工销售服务 D52	1	0	50.00%的农民合作社能为社员提供产后加工销售服务

指标	子指标	最大值	最小值	说明
服务能力	资金服务 D53	1	0	23.21%的农民合作社能为社员提供资金服务
	技术培训服务 D54	1	0	80.35%的农民合作社能为社员提供技术培训服务
	信息服务 D55	1	0	60.71%的农民合作社能为社员提供信息服务
服务带动能力	带动当地非社员农户 D56	1200	0	87.50%的农民合作社带动了当地非社员农户，12.50%的农民合作社没有带动当地非社员农户。在带动当地非社员农户的农民合作社中，带动最多的为1200户，最少的为20户
	创造就业 D57	500	0	85.71%的农民合作社创造了就业，14.29%的农民合作社没有创造就业。在创造就业的农民合作社中，就业人数最多的为500人，最少的为5人
带动能力	文化宣传 D58	13	0	87.50%的农民合作社在2023年进行了文化宣传，12.50%的农民合作社没有进行文化宣传。在进行文化宣传的农民合作社中，宣传次数最多的为13次，最少的为1次
	绿色、无公害、有机生产比例 D59	5	1	71.42%的农民合作社进行绿色、无公害、有机生产，28.57%的农民合作社没有进行绿色、无公害、有机生产。在进行绿色、无公害、有机生产的农民合作社中，14家选择"20%及以下"，7家选择"20%~40%"，9家选择"40%~60%"，5家选择"60%~80%"，5家选择"80%以上"
	污染治理 D60	60	0	44.64%的农民合作社投资污染治理，55.36%的农民合作社没有投资污染治理。在投资污染治理的农民合作社中，投资污染治理的金额最多的为60万元，最少的为1万元

三 指标权重确定

在评价指标体系确定之后，需要对各项指标赋予相应的权重。权重是以某种数量的形式对比、权衡评价对象总体中各个指标相对重要程度的量值。指标权重的确定可以采用主观赋值和客观赋值两种方法。常见的主观赋值法有德尔菲法和层次分析法。其中，德尔菲法是最常用的综合专家经验与主观判断的技术方法，不足之处在于依赖专家的主观判断；层次分析法是一种定性、定量相结合的方法，缺点在于所构建的判断矩阵难以满足一致性检验的要求。客观赋值法有因子分析法和熵权法。因子分析法以因子标准差系数与因子标准差之和的比值作为各因子的权重，比较科学客观，但对样本数据的要求较高，对大型的、复杂的评价指标体系适用性较低。本书尝试将熵权法引入农民合作社能力评价的权重计算中，既考虑决策者的主观意向，又使评价结果具有数学理论依据。

"熵"是热力学中的一个概念，是系统状态不确定性的度量。从数学家香农（Shannon，1948）将熵引入信息论后，熵成为一种较为可靠的权重确定方法，应用于方案优选、多目标决策以及各种综合评价中，涉及工程技术、社会经济、管理科学等多个学科。根据信息论的基本原理，信息是系统有序程度的度量，熵是系统无序程度的度量。两者绝对值相等，但符号相反。熵值代表信息无序化的程度，其值越小，系统无序度越低，信息的效用值越大；其值越大，系统无序度越高，信息的效用值越小。m 个被评价对象 n 个评价指标的判断矩阵是一种信息的载体。因此，可用信息熵来评价系统信息的有序度及效用值，并确定指标权重，以尽可能消除权重计算的人为干扰，使评价结果更为契合实际，其计算步骤如下。

第一步，考虑一个评价问题，设有 m 个被评价对象，n 个评价指标，原始评价信息矩阵如下：

$$O = (o_{ij})_{m \times n}, (i = 1,2,\cdots,m; j = 1,2,\cdots,n) \tag{4-1}$$

第二步，由于系统中各个因素的量纲不尽相同，并且有时数值的数量级相差悬殊，数据之间很难直接进行比较。因而，需要对原始数据做消除量纲处理，将其转换为可比较的数据序列，即进行归一化处理。采用"功效系数法"（Efficiency Coefficient Method）对原始数据进行标准化处理：

$$e_{ij} = \frac{o_{ij} - o_{sj}}{o_{mj} - o_{sj}} \times 50 + 50 \qquad (4-2)$$

得到 $E = (e_{ij})_{m \times n}$。其中，$O_{mj}$ 与 O_{sj} 分别为该指标中的最大值与最小值。指标值在归一化处理后数值在 $50 \sim 100$。

第三步，计算 P_{ij}（第 j 个指标下第 i 个被评价对象的指标值的比重）：

$$P_{ij} = e_{ij} / \sum_{i=1}^{m} e_{ij} \qquad (4-3)$$

第四步，计算 S_j（第 j 个指标的熵值）：

$$S_j = -k \sum_{i=1}^{m} P_{ij} \ln P_{ij} \qquad (4-4)$$

其中，$k = 1/\ln m$，并规定当 $P_{ij} = 0$ 时，$P_{ij} \ln P_{ij} = 0$。

第五步，计算权重 w_j（第 j 个指标的熵权）：

$$w_j = (1 - S_j) / \sum_{j=1}^{n} (1 - S_j) \qquad (4-5)$$

某一指标的信息熵越小，说明该指标值的变异度越高，提供的信息量就越大，对综合评价的作用就越大，权重也就越大。相反，某一指标的信息熵越大，说明指标值的变异度越低，提供的信息量就越小，对综合评价的作用就越小，权重也就越小。因此，在具体分析过程中，可依据各指标值的变异程度，利用熵计算各指标权重。依次计算得到子指标层各指标的权重为 $w_{Dj}(j = 1, 2, \cdots, 60)$，指标层各指标的权重为 $w_{Ch}(h = 1, 2, \cdots, 13)$，准则层各指标的权重为 $w_{Bk}(k = 1, 2, \cdots, 5)$。

将原始数据按照公式（4-2）进行标准化处理后，运用公式（4-3）、公式（4-4）和公式（4-5）计算得到农民合作社能力评价各指标的权重

（见表4-7）。通过表4-7中各指标权重可以发现：在农民合作社能力评价中，生产加工能力和市场营销能力相对来说更为重要，其权重分别为0.30和0.26，其次为服务带动能力、资源整合能力，最后为内部治理能力。这充分说明了农民合作社作为同类农产品生产者联合的本质。农民合作社既要在自身物质、资金、技术和人力等组织资源整合的基础上生产和加工足够数量的农产品以满足市场需求，又要确保农产品的质量安全。生产加工能力是农民合作社增加规模经济效益、提升农产品质量的核心能力。解决农产品的"卖难"问题是农民加入农民合作社的首要动因。作为农产品营销最为有效的经济主体，农民合作社通过提高农民组织化的程度增强了农民在市场交易中的话语权，实现了农民和市场的有效对接。

表 4-7 农业强国目标下的农民合作社能力评价指标权重

总目标层	准则层 w_{Bk}	指标层 w_{Ch}	子指标层 w_{Dj}	
农民合作社能力 A	资源整合能力 B1 0.14	物质资源 C1 0.40	土地资源 D1	0.31
			实物资源 D2	0.09
			股份资金 D3	0.20
			日常经营积累 D4	0.10
			政府财政扶持 D5	0.16
			金融机构支持 D6	0.14
		技术资源 C2 0.32	新品种引入 D7	0.15
			研发资金投入 D8	0.20
			注册商标 D9	0.30
			质量认证 D10	0.35
		人力资源 C3 0.28	理事长创新创业意识 D11	0.05
			理事长决策能力 D12	0.20
			理事长激励、监督社员能力 D13	0.10
			理事长与政府部门关系 D14	0.13
			理事长与产业链伙伴关系 D15	0.20
			理事长与科研院校关系 D16	0.05
			技术、管理人员数量 D17	0.12
			技术、管理人员学历 D18	0.15

总目标层	准则层 w_{Bk}	指标层 w_{Ch}	子指标层 w_{Dj}	
农民合作社能力 A	内部治理能力 B2 0.11	决策能力 C4 0.48	社员大会召开 D19	0.17
			社员大会决策表决方式 D20	0.33
			理事会召开 D21	0.20
			理事会决策方式 D22	0.30
		激励能力 C5 0.32	盈余分配 D23	0.72
			管理人员工资 D24	0.28
		监督能力 C6 0.20	监事会召开 D25	0.18
			监事会表决方式 D26	0.12
			社员退出条件 D27	0.10
			成员账户设立 D28	0.31
			财务公开次数 D29	0.29
	生产加工能力 B3 0.30	生产能力 C7 0.59	种植养殖面积 D30	0.21
			生产人数 D31	0.14
			标准化生产比例 D32	0.30
			农资投入 D33	0.05
			总产量 D34	0.30
		加工能力 C8 0.41	加工厂房 D35	0.15
			加工设备、设施投入 D36	0.27
			加工人数 D37	0.10
			加工程度 D38	0.18
			产品增值比例 D39	0.30
	市场营销能力 B4 0.26	产品能力 C9 0.30	品牌知名度 D40	0.20
			价格优势 D41	0.24
			市场竞争 D42	0.20
			市场需求 D43	0.36
		销售能力 C10 0.42	广告投入 D44	0.24
			媒体报道 D45	0.10
			参加农展会 D46	0.10
			渠道开发 D47	0.56
		人员能力 C11 0.28	营销人员数量 D48	0.61
			营销人员学历 D49	0.39

总目标层	准则层 w_{Bk}	指标层 w_{Ch}	子指标层 w_{Dj}	
农民合作社能力 A	服务带动能力 B5 0.19	服务能力 C12 0.63	产前农资供应服务 D50	0.10
			产中生产管理服务 D51	0.25
			产后加工销售服务 D52	0.25
			资金服务 D53	0.14
			技术培训服务 D54	0.20
			信息服务 D55	0.06
		带动能力 C13 0.37	带动当地非社员农户 D56	0.34
			创造就业 D57	0.10
			文化宣传 D58	0.06
			绿色、无公害、有机生产比例 D59	0.30
			污染治理 D60	0.20

在资源整合能力的评价中,农民合作社物质资源的影响相对较大,权重为 0.40。其中,土地资源的影响较为明显,权重为 0.31,说明土地资源是农民合作社从事农业生产经营的基础性资源,土地面积和质量直接关系到农民合作社的生产能力。决策能力在内部治理能力的评价中所起的作用最大,权重为 0.48。其中,社员大会决策表决方式和理事会决策方式影响相对较大,权重分别为 0.33 和 0.30,反映农民合作社是否采用民主管理的方式将合作社的决策控制权赋予广大社员。在生产加工能力的评价中,生产能力和加工能力的权重分别为 0.59 和 0.41。总产量、标准化生产比例和产品增值比例的权重相对较大,均为 0.30,充分说明农民合作社生产能力不仅体现在农产品数量方面,而且体现在农产品质量方面。销售能力是农民合作社市场营销能力中最为重要的指标,权重为 0.42,反映了农民合作社促进农产品销售和增强市场竞争力的制度优势。渠道开发,即农民合作社拓展农产品向消费者转移的路径,是销售能力最为重要的指标,权重为 0.56,在很大程度上决定农民合作社市场营销能力的水平。服务带动能力是农民合作社

价值实现的重要途径，服务能力的影响相对较大，权重为 0.63，体现了农民合作社为社员服务、谋求全体社员共同利益的组织宗旨。其中，产中生产管理服务和产后加工销售服务影响最大。

四 评价结果及分析

利用熵权法确定各指标权重之后，再对所有指标进行加权，根据公式（4-6）计算各参评农民合作社的综合评价值 A_i（第 i 个被评价对象的评价值），具体评价结果见表4-8。

$$A_i = \sum_{k=1}^{5} B_k \times w_{Bk} (i = 1, 2, \cdots, 56; k = 1, 2, \cdots, 5) \qquad (4-6)$$

其中，$B_k = \sum_h C_h \times w_{Ch}$；$C_h = \sum_j D_j \times w_{Dj}$。

表 4-8 农业强国目标下的农民合作社能力评价得分及排序

单位：分

合作社代码	资源整合能力	内部治理能力	生产加工能力	市场营销能力	服务带动能力	能力综合得分
NZ	83.45	80.54	82.77	83.91	84.11	83.80
DG	74.58	78.70	85.26	86.49	86.62	83.62
CL	80.86	78.90	80.20	83.71	87.21	82.70
CY	75.59	79.80	81.71	82.50	84.77	81.43
SM	76.22	77.34	81.31	82.57	86.21	81.41
HD	75.18	77.70	78.12	83.11	87.11	80.66
YX	76.90	77.10	78.10	82.31	86.54	80.52
GL	78.98	78.70	75.38	81.66	86.58	80.01
MY	78.86	77.64	75.91	80.93	84.01	79.36
XL	79.70	77.46	72.78	77.34	86.89	78.13
YF	80.99	77.54	71.66	78.88	85.46	78.11

续表

合作社代码	资源整合能力	内部治理能力	生产加工能力	市场营销能力	服务带动能力	能力综合得分
YM	75.01	78.33	72.86	78.35	86.14	77.71
LM	72.29	78.33	72.05	78.56	86.29	77.17
ST	71.66	72.98	78.24	76.27	82.41	77.02
HC	70.28	72.67	77.97	72.76	85.11	76.31
SJ	68.51	80.37	73.10	71.41	86.22	75.31
JG	70.10	75.32	74.44	70.70	85.37	75.03
GR	68.04	75.23	69.57	75.39	87.75	74.95
JH	69.31	77.36	72.50	70.49	87.30	74.87
LL	70.60	80.33	70.21	68.68	86.83	74.14
FS	70.09	79.02	70.61	70.30	84.47	74.02
YS	66.18	80.87	64.48	71.52	87.20	72.67
SL	73.55	85.38	64.76	65.76	85.41	72.44
ZX	70.41	93.60	63.76	66.57	83.23	72.40
HP	70.40	79.80	69.39	66.09	82.40	72.30
HJ	70.90	77.57	66.55	68.77	80.70	71.64
SY	67.36	88.74	63.52	64.70	86.13	71.43
JP	68.87	80.37	65.65	65.10	81.84	70.65
YG	69.24	75.15	70.73	58.81	80.01	69.67
AL	70.76	80.68	61.11	62.55	84.57	69.46
DM	65.57	79.01	63.21	64.38	81.89	69.13
HS	64.27	74.43	65.41	66.78	78.70	69.12
HF	60.21	75.96	64.05	67.55	75.75	67.96
QN	61.20	70.78	68.85	64.41	70.34	67.12
HY	60.47	68.74	70.10	61.02	70.59	66.33
ND	60.89	68.54	69.74	61.31	71.47	66.51
KD	58.41	69.52	68.82	60.67	72.37	65.99
BJ	59.29	70.07	67.53	62.21	70.15	65.77
XS	57.58	75.91	61.22	63.85	76.84	65.98
FS	61.61	67.71	63.33	63.32	70.45	64.92
WL	61.94	66.92	70.71	53.41	71.72	64.76

合作社代码	资源整合能力	内部治理能力	生产加工能力	市场营销能力	服务带动能力	能力综合得分
JM	71. 36	73. 98	50. 06	66. 30	74. 77	64. 59
QY	60. 51	70. 65	67. 89	53. 33	72. 39	64. 23
HR	61. 89	66. 67	69. 73	54. 56	68. 74	64. 16
QS	62. 14	65. 53	68. 91	54. 37	70. 78	64. 16
HN	61. 68	66. 36	67. 87	56. 47	67. 59	63. 82
CX	60. 11	68. 23	67. 74	52. 26	68. 84	62. 91
FL	62. 48	74. 62	58. 61	50. 91	72. 45	61. 54
YH	59. 98	73. 32	59. 66	52. 13	70. 15	61. 24
RX	58. 66	67. 75	59. 01	52. 54	69. 46	60. 22
JG	60. 05	65. 59	58. 33	52. 16	68. 84	59. 76
TF	58. 54	66. 93	57. 71	52. 26	66. 70	59. 13
RL	57. 78	65. 37	56. 81	52. 11	68. 14	58. 81
TK	55. 56	62. 28	56. 35	51. 14	68. 56	57. 86
GL	54. 78	60. 04	48. 55	51. 97	63. 37	54. 39
TM	53. 34	57. 77	47. 54	51. 61	58. 04	52. 53
均值	67. 24	74. 40	68. 08	66. 41	78. 46	70. 21
标准差	7. 62	6. 83	8. 32	10. 82	8. 05	7. 81

注：表中的农民合作社能力评价得分的排序只是就研究获得的有限抽样的展示，以说明本书阐述的农民合作社能力评价的具体使用，并不代表对这些农民合作社的正式排名或认证，所以在表中用英文字母作为代码来代替样本合作社的真实名称。

农民合作社能力综合评分满分为 100 分，将表 4-8 农民合作社能力评价值分为五个等级：90 分及以上为优秀，80~90 分为良好，70~80 分为中等，60~70 分为合格，60 分以下为不合格。由此，可以得出以下结论。

第一，总体而言，农民合作社能力处于中等水平。样本合作社能力综合得分的平均值为 70. 21 分。在 56 家样本合作社中，能力综合得分低于 60 分，即不合格的农民合作社有 6 家，占 10. 71%；能力综合得分为 60~70 分，即合格的农民合作社有 22 家，占 39. 29%；能力综合得分为 70~80 分，即中等的农民合作社有 20 家，占 35.71%；能力综合得分为 80~90 分，即良好的农民合作社有 8 家，占 14.29%。综合能力排名靠前的农民合作社成立时间较长，主要成立于 2001 年、2003 年、2010 年。这些农民合作社资源基础雄厚、内部治理规范，无论是生产加工能力，还是市场营销能力都处于较高的水平，对实现小农户与现代农业发展有机衔接、加快建设农业强国并推进农民农村共同富裕发挥着重要作用。但是，农民合作社能力水平存在差异性，一些农民合作社在资源整合、内部治理、生产加工、市场营销和服务带动方面有待进一步提升。

第二，就单项能力而言，农民合作社的资源整合能力仍有待提升。农民合作社资源整合能力的平均分为 67.24 分，在五个单项能力中排第四位。从物质资源来看，大部分样本合作社固定资产偏低，注册资本有限。有 1/4 的合作社并未在盈余中提取"三金"作为公共积累，即便是有的农民合作社提取了风险金、公积金、公益金，但提留比例远不足以弥补亏损、生产自救及保持农民合作社的持续发展。仅有不到 4% 的样本合作社成立以来获得过金融机构贷款。在技术资源方面，大部分样本合作社研发投入资金占经营收入的比重在 7% 及以下，研发投入资金比例较低。只有少数样本合作社的比例达到 10%~20%。这与目前农民合作社主要通过模仿创新的模式来降低生产成本，通过引进或推广某项成熟技术来提高产量，而非主要依靠自身科技研发的现实情况相符合。农民合作社拥有注册商标达 2 项的仅有 3.57%。获得 2 项或 2 项以上质量认证的农民合作社约占总数的一半。在人力资源方面，农民合作社技术、管理人员的平均受教育年限为 13.81 年，即平均受教育程度为高中（含中专），只有少数样本合作社的技术、管理人员受过大学（含大专）及以上教育。

第三，农民合作社的内部治理趋于规范化。农民合作社内部治理能力的平均分为 74.40 分，在五个单项能力中排第二位。在决策能力方面，绝大多数样本合作社有召开社员大会，超过一半的农民合作社采用以"一人一票"为基础的表决方式。绝大多数样本合作社有召开理事会，并采取"一人一票"的表决方式。这说明，农民合作社能够坚持社员大会制度和召开理事会以实施民主决策。但是，"一人一票"并不是被严格执行的。现实中，由于资本是稀缺资源，农民合作社对社员入股普遍采取鼓励态度，出资较多的成员必然会要求相应的权利，这就难免在决策机制上出现按股投票或一人多票的情形。从激励能力来看，农民合作社盈余分配方式以"按交易量（额）分配"和"按股分配"为主，44.64%的农民合作社坚持"按交易量（额）分配"。从监督能力来看，绝大多数农民合作社有召开监事会并采用"一人一票"的表决方式。67.86%的样本合作社设立了成员账户。绝大多数合作社进行了财务公开，但财务公开的次数大多为每年1次。这说明，农民合作社的内部治理正逐步走向规范化，这与政府政策的引导和法律法规的监督密不可分。

第四，农民合作社具备一定的生产加工能力。农民合作社生产加工能力的平均分为68.08分，在五个单项能力中排第三位。在生产能力方面，56家样本合作社的平均种植养殖面积为3310.58亩，平均总产量达1309.79吨，反映了农民合作社具有一定的生产规模。农民合作社是进行农产品标准化生产、保障农产品质量安全、发展现代农业的有效的组织形式。超过一半的样本合作社标准化生产比例达到60%以上，超过1/4的农民合作社标准化生产比例达到80%以上。然而，农民合作社的加工能力较为薄弱。超过40%的样本合作社没有从事农产品的加工，近2/3的样本合作社没有加工厂房和加工人员，近3/4的样本合作社没有进行加工设备、设施的投入。农民合作社农产品加工程度还偏低，大多数农民合作社仅仅从事农产品的初级加工，具备农产品精深加工能力的农民合作社不足样本总数的15%。农民合作社的农产品加工增值还处于中等偏低水平，加工后农产品与未加工农产品相比价格提高的幅度在 40% 以上的农民合作社仅有约 1/4。

第五，农民合作社的市场营销能力亟待加强。农民合作社市场营销能力的平均分为 66.41 分，位于五个单项能力的末尾。从产品能力来看，农民合作社的品牌建设有待进一步加强，合作社品牌知名度达到省级或省级以上的不足 20%。有关农民合作社的市场环境，尽管有超过一半的农民合作社认为经营的农产品具有很大或较大价格优势，但绝大多数农民合作社面临激烈的市场竞争。超过一半的样本合作社的农产品市场需求很大或较大，其余不到半数样本合作社农产品的市场需求一般。这说明，随着农产品市场需求日益多样化和消费者对安全、无污染、绿色农产品需求的增加，农民合作社只有不断提升农产品质量和市场竞争力，才能在激烈的市场竞争中扩大市场份额，谋求生存和发展。从销售能力来看，农民合作社的销售方式和手段应更加灵活多样，超过 40% 的农民合作社没有广告投入或参加各类农展会，大多数农民合作社没有媒体报道或报道次数很少。农民合作社销售渠道建设有待强化，绝大多数样本合作社的营销渠道数不超过 4 个，1/4 的样本合作社仅有 1 个销售渠道。大多数样本合作社局限于批发市场、农贸市场、客商上门收购等传统营销渠道，只有 1/4 左右的样本合作社开设专卖店、对接超市。超过 60% 的样本合作社采用网上销售的新型营销渠道。仅有两家样本合作社的农产品出口国外，开拓国际市场。农民合作社营销人员的学历水平还需提高，亟须引进并建设高学历高素质的营销队伍。

第六，农民合作社是服务社员生产经营、带动农民增收致富的重要载体。农民合作社服务带动能力的平均分为 78.46 分，位于五个单项能力的首位。在服务能力方面，绝大多数样本合作社能为社员提供产前、产中服务，一半的样本合作社能为社员提供产后服务，凸显了农民合作社为社员服务、谋求社员共同利益的组织宗旨。在为社员提供服务的项数方面，21.42% 的样本合作社能为社员提供 6 项服务，10.71% 的样本合作社能为社员提供 5 项服务，28.57%的样本合作社能为社员提供 4 项服务，5.35%的样本合作社能为社员提供 3 项服务。这说明，大多数样本合作社服务功能辐射产业相关环节的程度达到了中高水平。在带动能力方面，绝大多数样本合作社带动当地非社员农户、创造就业并进行文化宣传，对当地的经济、社会、文化发展产生了积极的影响。农民合作社成为引领小农户与现代农业发展有机衔接、带动农民共同增收致富、维护农村社会稳定的理想组织载体。值得注意的是，超过半数的样本合作社没有投资农业污染治理。绿色、无公害、有机生产比例达到 40%以上的农民合作社共有 19 家，仅约为样本总数的 1/3。农民合作社在农业农村生态环境保护方面离"资源节约、环境友好"农业强国建设的要求还存在一定差距，仍需进一步提升。

第五章

农业强国目标下的农民
合作社能力与绩效

能力是企业对从市场上获得的资源进行整合，从而形成的为特定经营目标服务的知识、技能和组织惯例。绩效是组织期望的结果，是组织为实现目标而展现在不同层面上的有效输出。能力是企业实现和提高绩效的途径和手段，绩效是企业提升能力的目标和结果。本章在第四章农民合作社能力评价的基础上，进一步就农民合作社能力与绩效的关系进行研究，并在此过程中，引入动态环境的因素作为调节变量，解释环境因素在农民合作社能力和绩效关系中的调节作用。

第一节　研究假设与模型构建

一　概念界定及维度划分

（一）绩效

绩效是一种在特定制度安排下行为努力的结果，不仅体现在以货币计算的收入上，而且体现为个人或集团对现状的满意度。企业绩效是一个多维度的复杂概念，是对企业目标实现程度与能力发挥效果的综合检验。农民合作社是指在农村家庭承包经营基础上，农产品的生产经营者或者农业生产经营服务的提供者、利用者，自愿联合、民主管理的互助性经济组织。农民合作社既具有经济组织的形式，又具有互助性的社团性质。也就是说，在市场经济条件下，农民合作社既要为社员服务，又必须像一般企业那样追求经济利益。这也就决定了农民合作社的绩效也应该是一个多维度的概念，是对合作社成员利益、经济利益等组织目标实现程度和能力发挥效果的一种综合性的衡量。因此，农民合作社绩效既包括农民合作社的经济绩效，反映农民合作社在市场经济环境下谋求赢利能力的提升，从而获得经济利益的增加；又包括农民合作社的社会绩效，体现农民合作社对社会责任的承担，即农民合作社带动农民共同增收致富和促进农村发展的作用。另外，加快建设农业强国要求改变对农药、化肥的依赖，实现对农业资源的可持续利用，树立新发展理念。因此，农民合作社的绩效还包括农民合作社的生态绩效。

（二）动态环境

环境是企业面临的重要权变变量。大量研究已经证实环境变量对组织战略、结构、流程以及最终绩效的影响（Robbins，1994；Kotler，1999；Davis et al.，2009）。环境是指对企业绩效存在潜在影响的外部要素或力量，包括政治、社会、文化、法律、地理以及企业所处的产业。动态环境是指，企业所处的随着时间的推移发生持续变化的外部环境，具有不稳定或不确定的属性或状态。动态环境具有速度性、模糊性、不可预见性、复杂性的特征：速度性是指新机会出现的速度；模糊性即不清晰性，给企业辨识机会造成困难；不可预见性即无序、混沌，它是机会出现的不连续性造成的；复杂性说明要抓住环境中的机会需要满足诸多条件。以环境要素变化程度和速率为特征的动态环境是多因素共同作用的结果，包括市场变化、技术变化和政策变化（Kohli and Jaworski，1990；Miller，1992；Tang，1998）。因此，农民合作社动态环境是指农民合作社面临的对组织结构、管理决策以及组织绩效产生影响的外部要素或力量，包括市场变化、技术变化、政策变化三个方面。其中，市场变化主要是指市场价格的波动、市场需求和竞争的变化；技术变化指的是农业技术变化和发展程度；政策变化主要考虑政府政策、法律法规的变化，以及行政介入对农民合作社的影响。

（三）能力

有关农民合作社能力的内涵和维度研究，已在第三章进行了详尽的论述。农民合作社能力不仅蕴含农民合作社将各种组织资源进行有效组合，以实现市场竞争优势的整合能力，而且体现了农民合作社为社员提供更多服务和收益，提高社员的生产效率和生产技术水平，引领小农户与现代农业发展有机衔接，带动农民增收致富的功能和潜力。具体而言，农民合作社能力包括资源整合能力、内部治理能力、生产加工能力、市场营销能力、服务带动能力五个维度。

二　研究假设

（一）能力与绩效关系的假设

企业提升能力的最终目的是提高组织绩效并赢得持续的竞争优势，或者说，能力是绩效的前因变量或驱动因素，绩效是能力发挥功效的衡量（Teece et al.，1997；Griffith and Harvey，2001；Makadok，2001；Zott，2003）。农民合作社能力的提升取得了产生规模经济、节约交易成本、减少交易不确定性并打破市场垄断的经济绩效，农民通过组建农民合作社，降低了生产成本、提高了生产技术水平、提升了市场谈判地位，获得了比单独从事家庭生产经营更多的经济收益。作为一个互助性的经济组织，农民合作社面对市场失灵和政府失灵时，利用其信任互助的天然制度优势向社会（社区）提供准公共物品，实现了带动当地经济发展、促进乡风文明和民主管理的社会绩效。不仅如此，农民合作社通过自身可持续发展能力的提升，减少了农业生产污染，加强了环境治理，改善了农业生态环境和农村居住环境，实现了"资源节约、环境友好"的生态绩效。由此，提出以下假设。

H1a：农民合作社能力对经济绩效有显著的正向影响。

H1b：农民合作社能力对社会绩效有显著的正向影响。

H1c：农民合作社能力对生态绩效有显著的正向影响。

（二）能力各维度与绩效关系的假设

在农民合作社能力系统中，资源整合能力是农民合作社发展的基础性能力。农民合作社通过对物质资源、技术资源和人力资源的有效整合和利用，赢得核心竞争优势和提高组织绩效。内部治理能力是指农民合作社通过决策机制、激励机制、监督机制等一整套制度安排来实施"社员所有、社员控制、社员受益"的民主管理，以实现成员利益最大化的组织宗旨的能力。生产、加工和营销是农民合作社业务流程的具体环节。生产加工能力是指农民合作社在一定时期提供农产品的能力，包括生产和加工农产品的数量以及保障农产品质量安全的能力。市场营销能力是指农民合作社为满足市场需求实施农产品的品牌营销、营销渠道和手段的多样化战略以增强农民合作社市场竞争优势的能力。生产加工能力和市场营销能力是农民合作社创造价值、增加绩效的保障。区别于一般企业以增加市场盈利作为能力价值实现的目标，农民合作社的组织宗旨是为社员服务，保障社员的经济利益。农民合作社在为社员提供产前、产中、产后等一系列服务的同时，带动非社员农户共同增收致富，促进了社区经济、社会、文化的发展和生态环境的保护。由此，提出以下假设。

H2a：资源整合能力对经济绩效有显著的正向影响。

H2b：资源整合能力对社会绩效有显著的正向影响。

H2c：资源整合能力对生态绩效有显著的正向影响。

H3a：内部治理能力对经济绩效有显著的正向影响。

H3b：内部治理能力对社会绩效有显著的正向影响。

H3c：内部治理能力对生态绩效有显著的正向影响。

H4a：生产加工能力对经济绩效有显著的正向影响。

H4b：生产加工能力对社会绩效有显著的正向影响。

H4c：生产加工能力对生态绩效有显著的正向影响。

H5a：市场营销能力对经济绩效有显著的正向影响。

H5b：市场营销能力对社会绩效有显著的正向影响。

H5c：市场营销能力对生态绩效有显著的正向影响。

H6a：服务带动能力对经济绩效有显著的正向影响。

H6b：服务带动能力对社会绩效有显著的正向影响。

H6c：服务带动能力对生态绩效有显著的正向影响。

（三）动态环境对能力与绩效关系调节作用的假设

企业能力领域的大部分研究忽视了环境条件的边界假设。实际上，环境给企业能力设定了空间和范围，能力的开发和提升不能超过环境所允许的边界。企业能力与绩效之间并不是简单的因果关系，而是受到其他诸多因素的影响，其中环境因素处于重要的地位（Wilden et al.，2012）。当处于稳态环境时，企业面临的多为常规性问题，运用现有规则及惯例便可实现企业与外部环境的适配。此时，环境因素对企业绩效的影响不太显著。而当企业面临复杂多变的动态环境时，市场的快速变化和技术的不断更新为企业带来了稍纵即逝的机会，增加了企业重置资源与创造价值的可能性；与此同时，又迫使企业对现有的资源与能力进行重新配置与组合，以应对环境的高度动荡带来的变化与压力。农民合作社依托的农业本身具有高风险的特点——自然性、周期性、分散性极强，生产经营因而面临诸多不稳定不确定因素。随着农业产业化经营的深入发展、终端消费者需求的日益多样化以及农产品市场格局由卖方主导向买方主导的转变，作为市场经济条件下弱势者联合的一种组织形态，农民合作社要应对动态环境下各种复杂的变化，提升能力并提高绩效，实现成长和壮大面临极为严峻的挑战。由此，提出以下假设。

H7：市场变化在农民合作社能力与绩效关系中起正向调节作用。

H7a：市场变化在农民合作社能力与经济绩效关系中起正向调节作用。

H7b：市场变化在农民合作社能力与社会绩效关系中起正向调节作用。

H7c：市场变化在农民合作社能力与生态绩效关系中起正向调节作用。

H8：技术变化在农民合作社能力与绩效关系中起正向调节作用。

H8a：技术变化在农民合作社能力与经济绩效关系中起正向调节作用。

H8b：技术变化在农民合作社能力与社会绩效关系中起正向调节作用。

H8c：技术变化在农民合作社能力与生态绩效关系中起正向调节作用。

H9：政策变化在农民合作社能力与绩效关系中起正向调节作用。

H9a：政策变化在农民合作社能力与经济绩效关系中起正向调节作用。

H9b：政策变化在农民合作社能力与社会绩效关系中起正向调节作用。

H9c：政策变化在农民合作社能力与生态绩效关系中起正向调节作用。

三　模型构建

根据前文的论述和假设，农民合作社能力对绩效有显著的正向影响，而动态环境是农民合作社能力与绩效关系的调节变量，理论模型如图 5-1 所示。

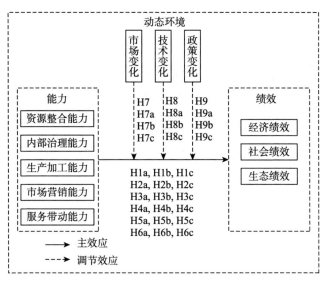

图 5-1　动态环境下农民合作社能力与绩效关系的理论模型

第二节　数据分析与假设检验

在前文的研究假设和理论模型的基础上，本节首先对理论模型中的变量展开测量，然后利用因子分析法对数据进行质量分析，最后对研究假设进行检验并讨论研究结果。

一　变量测量

这部分共涉及三类研究变量：一是自变量，即农民合作社能力，包括资源整合能力、内部治理能力、生产加工能力、市场营销能力、服务带动能力五个维度；二是结果变量，即农民合作社绩效，包括经济绩效、社会绩效、生态绩效三个维度；三是调节变量，即动态环境，包括市场变化、技术变化、政策变化三个维度。

变量测量方法包括实施现场调查、汇总历史数据、分析财务报表、绘制流程图、填列清单和编制事故树等方法。其中，填列清单（Checklist）是在分析企业环境和业务流程的基础上，将复杂的问题分解成多个便于处理的子问题，然后对每一个子问题进行逐一研究，列举相应的影响因素并填列在项目清单上，作为管理控制和绩效评价的行动指南。填列清单既可用于企业管理体系的总体规划，又可用来识别具体管理控制点，是对复杂的、大型的系统进行分析和细致全面掌握各因素的重要工具。本书的变量测量采用填列清单的方法，设计具体的量表测量题项。

（一）自变量的测量

根据农民合作社能力维度的划分，围绕资源整合能力、内部治理能力、生产加工能力、市场营销能力、服务带动能力五个维度，设计 13 个题项对农民合作社能力进行测度。采用李克特五点量表（Likert Scale）对测度问项进行测量，要求合作社理事长依照农民合作社发展的实际情况进行符合程度的判断。五级划分分别为"不符合"、"不太符合"、"一般"、"较符合"和"很符合"。1~5 分别代表五级标度，依次递增（见表 5-1）。

表 5-1　农民合作社能力测量量表

序号	测量题项
NL1	农民合作社拥有雄厚的土地、资金、实物资源
NL2	农民合作社引入新品种，重视研发投入，拥有注册商标、质量认证
NL3	合作社理事长创新意识、管理能力、关系能力强，合作社技术管理人员能力强
NL4	农民合作社决策能力强
NL5	农民合作社激励能力强
NL6	农民合作社监督能力强
NL7	农民合作社初级农产品生产能力强
NL8	农民合作社农产品加工能力强
NL9	农民合作社农产品价廉物美、市场需求大
NL10	农民合作社销售手段多样、销售渠道广
NL11	农民合作社营销人员能力强
NL12	农民合作社能为社员提供产前、产中、产后一系列的服务
NL13	农民合作社能促进当地经济、社会、文化发展和生态环境保护

（二）结果变量的测量

参照以上研究，将农民合作社绩效划分为经济绩效、社会绩效、生态绩效进行测量，共涉及 9 个题项。其中，问项 1~3 参照了浙江省农业农村厅的农民合作社提升行动实施方案，要求各合作社理事长对农民合作社的经济绩效进行评价；问项 4~6 参考了刘滨等（2009）、刘洁（2023）的农民合作社社会绩效度量方法，要求各农民合作社社员、当地非社员、合作社理事长对农民合作社的社会绩效进行评价；问项 7~9 借鉴了王文丽（2015）、罗千峰和罗增海（2022）的农民合作社生态绩效的理论框架，要求合作社理事长对农民合作社的生态绩效进行评价。除问项 1~3 外，问项 4~9 采用李克特五点量表进行测量，五级划分分别为"很低"、"较低"、"一般"、"较高"和"很高"。1~5 分别代表五级标度，依次递增（见表 5-2）。

表 5-2　农民合作社绩效测量量表

序号	测量题项
JX1	农民合作社年经营收入
JX2	农民合作社年纯盈余
JX3	农民合作社年人均纯收入
JX4	社员对农民合作社的满意度
JX5	非社员对农民合作社的认知度
JX6	农民合作社对当地经济社会文化发展的影响程度
JX7	农民合作社带动当地农民环境保护意识提高程度
JX8	农民合作社对农业污染治理程度
JX9	农民合作社对农村环境改善程度

（三）调节变量的测量

动态环境测量量表的设计借鉴了米勒（Miller，1992）和布拉特尔（Brouthers，2002）的风险感知模型，以及阿德安和德兹克（Adrian and

Drzik，2005）的企业风险地图。采用李克特五点量表对测度问项展开测量，要求合作社理事长根据农民合作社外部环境变化的实际情况做出判断。五级划分分别为"很小"（很慢）、"较小"（较慢）、"一般"、"较大"（较快）和"很大"（很快）。1~5分别代表五级标度，依次递增（见表5-3）。

表 5-3　动态环境测量量表

序号	测量题项
HJ1	农民合作社面临市场需求的变化程度
HJ2	农民合作社面临农产品价格的波动程度
HJ3	农民合作社面临同类合作社竞争及国内外工商资本抢占农产品市场的激烈程度
HJ4	农民合作社面临农业技术变化的频率
HJ5	农民合作社面临农业技术变化的程度
HJ6	农民合作社新技术和新品种推广、应用过程中存在的不确定性
HJ7	农民合作社面临政府政策的变化程度
HJ8	农民合作社面临法律法规的变化程度
HJ9	行政介入对农民合作社组建和运行的影响

二　数据质量分析

为了确保研究结果的有效性，在进行实证分析之前，有必要对样本数据进行质量分析，具体方法和标准如下。

（一）内部一致性信度

内部一致性信度是问卷测量最常用的内容信度指标。本书沿用杜栋等（2008）的方法框架和评估标准，潜变量 Cronbach's α 系数大于 0.70 代表通过检验。内部一致性信度计算使用 SPSS 26.0 统计软件完成。经计算，信度系数 Cronbach's α 为 0.802，说明测量问卷具有可接受的信度水平。

（二）内容效度

内容效度又被称为逻辑效度，是指针对所要研究事物的内容或行为，抽样的适当程度，即测量内容的适当性和符合性。本书研究过程中邀请了学术界 9 位专家来评价问卷，其中有 7 位专家认为测量问项能够很好地反映测量内容，说明内容效度为 0.78，整体量表的内容效度较高。[①]

（三）建构效度

建构效度反映了每个特征的测量是否有足够的理论支持，以及这些被测量的特征之间是否存在合理的关系。本书的建构效度使用因子分析法来进行检验。因子分析法是以少数几个因子描述诸多指标或因素之间的关联，用少数几个因子反映原始资料中大部分信息的统计学方法（马庆国，2005）。因子分析之前，对数据先进行适合性检验，按照 KMO 度量标准，当 KMO 值大于 0.70 且 Bartlett's 球形检验也显著时，即视作通过检验。[②] 而后，以主成分法提取公因子，以特征值大于 1 作为公因子提取的标准，并采用方差最大旋转法进行旋转（Bagozzi and Yi，1988），各个测项旋转后的因子负载大于 0.50 且没有交叉负荷时，表明测量问卷具有较好的建构效度。这一部分的因子分析利用 SPSS 26.0 统计软件完成。

1. 自变量（农民合作社能力）因子分析

经计算，表 5-1 中农民合作社能力各测量问项的 KMO 测度值为 0.875，Bartlett's 球形检验结果达到显著水平（p = 0.000），说明调查数据适合做因子分析。接下来，选择主成分法提取特征值大于 1 的公因子，并且采用方差最大旋转法进行旋转，得到如表 5-4 所示的因子负载值。

[①] 为尽量降低本领域专家评价的局限性，本书在研究过程中选取了农民合作社专家 5 位，管理学专家 2 位，经济学专家 1 位，社会学专家 1 位。

[②] KMO（Kaiser-Meyer-Olkin）度量标准：0.90 以上表示十分适合；0.80～0.90 表示适合；0.70～0.80 表示一般；0.60～0.70 表示不太适合；0.60 及以下表示很不适合。

表 5-4 农民合作社能力的因子分析结果

测量问项	公因子				
	因子 1	因子 2	因子 3	因子 4	因子 5
NL7	0.89	0.11	0.07	0.03	0.11
NL8	0.83	0.25	0.20	0.04	0.05
NL10	0.21	0.81	0.19	0.07	0.21
NL9	0.24	0.80	0.09	0.12	0.17
NL11	0.12	0.76	0.24	0.17	0.16
NL12	0.10	0.18	0.78	0.05	0.015
NL13	0.16	0.14	0.77	0.02	0.16
NL1	0.27	0.32	0.24	0.72	0.11
NL2	0.05	0.20	0.03	0.73	0.27
NL3	0.14	0.20	0.18	0.61	0.30
NL4	0.16	0.17	0.11	0.20	0.69
NL5	0.08	0.20	0.33	0.23	0.59
NL6	0.17	0.11	0.13	0.18	0.53
特征值	5.91	4.15	3.22	2.16	1.52
累计方差贡献率（%）	27.66	46.73	61.53	71.49	78.45
因子命名	生产加工能力	市场营销能力	服务带动能力	资源整合能力	内部治理能力

结果表明，13 个问项均在某个因素之下有较高的负载（大于 0.50），且结构明确清晰，即农民合作社能力分为 5 个公因子：资源整合能力、内部治理能力、生产加工能力、市场营销能力、服务带动能力。这与前文提出的农民合作社能力的维度划分一致，同时也验证了本书第三章农民合作社能力结构体系的合理性。

2. 结果变量（农民合作社绩效）因子分析

经计算，表 5-2 中农民合作社绩效各测量问项的 KMO 测度值为 0.897，Bartlett's 球形检验结果达到显著水平（$p = 0.000$），说明调查数据适合做因子分析。而后，选择主成分法提取特征值大于 1 的公因子，并且采用方差最大旋转法进行旋转，得到如表 5-5 所示的因子负载值。

表 5-5　农民合作社绩效的因子分析结果

测量问项	公因子		
	因子 1	因子 2	因子 3
JX1	0.91	0.05	0.13
JX2	0.90	0.21	0.24
JX3	0.90	0.27	0.09
JX4	0.30	0.90	0.23
JX6	0.26	0.81	0.21
JX5	0.12	0.76	0.10
JX8	0.21	0.21	0.89
JX9	0.19	0.18	0.83
JX7	0.27	0.15	0.71
特征值	4.18	2.25	1.33
累计方差贡献率（%）	45.44	70.17	85.12
因子命名	经济绩效	社会绩效	生态绩效

结果表明，9 个问项均在某个因素之下有较高的负载（大于 0.50），且结构明确清晰，即农民合作社绩效分为 3 个公因子：经济绩效、社会绩效、生态绩效。这与前文提出的农民合作社绩效的维度划分一致。

3. 调节变量（动态环境）因子分析

经计算，表 5-3 中动态环境各测量问项的 KMO 测度值为 0.781，Bartlett's 球形检验结果达到显著水平（p = 0.000），说明调查数据适合做因子分析。而后，选择主成分法提取特征值大于 1 的公因子，并且采用方差最大旋转法进行旋转，得到如表 5-6 所示的因子负载值。

表 5-6　动态环境的因子分析结果

测量问项	公因子		
	因子 1	因子 2	因子 3
HJ2	0.83	0.10	0.19
HJ3	0.76	0.20	0.11

测量问项	公因子		
	因子 1	因子 2	因子 3
HJ1	0.73	0.11	0.10
HJ6	0.11	0.14	0.81
HJ4	0.21	0.23	0.73
HJ5	0.17	0.20	0.71
HJ7	0.18	0.89	0.16
HJ8	0.22	0.84	0.11
HJ9	0.16	0.79	0.12
特征值	3.10	2.06	1.41
累计方差贡献率（%）	37.43	62.37	78.68
因子命名	市场变化	政策变化	技术变化

结果表明，9 个问项均在某个因素之下有较高的负载（大于 0.50），且结构明确清晰，即动态环境分为 3 个公因子：市场变化、政策变化、技术变化。这与前文构思吻合。

三　研究假设检验

结构方程模型（Structural Equation Model，SEM）是一种基于统计分析技术的研究模型，用于解决管理科学研究中的复杂多变量问题。结构方程分析，又称协方差结构分析，是一种利用协方差矩阵来分析变量之间关系的统计方法，不仅可以对每一条路径进行参数估计，还可以获得研究模型对样本数据的整体拟合度，以更好地修正与优化模型。相比传统的统计方法，结构方程模型具有如下优点：一是可以同时处理多个因变量；二是允许自变量和因变量含测量误差；三是允许更大弹性的测量模型；四是能够估计整个模型的拟合程度。

下文依据邱皓政和林碧芳（2012）的总结，采用结构方程模型对本书提出的研究假设进行检验。首先是模型构建，利用路径图或方程式清晰地展现理论模型和研究假设。本书通过路径图构建了农民合作社能力与绩效关系的理论模型，如图5-1所示。其次是模型识别。参照模型识别的三个原则，即t原则、三指标原则、递归模型原则进行模型识别。本书的模型所需估计的参数t小于模型总的自由度df，且所有潜变量均有三个或三个以上的指标测量，同时理论模型不存在内生变量间的双向因果关系，是一个典型的递归模型。所以，本书建立的结构方程模型是可识别的结构方程模型。再次是估计方法。这里利用最大似然法（Maximum Likelihood，ML）和AMOS 26.0统计软件进行模型估计。最后为模型评价和修正。这里采用平均单位自由度之卡方增量（x^2/df）、近似误差均方根（Root Mean Square Error of Approximation，RMSEA）等拟合指标来评价理论模型与数据适配的程度。

（一）农民合作社能力与绩效关系

关于农民合作社能力和绩效的关系检验，由于农民合作社绩效可以从经济绩效、社会绩效、生态绩效三个方面进行考察，可能存在能力结构中的共线性问题。西佩达（Cepeda，2007）建议尽可能地将能力进行组合，优先考虑总体能力与因变量之间的关系，再深入挖掘单项能力与因变量之间的关系。因此，本书在假设1中首先以农民合作社能力为自变量，分析农民合作社能力与绩效之间的关系；然后，在假设2~6中，以农民合作社能力的各个维度为自变量，重点分析农民合作社各单项能力与绩效之间的关系。这里以农民合作社能力（*NL*）为自变量，分别以经济绩效（*JX*1）、社会绩效（*JX*2）、生态绩效（*JX*3）为因变量，构建结构方程模型验证农民合作社能力和绩效的关系。结构方程模型分析结果见图5-2。

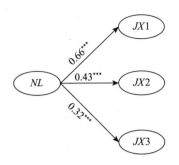

图 5-2　农民合作社能力与绩效关系的结构方程模型

注：*** p<0.01。

从模型的拟合效果看，χ^2/df 为 1.85，小于 2，符合简约性要求；RMSEA 为 0.06，小于 0.08，表示拟合程度可以接受。[①]

从路径系数看，农民合作社能力对农民合作社经济绩效的路径系数为 0.66，p = 0.000；农民合作社能力对农民合作社社会绩效的路径系数为 0.43，p = 0.000；农民合作社能力对农民合作社生态绩效的路径系数为 0.32，p = 0.000。假设 H1a、H1b 和 H1c 获得支持。

这部分研究结果表明，农民合作社能力对农民合作社经济绩效、社会绩效、生态绩效均有正向影响，农民合作社能力提升有利于提升农民合作社绩效。其中，农民合作社能力对农民合作社经济绩效的作用大于社会绩效和生态绩效。这验证了农民合作社能力具有企业能力的特殊属性——经济属性，即农民合作社作为一个以为其成员服务为主的"特殊企业"，首先是一个经济实体，必须注重提高经济绩效。经济绩效的提高是实现农民合作社社会绩效和生态绩效的基础和保障。农民合作社的生产经营活动就是通过社员的集体行为，实现降低交易成本、提高组织及社员在市场中的地位，进而达到增加经济收益的目的。

（二）农民合作社各子能力与绩效关系

假设 H1 验证了农民合作社能力对农民合作社绩效的正向影响，但

---

① 布朗尼和库达克（Browne and Cudeck，1993）以平均单位自由度之卡方增量（χ^2/df）与近似误差均方根（RMSEA）为模型整体拟合度指标，χ^2/df 的临界值为 2，RMSEA 的临界值为 0.08。

各因子在其中发挥的具体作用并不清楚。这就有必要建立结构方程模型对农民合作社各项子能力与农民合作社绩效之间的关系进行检验。结构方程模型分析结果见图 5-3。

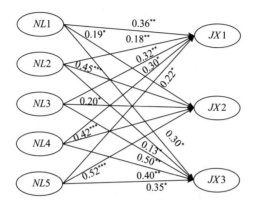

图 5-3　农民合作社各项子能力与绩效关系的结构方程模型

注：* p<0.1；** p<0.05；*** p<0.01。

从模型的拟合效果来看，χ^2/df 为 1.83，小于 2，符合简约性要求；RMSEA 为 0.06，小于 0.08，表明拟合程度可以接受。

从路径系数来看，无论是对农民合作社经济绩效、社会绩效，还是对农民合作社生态绩效，农民合作社的各项子能力均产生了积极的影响。但是，各项子能力对农民合作社绩效的影响是有差异的。其中，资源整合能力（*NL*1）最能解释经济绩效（路径系数为 0.36，p<0.05），其次是生产加工能力（*NL*3）和市场营销能力（*NL*4）（路径系数分别为 0.32，p<0.05；0.30，p<0.1），而服务带动能力（*NL*5）和内部治理能力（*NL*2）路径系数值较低（路径系数分别为 0.22，p<0.1；0.18，p<0.05）。假设 H2a、H3a、H4a、H5a、H6a 得到验证。对于农民合作社社会绩效而言，服务带动能力、内部治理能力和市场营销能力的解释力最强（路径系数分别为 0.52，p<0.01；0.45，p<0.01；0.42，p<0.01），生产加工能力和资源整合能力路径系数值较低（路径系数分别为 0.20，p<0.1；0.19，p<0.1）。假设 H2b、H3b、H4b、H5b、H6b

得到验证。各项子能力对农民合作社生态绩效的影响也存在差异。生产加工能力和市场营销能力的解释力最强（路径系数分别为 0.50，p < 0.05；0.40，p < 0.05），其次是服务带动能力、资源整合能力和内部治理能力（路径系数分别为 0.35，p < 0.1；0.30，p < 0.1；0.13，p < 0.1），验证了假设 H2c、H3c、H4c、H5c、H6c。

模型分析的结果说明，资源整合能力是农民合作社创造经济绩效的基础性能力。生产加工能力和市场营销能力直接体现了农民合作社生产经营水平的高低，是农民合作社提高经济绩效的关键能力。服务带动能力是农民合作社为社会创造价值的核心能力。农民合作社为社员提供产前、产中、产后全方位的服务并带动周边非社员农户共同增收致富，是实现农民合作社社会绩效的重要途径。内部治理能力体现了农民合作社通过决策机制、激励机制、监督机制等一整套制度安排来实现"社员所有、社员控制、社员受益"民主管理的程度。农民合作社是所有者与使用者同一的特殊组织形式。产权结构与剩余索取权之间的矛盾、经理人员对合作社价值的偏离、成员监督能力的局限导致农民合作社的内部治理问题比一般企业更为复杂。民主的决策机制、合理的激励机制、规范的监督机制是确保社员参与农民合作社各项重大决策事项、维护农民利益不受侵害以及吸引拥有关键性生产要素的成员加入农民合作社的关键。解决农产品的"卖难"问题是农民组建合作社的首要动因。农民合作社实施农产品品牌营销、营销渠道和手段的多样化战略以促进农产品的销售，大大提高了社员满意度和非社员对农民合作社的认可度。走"资源节约、环境友好"的农业强国建设道路要求改变对农药、化肥的依赖，实现对农业资源的可持续性利用。农民合作社在追求经济绩效和社会绩效的同时，注重市场盈利和生态绩效的统一，最大限度地限制外源污染物进入农业生产系统，不断提高绿色、无公害、有机农产品的生产和销售比例，带动广大农民树立资源节约和环境保护的理念，节约和集约使用土地资源、水资源等农业生产中的稀缺资源，保护农业农村生态环境。

（三）动态环境的调节效应

农民合作社能力对绩效的正向作用已经得到实证检验。但是，在不同的环境状态下，农民合作社能力是否依然是实现绩效的关键？或者说，农民合作社能力对绩效的影响是否受动态环境的影响？本书采用结构方程模型来进行潜变量间的路径分析[①]，对动态环境对农民合作社能力与绩效之间关系的调节作用予以实证检验。

1. 市场变化在农民合作社能力与绩效关系中的调节效应

本书选择市场变化作为模型的外生潜变量，农民合作社能力、经济绩效、社会绩效、生态绩效作为内生潜变量，运用结构方程模型来对市场变化在农民合作社能力与绩效关系中的调节作用进行检验。具体路径分析系数见图 5-4。

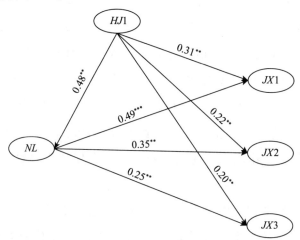

图 5-4　市场变化在农民合作社能力与绩效关系中的调节效应

注：** p<0.05；*** p<0.01。

---

① 路径分析（Path Analysis）是一种将观察变量间的关系以模型化的方式进行分析的统计技术。随着结构方程模型的发展，路径分析可以十分方便地利用结构方程模型加以模拟和检验，因此路径分析逐渐以结构方程模型来处理，称为结构方程模型取向路径分析（SEM Approach）。

从模型的拟合效果看，χ^2/df 为 1.87，小于 2，符合简约性要求；RMSEA 为 0.05，小于 0.08，说明拟合程度可以接受，模型是有效的。

数据表明，市场变化对农民合作社能力和绩效都具有解释力，市场变化的调节效应是存在的。在农民合作社能力与经济绩效的关系中，路径系数是 0.66（见图 5-2），而在此处的研究中，农民合作社能力对经济绩效影响的路径系数为 0.49，路径系数变小的主要原因在于市场变化的调节作用。同时，市场变化对农民合作社能力和经济绩效影响的路径系数分别为 0.48 和 0.31，显示市场变化对农民合作社能力和经济绩效都产生了影响。因此，假设 H7a 成立，即市场变化在农民合作社能力与经济绩效的关系中起正向调节作用。市场变化越大，越需要农民合作社具备更强的能力，从而产生更好的经济绩效。

研究还发现，市场变化对农民合作社能力与社会绩效都产生了显著影响。这说明，市场变化的调节作用是存在的。关于农民合作社能力对社会绩效的影响，路径系数为 0.43（见图 5-2），而在此处研究中，路径系数为 0.35，小于 0.43，这主要是因为市场变化的调节作用。不仅如此，市场变化对农民合作社能力和社会绩效影响的路径系数分别为 0.48 和 0.22，表明市场变化对农民合作社能力和社会绩效都产生影响。假设 H7b 成立，即市场变化在农民合作社能力和社会绩效关系中起正向调节作用。市场变化越大，农民专业合作社能力越强，社会绩效越显著。

同样，市场变化对农民合作社能力与生态绩效都产生积极影响。这说明，市场变化的调节作用也同样存在于农民合作社能力与生态绩效的关系中。农民合作社能力对农民合作社生态绩效影响的路径系数为 0.32（见图 5-2），在此处研究中，路径系数降低为 0.25，反映了市场变化在农民合作社能力和生态绩效关系中的调节作用。而且，市场变化对农民合作社能力和生态绩效影响的路径系数分别为 0.48 和 0.20，表明市场变化对农民合作社能力和生态绩效都有影响。所以，假设 H7c

成立，市场变化在农民合作社能力和生态绩效关系中起正向调节作用。市场变化越大，农民合作社能力的提升越有利于农民合作社生态绩效的提高。

分析结果说明，在低动荡的市场环境中，农民合作社可以运用惯常的策略、规则、方法来安排生产和经营；而在高动荡的市场环境中，由于农产品的鲜活性和农业生产的自然性、周期性、分散性等特点，农产品价格波动频繁，再加上农业生产周期较长，生产过程中的自然因素与销售过程中的市场变化交织，农民合作社必须保持更强的资源整合能力，实施市场需求导向型的生产和营销策略，以更有效地促进农民与市场的对接并实现更优的组织绩效。

2. 技术变化在农民合作社能力与绩效关系中的调节效应

技术变化在农民合作社能力和绩效关系中调节作用的检验过程与上述市场变化在农民合作社能力和绩效关系中调节作用的检验过程是相同的，在此不再赘述，检验结果如表5-7所示。

表5-7 技术变化在农民合作社能力与绩效关系中的调节效应路径系数

路径	路径系数值
农民合作社能力←技术变化	0.42**
经济绩效←技术变化	0.06
社会绩效←技术变化	0.04
生态绩效←技术变化	0.04
经济绩效←农民合作社能力	0.40***
社会绩效←农民合作社能力	0.31**
生态绩效←农民合作社能力	0.23**

注：** $p<0.05$；*** $p<0.01$。

通过以上数据可以发现，技术变化对农民合作社经济绩效、社会绩效和生态绩效均不具有解释力，说明技术变化在农民合作社能力和绩效关系中的调节作用并不显著。假设 H8、H8a、H8b、H8c 未得到验证。其原因之一可能在于，农民合作社受资金、人才的制约，大多选择模仿创新模式来降低生产成本，引进某种设备或推广某项成熟技术来提高产量，而不愿承担自主创新的风险和高昂的创新费用，因而技术变化带来的不确定性较低。另外，由于技术能力刚性（Capacity Rigidity）①，农民合作社习惯用原来的种植养殖方法，满足于已有的技术或进行改良，在向新知识领域渗透或对技术创新进行投资时犹豫不决，这将影响不确定技术环境下农民合作社能力对绩效的正向作用。但是，无论技术变化的程度如何，农民合作社能力始终是农民合作社绩效的重要来源。

3. 政策变化在农民合作社能力与绩效关系中的调节效应

政策变化在农民合作社能力和绩效关系中调节作用的检验结果如表 5-8 所示。表 5-8 中数据表明，政策变化对农民合作社能力和绩效关系的调节作用是存在的。在图 5-2 中，农民合作社能力对经济绩效影响的路径系数是 0.66。在此处的研究中，农民合作社能力对经济绩效影响的路径系数为 0.46，路径系数变小的原因在于政策变化的调节效应。政策变化对农民合作社能力和经济绩效影响的路径系数分别为 0.44 和 0.30，说明政策变化对农民合作社能力和经济绩效都产生了影响。假设 H9a 获得验证，即政策变化在农民合作社能力与经济绩效的关系中起正向调节作用。在政策不确定性较高的环境中，农民合作社能力的提升有利于经济绩效的提高，而在政策不确定性较低的环境中，农民合作社能力对经济绩效的作用较弱。

---

① 里昂纳多-巴顿（Leonard-Barton，1992）最早对技术能力刚性问题进行了研究，认为企业对以往技术盲目迷信、限制未来进行创新性实验、从组织外部吸收的新知识被过滤是产生技术能力刚性的主要原因。

表 5-8　政策变化在农民合作社能力与绩效关系中的调节效应路径系数

路径	路径系数值
农民合作社能力←政策变化	0.44 **
经济绩效←政策变化	0.30 **
社会绩效←政策变化	0.29 **
生态绩效←政策变化	0.19 **
经济绩效←农民合作社能力	0.46 ***
社会绩效←农民合作社能力	0.34 **
生态绩效←农民合作社能力	0.24 **

注： ** $p<0.05$； *** $p<0.01$。

　　研究还发现，政策变化对农民合作社能力与社会绩效均产生了显著影响。这说明，政策变化的调节作用是存在的。在图 5-2 中，农民合作社能力对社会绩效影响的路径系数为 0.43，而在此处研究中，路径系数为 0.34，小于 0.43，这主要是由于政策变化的调节作用。政策变化对农民合作社能力和社会绩效影响的路径系数分别为 0.44 和 0.29，表明政策变化对农民合作社能力和社会绩效都产生了影响。假设 H9b 成立，即政策变化在农民合作社能力和社会绩效关系中起正向调节作用。政策变化越大，农民合作社能力越强，社会绩效越显著。

　　此外，政策变化对农民合作社能力与生态绩效都产生了积极影响。这说明，政策变化的调节作用也同样存在于农民合作社能力与生态绩效关系中。在图 5-2 中，农民合作社能力对生态绩效影响的路径系数为 0.32，在此处研究中，路径系数降低为 0.24，反映了政策变化在农民合作社能力和生态绩效关系中的调节作用。政策变化对农民合作社能力和生态绩效影响的路径系数分别为 0.44 和 0.19，表明政策变化对农民合作社能力和生态绩效都有影响。假设 H9c 成立，即政策变化在农民合作社能力和生态绩效关系中起正向调节作用。政策变化越大，农民合作社能力的提升越有利于农民合作社生态绩效的提高。

　　综合以上研究结果可以发现，与一般企业不同，农民合作社具有经济组织和社会组织的双重属性。作为一个企业，农民合作社必须和其他企业一样平等地参与市场竞争以提高效率。这是农民合作社在市场经济环境下生存乃至发展的前提。中国农民合作社进入高质量发展阶段。在农业农村现代化、农业产业化经营深入推进的背景下，农民合作社作为弱势者的联合，要想在与其他市场经济主体的竞争中赢得竞争优势，需要政府的引导和扶持来为其营造良好的市场竞争环境。同时，作为一个社会团体，农民合作社坚持"为社员服务"的组织宗旨，是一个"人合"组织，坚持民主和公平是其根本属性。农民合作社节约了农民进入市场的交易成本，保护了农民利益，有利于促进社会和谐稳定。农民合作社特殊的社会属性和其发挥的社会功效是政府鼓励和支持农民合作社发展的重要原因。因此，宏观政策环境的变化，特别是政府政策的颁布与实施、法律法规的制定与修改，都将对农民合作社能力的提升和绩效的提高产生深远的影响。

作为一种政府主导型的制度创新，中国农民合作社在兴起和发展的过程中与各级政府部门衍生出了千丝万缕的关系。一方面，农业主管部门通过兴办农民合作社行使其职责；另一方面，农民合作社通过依托或挂靠这些部门寻求扶持，尤其是在《农民专业合作社法》颁布实施初始，少数地方政府为了片面追求政绩，使用行政手段下达发展农民合作社的数量指标。还有一些地方政府简单地将扶持农民合作社等同于向少数几个农民合作社提供资金上的支持。这些做法造成了政府直接干预或过度介入农民合作社的日常事务，也容易导致"为了建合作社而建合作社"，不顾及农民意愿，扭曲了政府与农民合作社的关系。因此，在复杂的宏观政策环境中，农民合作社需要更加有效地整合并利用内外部资源以提升组织绩效，并提升内部治理能力以体现"民办、民管、民受益"的民主管理原则。政府应引导并鼓励农民合作社自愿组建、民主管理，并建立公共服务平台为农民合作社提供所需的各类服务，以支持农民合作社能力的全面提升和健康可持续发展。

第六章

农业强国目标下的农民合作社能力提升

以上理论分析和实证研究显示，农民合作社的能力整体上处于中等水平，正进入高质量发展阶段；农民合作社各单项能力的发展还不均衡，从强到弱依次为服务带动能力、内部治理能力、生产加工能力、资源整合能力、市场营销能力。围绕加快建设农业强国的战略目标，农民合作社亟须遵循"创新、质优"的原则，通过能力的全面提升，集成现代生物、大数据、物联网、人工智能等技术创新，优化配置土地、劳动、资本等传统要素和技术、数据、管理、品牌、生态、制度、文化等新要素以提高农业全要素生产率，催生现代育种技术、智能化农机具、科学生产监测、生态农业、特色农业等新产业新模式新手段，实现农业生产效率提高、农产品优质安全和农民增收致富，成为引领小农户与现代农业发展有机衔接、促进农民农村共同富裕的有效组织载体。

第一节 提升生产加工能力并发展农业新质生产力

马克思主义政治经济学认为，生产力是人类社会发展的基本动力。我国社会主义建设的根本任务是"进一步解放生产力，发展生产力，逐步实现社会主义现代化"。以中国式现代化全面推进中华民族伟大复兴，必须把高质量发展作为首要任务，全面贯彻新发展理念，改革束缚生产力发展的经济体制，全面建设社会主义现代化国家。加快建设农业强国要求农民合作社既要生产提供足够的农产品以满足人民对食品（农产品）的需求，并确保农产品的质量安全，又要践行"资源节约、环境友好"的绿色生产方式，向发展农业新质生产力转型。

一 提升生产能力并践行绿色发展

农业是国民经济基础性产业，农业的发展水平直接关系到社会主义现代化强国建设的"底色"。农业农村是中国式现代化建设的"短板"，全面建设社会主义现代化国家，最艰巨最繁重的任务仍然在农村。因此，农业农村发展新质生产力是整个新质生产力发展过程中最基础、最重要的部分。

农民合作社开展标准化生产，把产前、产中、产后各个环节纳入标准生产和现代管理的范畴，将农产品的数量和质量与消费者需求进行动态匹配，制定规范化的生产标准和操作流程，以达到高产、优质、高效的目的。例如，浙江省海盐县八字葡萄专业合作社，参照海盐葡萄"518"产品标准，制定了合作社葡萄种植标准，落实生物防治、理化诱控、科学用药、生态调控等生产技术。[①] 每年盛夏七月，合作社葡萄园里一串串颗粒饱满的葡萄缀满枝头，农户们捧着即将成熟上市的葡萄，脸上洋溢着收获的喜悦。农民合作社将物联网、大数据、人工智能等前沿技术，应用于智慧农田、智能灌溉、病虫害定位、精准防控、土壤监测、农事记录等环节，形成精细作业、全程追溯、智能管控的智慧农业生产模式，解决了农业生产过程中自然因素干扰、劳动监督难、质量控制复杂的问题。农民合作社引进并使用现代化农机，特别是利用智

---

① 海盐葡萄"518"产品标准是海盐葡萄的统一生产标准，具体包括五个方面的指标：一是亩产，亩均产量控制在1800公斤之内；二是每穗葡萄约为1.8斤；三是穗长，每穗葡萄长度约为18厘米；四是单果粒重，单果粒的重量约为18克；五是糖度，葡萄上市时糖度需达到18%以上。

能农机装备来降低人工成本、提高农业生产效率，实现农业遥感、自动驾驶、无人作业、水肥控制、土壤监测等智能控制。例如，浙江省金华市彦亭农机专业合作社利用数字技术赋能春耕备耕。八台旋耕机在 400 多亩的基本农田示范区里来回穿梭翻耕，两台无人机在农田上空盘旋喷洒药剂。夕阳西下时，400 多亩农田可以全部完成翻耕。旋耕机下田后，合作社工作人员手机上的北斗农机信息化管理平台实时记录旋耕机所在位置、翻耕面积、翻耕路径等信息，精准地反映出机械作业的效率和进度。无人机后台也会实时生成作业记录，并获取农田信息。合作社对机械实施数字化改造，实现智能监管和数据采集，使春耕备耕工作效率大幅度提升。农民合作社参与现代生物育种等科技创新，以基因编辑、人工智能等先进技术开展核心技术研发、种质资源共享、种业装备研制和种业科技成果推广。例如，浙江省瑞安市增瑞农业种植专业合作社积极示范推广甬优 1540、泰两优 217、春优 165 等优质高产晚稻新品种，并结合良种特性参与栽培技术研究，为保障粮食生产安全、促进增产增收提供科学支撑。

绿色是生产力发展的新方向，生态就是资源。新质生产力是绿色生产力。践行农业绿色发展、走"资源节约、环境友好"的农业强国建设道路，要求借助绿色生产技术，来降低对农药、化肥的依赖，减少农业环境污染，实现农业资源的可持续性利用。为此，农民合作社在提升生产能力的同时，应扩大绿色、无公害、有机生产的比例，增强可持续发展能力。例如，浙江省安吉大观茶叶专业合作社拥有标准化生产茶园 1240 亩，其中无公害茶园 800 亩、有机茶园 440 亩。合作社利用当地土地肥沃、气候温和、雨量充沛、常年云雾缭绕的生态环境条件，从茶园选择与管理，茶叶生长期修剪、中耕、施肥、病虫害防治的生产管理，鲜叶验收、摊青、杀青、理条、烘焙、风选检验等加工工艺的规范，到茶叶入库、出库、包装防伪标识的逆向追溯，实施全程绿色生产管理，大大提高了茶叶的质量和市场竞争力。合作社茶叶顺利通过了欧盟茶叶质量安全标准检测（EUREP-GAP），成为国内首家大批量出口欧盟市场的人工采摘茶叶农民合作社。农民合作社整合种养环节，将秸秆、禽畜粪便进行资源化利用，形成具有可持续发展特征的生态循环农业。例如，浙江省湖州钱山下粮油专业合作社积极探索循环农业，将湖羊养殖和水稻种植结合，利用青贮饲料喂羊，再将羊粪作为有机肥利用，600亩种养结合的水稻田迎来丰收。浙江省武义智燊养羊专业合作社实施"秸秆变肉"，将玉米秸秆放到机器中进行粉碎，再用铲子把秸秆碎铲到搅拌器中，与红薯藤、甘蔗渣等一起搅拌，作为合作社养殖湖羊的供给饲料。合作社将玉米秸秆变废为宝的做法，既为湖羊提供了充足口粮，又解决了田间秸秆就地焚烧造成的环境污染问题。合作社养殖的湖羊肉质鲜嫩、供不应求，且羊毛放到牧草下面分解发酵，可以作为优质天然肥料，用于提升土壤肥力、改善土壤环境。合作社实现了种养结合发展，促进了节能环保和农民增收。农民合作社的绿色发展拓展到农村人居环境治理，分类收集厨余垃圾，发酵制作有机肥，为农田提供丰富的养分。比如，浙江省瑞安市桐浦镇桐洁农业专业合作社选拔宣传员挨家挨户宣传垃圾分类，收集分类易腐垃圾和其他垃圾。合作社每年能利用厨余垃圾制作300多吨有机肥，增收10万余元，既实现了资源的循环利用，又促进了乡村生态环境的绿化美化。

二　提升加工能力以促进全产业链升级

作为现代农业的重要组织形式，农民合作社开展农产品加工，实现从耕种收到从事农业产业化经营，是实现高质量发展的必然选择。目前，农民合作社加工能力薄弱，大多数农民合作社局限于农产品的初级加工，产业链条较短，科技含量偏低，获利空间窄，具有精深加工能力的农民合作社不多。农民合作社可以通过纵向产业一体化的形式增强加工能力，比如采用"农户+合作社+公司"模式，代表农户与农业企业签订合同，由农民合作社按照合同规定的品种、数量和质量组织农户生产。农产品成熟后由农民合作社验级、收购，而后由农业企业进行加工和销售。这种模式以农民合作社为核心，建立了农户与农业企业的利益联结机制，一方面提高了农户与企业谈判的地位，约束了企业的机会主义行为，保障了农产品销路；另一方面通过农民合作社的生产监督和集中收购，满足了农业企业对原料质量和数量的要求。经济实力雄厚的农民合作社可以采用"农户+合作社+合作社自办加工企业"模式，由农民合作社自办加工企业来加工、销售农产品。这种模式以农民合作社为产业化经营的主导力量，对农业产业链各个环节进行统一经营管理，是一体化程度最高的产业化经营模式。农民合作社产业链的拓展和延伸，使农民不仅能够分享出售初级农产品的收益，还能够直接分享农业产业一体化后农产品加工增值的收益。例如，浙江省乐清市虹达水果种植专业合作社专门从事高档杨梅生产、优质杨梅保鲜和杨梅制成品的加工。合作社针对杨梅"一天色变、两天味变、三天色香味俱变"的产品特性，购置冷藏车和建设最高存储量达 100 吨的冷库，解决了杨梅种植户保鲜难的问题。合作社杨梅远销北京、兰州等地，价格高达 50～60 元/斤。合作社还尝试水果深加工，从山东引进水果加工设备，聘请当地水果罐头厂的技术人员进行加工指导，生产的生态杨梅干口味独特、广受欢迎。这不仅解决了水果丰收时种植户面临的滞销难题，还为社员提供了增收的途径。

除了推进农业产业链的纵向一体化发展，产品和业务相近的农民合作社还可以通过横向联合组建联合社，以实现生产要素的集聚，达到带动性和辐射力更强的规模效应。例如，浙江省临海市涌泉镇是临海蜜橘的主产地之一，柑橘种植面积近 6 万亩，全镇蜜橘合作社近 600 家。现有水果类注册商标 900 多个，其中绝大部分为"涌泉蜜橘"。每年蜜橘上市季节，消费者总是会在众多品牌中不知该挑选哪一个品牌的蜜橘。同类蜜橘合作社之间为了招揽生意，往往竞相压价，橘农利益得不到保障。为了打开销路，不少蜜橘合作社利用电商平台展开线上营销。

线上销路打开的同时，发现电商平台上一些标注产地为涌泉的蜜橘只卖四五元一斤，而原产地为涌泉的正宗蜜橘远远不止这个价格。电商平台往往优先推送价格便宜的蜜橘，消费者也会购买价格便宜的橘子品尝。一段时间下来，价格越便宜、销量越高的蜜橘排名越靠前，消费者很难在网上选购到货真价实的涌泉蜜橘。涌泉是"临海蜜橘"地理标志的主产区。为保护"临海蜜橘"品牌，尤其是杜绝网上销售的地理标志侵权行为，涌泉镇的蜜橘合作社建立了涌泉蜜橘电商联合会。联合会制定统一的标准规范，按蜜橘的甜度、大小等划分等级。联合会统一使用"涌泉蜜橘"品牌，将品牌授权于符合标准的蜜橘。联合会设计特定的"田字格纸箱+塑料泡沫托盘"专利蜜橘包装箱，运输破损率从原先的20%降到3%以下，每年可节约运输成本3000万元以上。联合会免费教当地蜜橘合作社电商知识与直播技巧，提供直播场地并举办直播大赛，还邀请当地成熟的电商来指导农民合作社直播。联合会依托省级现代农业园区临海市柑橘科技园，通过信息采集系统和智能化管理系统推广科学种橘，并利用数字化分选技术细分柑橘等级，实现柑橘品质的快速检测和无损分级。联合会还采用大合作社带动小合作社的方式，抱团安装单轨运输车拉送蜜橘，解决了之前靠挑担运输、雇工困难且人工成本高的问题。

农民合作社、家庭农场、涉农企业、专业大户等新型农业经营主体之间也可以开展联合，形成具有立体化组织架构和复合型产业链条的现代农业经营体系，促进农业生产经营的集约化、专业化、组织化和社会化，共同推进农业强国建设。例如，浙江省嘉兴市万好蔬菜专业合作社由20家蔬菜家庭农场组建，在产前农民合作社与当地食品公司签订蔬菜购销合同，在产中由农民合作社提供包含技术、管理、培训在内的专业化服务，在产后由食品公司以保护价统一收购农民合作社种植的蔬菜。嘉兴市海盐县以订单农业的形式开展生产的家庭农场占该县家庭农场总数的2/3，其中一半的订单是通过农民合作社获得的。再比如，浙江省湖州市吴兴区太湖蟹合作社、家庭农场、专业大户、涉农企业共同发起组建太湖蟹产业农民合作经济组织联合会。作为太湖蟹生产者的联系纽带，联合会为太湖蟹生产会员提供养殖、加工、销售、融资、政策解读等综合性服务。联合会的太湖蟹养殖户建设标准化蟹塘，足球场大小的蟹塘整齐地镶嵌在太湖南岸的田畴中。通过投放藻类、水草配合螺蛳、鱼虾等水生动物，标准化蟹塘能长期保持优良的水质。出产的大闸蟹"黄毛、金爪、青背、白肚"，深受上海、杭州大型连锁专卖店、高档酒店等高端客户的欢迎。联合会注册国家地理标志证明商标、国家地理标志农产品"湖州湖蟹"，指导会员开设品牌专卖店，组织举办蟹宴试吃推广活动，利用抖音、微信进行网络销售。针对品相较差、个头较小的河蟹价低卖难的问题，联合会组织研发蟹粉加工技术。小蟹是加工制作蟹粉的好材料，小蟹每公斤 8 元，但加工制作成蟹粉后每公斤售价可达 50 元。湖州绿色养殖的河蟹，在水体洁净度、饵料投喂方面符合出口产品检验检疫标准。蟹粉出口到日本、韩国等国外市场，是全球知名连锁餐饮企业理想的烹饪原料。联合会还积极推进湖州太湖蟹预制菜产业的发展，开发蟹黄粽子、蟹黄千张包、蟹黄捞饭等十余个品种。湖州太湖蟹合作社在标准化生产的基础上实施农产品精深加工，延伸了产业链条、提高了产品附加值、增加了养殖收益。

农民合作社在进行现代生产与精深加工的同时向第三产业延伸，促进三产融合，向农业全产业链升级转型。农民合作社利用农业农村生态、文化等各类资源优势并挖掘乡村多元价值，带动农耕体验、休闲农业、乡村旅游、康养基地、创意农业等新产业新模式的发展。例如，浙江省湖州浔澳生态种养专业合作社在稳产保供的基础上做大一产。合作社建成浔稻万亩稻渔综合种养示范区，2866 亩核心区域稻虾种养，辐射带动周边种养面积达 15000 亩。合作社向社员统一提供水稻种子、虾苗、饲料、生物农药、生物肥料，统一开展机械化生产，统一销售成品虾。合作社成立社会化服务队伍，购置插秧机、收割机、开沟机、土壤旋耕机、植保无人机等先进农业机械设备，为周边农户提供机耕机收、烘干、机插、飞防等机械化服务。合作社建立节水灌溉、科学施药、精准施肥等一体化智能管理系统，分析水稻病虫害及用肥情况。合作社还建设多个病虫情报站和土壤监测点，监测土壤温度、pH值和营养成分。合作社创新"稻虾轮作"循环农业模式，小龙虾养殖和水稻种植共用稻田。采用绿色防控技术，夏秋两季在田埂四周种植百日菊、向日葵、波斯菊等蜜源性植物，冬春两季种植油菜，并在田间放置性诱剂、赤眼蜂。秸秆可以作为龙虾饵料，虾粪可以用于肥田，促进了"稻田养虾、虾养稻"的良性循环。"稻虾轮作"模式在不影响水稻生产的前提下充分利用土地价值，既提高了粮食产量又增加了单位水田鱼类产品的产量，亩均可增收4500元。湖州浔澳生态种养专业合作社自办企业开展稻米和小龙虾的精深加工，做强二产。合作社延伸稻虾种养产业链，建设200立方米的冷库，并建成日加工能力达20吨的稻米流水加工线和小龙虾加工生产线。湖州浔澳生态种养专业合作社实施品牌营销，做优三产。依托"南浔知味"区域公用品牌平台，注册"紫金灿""浔稻香"稻米、"宇泉"龙虾等自有品牌，立足绿色稻米、清水龙虾的产品特色，促进农产品附加值的提升。合作社创办小龙虾彩色稻创意图案展、打造小龙虾品尝馆、举办"龙虾节"和"丰收节"等农事活动，带动稻虾产业与美食餐饮、特色民宿、休闲观光产业的互融互促。全产业链升级和产业融合让更多农户、农民合作社、家庭农场、涉农企业等新型农业经营主体参与以乡村产业综合体为载体的"群型"合作经济，发展生态种植养殖、休闲旅游、田园社区、学生研学等项目，带动农民从事农家乐、农事体验、乡村历史文化等旅游业，实现农民广泛创业、共享利益、共同富裕。

第二节　强化品牌建设以提升市场营销能力

做强名社、做优名品、做响名牌。加快建设农业强国的进程中，农业的增长方式由原来的数量扩张型向质量效益型转变，品牌建设成为提升农民合作社市场营销能力、提高农产品质量和增强农产品市场竞争力的关键。农民合作社加强品牌建设有利于传递农产品质量信息，建立稳定的消费群体，满足绿色、安全、优质农产品的市场需求。而且，品牌农产品具有较高的产品附加值，能切实增加农民收入。

一　强化品牌建设

目前，农民合作社品牌建设的意识有待进一步加强。许多农民合作社以品牌参与市场竞争的意识没有真正树立，认为只要农产品有一定的销路，商标注册与否、质量认证与否并不十分重要。农民合作社的一些优质农产品或富有地方特色的农产品由于品牌建设的缺乏而丧失市场竞争优势。一些农民合作社拥有自身的品牌，但品牌知名度不够、品牌影响力较弱、市场认可度不高。即便是知名品牌农产品，也只是"XX 珍品""XX 精品""XX 贡品"，没有真正把品牌做大、做精、做强。大多数农民合作社的品牌建设能力偏弱，对品牌建设的市场环境分析、调查预测、产品设计、广告宣传、销售服务、品牌文化传播等全过程的管理不够科学，基本上还停留在农产品的推销阶段，完善的市场营销机制缺乏。

农民合作社品牌建设的强化，首先要树立品牌意识，充分认识创建品牌对提高商品化程度和农产品附加值、促进农民增收致富的重要性。加强诚信建设，自觉维护品牌声誉，向品牌要效益，靠品牌拓市场，以质量保品牌。其次要实施品牌营销策略，将着力点放在产品质量和品牌推广上。一方面建立统一的产品质量标准和生产技术规范以提升农产品质量；另一方面利用媒体宣传、广告宣传的形式树立农民合作社的品牌形象，积极参加农博会、农展会、推介会和名优产品评比等活动，提高农民合作社的品牌知名度和社会影响力。有实力的农民合作社还可以利用电子商务广领域联结、低成本复制的优势开展网络营销，建设合作社网站、在知名网站开设品牌旗舰店、开发手机互动 App 和运营微信公众号，促进传统的农产品销售模式和先进技术有机结合，将绿色、新鲜的农产品直接配送到消费者的餐桌。另外，农民合作社应加大科研投入力度、加强技术创新，提升农产品的品牌价值。主要经营初级农产品的农民合作社可以依靠科技创新实现产前、产中环节的增值。从事农产品加工的农民合作社应侧重利用农产品精深加工技术来提升农产品的科技含量和附加值。

为了进一步提升农民合作社的品牌建设和市场营销能力、克服单个农民合作社资源禀赋和综合实力不足的问题，同类农民合作社可以在产权明晰、自愿互利的基础上展开联合与协调，实施标准化生产，注册和使用统一的品牌，做大品牌规模、发挥品牌效应。坚持把培育特色产业作为强化农民合作社品牌建设、提升市场营销能力的重点。大力推进"一品一社、一村一品、一镇一业、一县一特"建设，实现农民合作社品牌建设、区域品牌建设和特色产业发展互融互促。例如，浙江省湖州市安吉县以"百亿产业，百年品牌"为导向，建设区域公用品牌"安吉白茶"，通过联合运营和协同推广的方式提升品牌知名度和产业竞争力，入选了全国农业生产"三品一标"典型案例。白茶产业为了维护安吉白茶的特有品质和市场声誉，着力培育区域公用品牌，推行母子商标管理。安吉县农业农村局茶叶站是母商标"安吉白茶"的商标注册人，享有商标专用权。农民合作社或企业使用"安吉白茶"商标必须提交书面申请，且必须在品种产地、采制方法、品质特征、种植区域上符合相关规定。提出申请的农民合作社或企业必须有企业专属商标，即子商标，且商标必须是市级以上（含市级）著名商标或市级以

上（含市级）名牌产品企业。同时，印有母商标"安吉白茶"和企业
商标的个性化包装的设计、印刷都必须提交审定，批复后方可定点印
制。安吉白茶独特的商标管理体系规范了当地产业的品牌管理，加强了
原产地保护，切实保护了茶叶合作社、茶企业、茶农、茶商和消费者的
权益。2020 年，安吉县 17.36 万亩茶园全部被认定为绿色食品原料
（安吉白茶）标准化生产基地。全县绿色食品茶企业共 78 家，绿色监
测面积增加到 17 万亩。"安吉白茶"列入首批中欧地理标志产品互认
证推进目录，2023 年"安吉白茶"区域公用品牌价值同比增长超过
7%，达 48.45 亿元。安吉白茶包装严格实施"一码四标一监制"。专用
包装由安吉白茶协会统一监制，须同时印有"安吉白茶"昌硕体四字
图形商标、农产品地理标志专用标志、地理标志专用标志、企业或农民
合作社商标、防伪码。其中，包装盒上的二维防伪码就是安吉白茶的统
一数字身份，便于消费者用手机扫描查询茶叶的生产信息和品牌信息，
迅速识别安吉白茶原产地。每到春天，安吉县的白茶山一片郁郁葱葱、
生机盎然，采茶工身背竹篓，熟练地按照一芽一叶的标准采摘新鲜茶
叶。为了讲述好"安吉白茶"的品牌故事，安吉县编撰了《安吉白茶
志》、建设白茶祖和宋茗茶博园等景区、推出多条以白茶为主题的精品
旅游线路，既提高了农副产品销售收入又带动了休闲农业。"安吉白
茶"品牌效应逐渐彰显，被授予"中国名牌农产品""中国驰名商标"
"中国优秀区域公用品牌"等。2022 年，安吉白茶制作技艺作为"中国
传统制茶技艺及其相关习俗"之一，入选新一批联合国教科文组织人
类非物质文化遗产代表作名录。

二　数字赋能品牌营销

品牌营销是指，企业通过市场营销使客户形成对品牌和产品的认
知，从而获得并保持核心竞争力的营销方式。数字赋能品牌营销是农民
合作社提升市场营销能力的新趋势，利用数字技术采集各农业经营主

体信息，包括产品信息、生产基地信息、流通信息、自然条件信息、经营主体资质等；根据业务管理与服务种类生成数字化标识，实现"一站式"公共服务、网上办事、信息查询等功能；通过数据贯通和信息管理，实现原产地识别、品牌保护、质量可控。例如，浙江省湖州市安吉县通过全产业链信息传感器技术，为白茶农民合作社和生产企业设立了电子账户并绑定相应数量的"浙农码"。"浙农码"汇集茶园降水、加工温度、产品流通等全链条信息，茶叶实物交易与"浙农码"信息同步更新。消费者只要打开手机扫一扫茶叶外包装上的"浙农码"，就能获知详细的产品信息、流通信息、茶园环境信息、茶叶经营主体信息等，便于实现"从茶园到茶杯"的品质追溯。2021 年，安吉白茶产业应用区块链、数字孪生等先进数字技术，建设安吉白茶产业大脑，对白茶生产、服务、品牌保护、监管等实施全流程服务与监测。安吉白茶产业大脑还与"浙农富裕""浙农优品""浙农码"等数据系统进行信息贯通，通过品牌信息的管控实现产品质量追溯。同样等级的白茶，附有防伪码的安吉白茶比没有贴防伪码的价格每斤要高 100 元，带动品牌溢价 10%左右。

第三节　加强民主管理以激发农民主体性

一　规范内部治理以实现"民办、民管、民受益"

"民办、民管、民受益"是农民合作社的办社宗旨。农民合作社通过社员大会、理事会、监事会的权责安排和决策机制、激励机制、监督机制的制度设计进行内部治理，实现民主管理。现实中，在成员异质性的条件下，不少农民合作社出现少数人控制合作社发展的现象。少数核心社员投入农民合作社创立和发展所需的关键生产要素和专用资产，承担主要的创建成本和经营风险。股权的集中化必然体现为决策权的集中化，农民合作社的实际控制权集中于以合作社理事长为代表的一两个"能人"手中。普通农户股份分散而弱小，发言权有限。社员大会往往流于形式，难以发挥农民合作社最高权力机构的职能。监事会在行政关系上受制于理事会和理事长，无权参与、否决理事会的决策，不敢、不能监督理事会的违规行为。协调"能人治社"与民主管理之间的关系，避免侵害农民利益，是农民合作社设计内部治理机制、提高内部治理能力的关键。内部治理的规范化有助于农民合作社的健康可持续发展，为加快建设农业强国奠定组织与制度基础。农民通过参与农民合作社的经营、管理与决策，既增强了合作意识又提高了经营水平和管理能力，激发了在加快建设农业强国中的主体性。

首先，必须规范农民合作社的组织机构设置，完善农民合作社的权力机构和日常管理机构。确立社员大会制度，通过民主选举产生社员代表、理事会和监事会。社员大会要依照合作社章程行使职权。理事会要执行社员大会的决议，保障农民合作社正常运行。监事会（或监事）要监督理事会执行社员大会决议以及其日常工作情况。此外，农民合作社根据生产经营和管理的需要，合理设置内部管理机构，并实行岗位责任制。其次，实行民主决策和民主监督，重大事项应交由社员大会讨论决定。社员大会一般应实行"一人一票"，也可以按交易额与股金额相结合实行一人多票等灵活的表决方式。实行一人多票的，单个社员的票数最多不超过总票数的20%。再次，完善盈余分配机制。盈余分配是农民合作社与社员利益联结的关键所在。农民合作社在提取公积金、公益金、风险金后，应坚持以按交易量（额）返还利润为主，按交易量（额）与按股分红相结合的方式进行盈余分配。这样可以兼顾核心社员（优势股东）与普通社员（小散农户）两个方面的利益。同时，建立薪酬与贡献相挂钩的激励机制，充分调动农民合作社中拥有资金资源、人力资源、社会资源社员的积极性，吸引拥有关键生产要素的成员加入农民合作社。最后，规范财务管理。农民合作社不仅要通过设立监事会或专门的财务部门定期审核监督合作社的资金使用情况，而且要建立定期财务公开制度，在财务公开次数、时间和方式上提高财务的透明度和成员的知晓度。条件允许的情况下，农民合作社可委托审计部门对农民合作社的经营状况进行审计、监督，加大财务监管的力度。

二 培育合作社企业家和新型职业农民

人既是现代化的实践主体，也是价值主体，更是终极目标。没有人的现代化就不是真正意义上的现代化。中国式现代化的本质是人的现代化。农业强国建设的进程是用现代科学技术与先进机械设备来装备农业、用现代经济科学来管理农业，使农业实现粮食和重要农产品稳定安全供给、科技自立自强、设施装备先进完善、资源利用高效集约、产业链条健全有韧性、国际市场竞争优势明显的过程。这都需要高素质的各类农业人才去实现。人力资源是农民合作社发展的根本动力。农民合作社的人力资源包括合作社企业家和经营、管理、技术人才。农民合作社企业家主要是指合作社理事长，他们是农民合作社发展壮大的"领头羊"。合作社理事长的创业能力、管理能力和关系能力是带领农民合作社成立与发展的关键。调研中发现，合作社理事长的资源基础、能力禀赋和企业家精神对农民合作社的创建和发展至关重要。在调研的样本合作社中，发展好的农民合作社理事长奉献精神强，现代市场意识和管理才能高，具有一定的技能和专长，善于与政府部门、产业链伙伴、金融机构以及科研院校建立良好关系。现阶段，由于农户小规模生产经营的特点、农民自组织能力的欠缺、农民合作社资金短缺的约束，合作社企业家和各类经营、管理、技术人才成为农民合作社发展的稀缺资源。

合作社企业家和经营、管理、技术人才的培养需要政府和农民合作社共同发力。其一，关于合作社理事长能力的提升，一方面，政府部门应加大对合作社理事长的培训力度，开展法律法规的教育、市场分析和营销技能的培训、经营管理理念和方法的培训，而且要完善合作社理事长档案管理，以服务和监督合作社理事长能力的培养。大数据、人工智能等先进技术的应用促进了农业生产经营从传统人为决策向数字化智能决策转变，政府部门应强化前沿技术的宣传、培训和指导，加快提升合作社带头人的数字素养、数字化应用能力与管理水平。另一方面，合作社理事长应树立主人翁意识，准确定位自己在农民合作社中的"当家人"角色，摒弃"坐、等、靠、要"的思想，主动提升自身能力。其二，转变补助方式，资金向农业人才培训转移，举办农民合作社培训班，培养一批有能力、有思想、有创新的管理者，带领农民共同增收致富。同时，强化对社员的教育培训，不断提高其素质，增强农民合作社的凝聚力，全面提高农民合作社的决策能力和市场竞争力。其三，农民合作社积极组织经营、管理、技术人员参加培训并参观现代农业生产基地，到科研院校进修深造，提高经营管理水平和市场开拓能力，尤其是要重视农村数字人才和电商人才的培育。

农村劳动力向城镇和第二、第三产业转移是现代化进程中的必然趋势。目前，我国农业劳动力供求关系进入总量过剩和结构性、区域性短缺并存的新阶段，关键农时缺人手、现代农业缺人力、农业强国建设缺人才的问题日益凸显。2012年中央一号文件首次提出大力培育新型职业农民；2013年中央农村工作会议上，习近平总书记明确指出，要把加快培育新型农业经营主体作为一项重大战略，以吸引年轻人务农、培育职业农民为重点，建立专门政策机制，构建职业农民队伍，形成一支高素质农业生产经营者队伍，为农业现代化建设和农业持续健康发展提供坚实人力基础和保障；2015年中央一号文件进一步强调加强农业职业教育和职业培训。新型职业农民是指以农业为职业、具有一定的专业技能、收入主要来自农业生产经营的现代农业从业者。新型职业农民熟悉并掌握高端设施装备操作、绿色生产技术、农产品精深加工、现代农业管理、品牌营销、渠道开拓等。中国发展现代农业和建设农业强国的从业主体，从组织形态上看是农民合作社、家庭农场、涉农企业，从个体形态上看就是新型职业农民。因此，新型职业农民是各类新型生产经营主体的基本构成要素和细胞。新型职业农民包括生产经营型、专业技能型和社会服务型三种类型。生产经营型职业农民，是指以农业为职业、占有一定的资源、拥有一定的专业技能、具备一定的资金投入能力、收入主要来自农业的农业劳动力，主要有合作社带头人、专业大户、家庭农场主等。专业技能型职业农民，是指在农民合作社、家庭农场、专业大户、涉农企业等新型生产经营主体中较为稳定地从事农业生产，并以此为主要收入来源，具备一定专业技能的农业工人、农业雇员等。社会服务型职业农民，是指在社会化服务组织中从事农业社会化服务，并以此为主要收入来源的人员。新型职业农民的培养通过规模种植补贴、基础设施投入、社会化服务扶持等方式展开，以提高农民的职业化水平，吸引"书生气、泥土味"的优秀人才进入农村、从事农业，真正让农业成为一个体面的职业、一个有吸引力的职业。构建新型职业农民资格认证体系，在专业技术等级认定、表彰奖励、政策待遇等方面健全激励机制。面向市场需求拓宽职业农民的培养渠道，鼓励以校企合作、政企合作等方式开展实用性的技能培训，全面提升农民的内在素质、科学素养和发展能力。鼓励新型职业农民创办合作社，向合作社企业家转型。同时，合作社理事长、经营管理技术人员、专业农户可以通过参加职业农民教育培训，提高发展现代农业和建设农业强国的积极性、主动性、创造性。

第四节 从"小服务"到"大联合"促进农民农村共同富裕

共同富裕是马克思主义的一个基本目标，在未来社会"生产将以所有的人富裕为目的"，只有实现"所有人共同享受大家创造出来的福利"才能使"社会全体成员的才能得到全面发展"。共同富裕是社会主义的本质要求，是中国式现代化的重要特征。"十四五"规划和 2035 年远景目标纲要提出，"十四五"时期全体人民共同富裕迈出坚实步伐；到 2035 年，人的全面发展、全体人民共同富裕取得更为明显的实质性进展。新时代共同富裕的理论内涵强调全体人民通过辛勤劳动和相互帮助，普遍达到生活富裕富足、精神自信自强、环境宜居宜业、社会和谐和睦、公共服务普及普惠，实现人的全面发展和社会全面进步，共享改革发展成果和幸福美好生活。新时代共同富裕的内涵超出了单纯的物质丰富范畴，包含经济、文化、社会、政治权利以及生态福利的全结构福祉。物质生活的富足是共同富裕的首要目标和实现基础，精神生活的充实强调了从主观层面提升人的获得感、幸福感、安全感，绿色生态发展是最普惠的民生福祉。

促进农民农村共同富裕是实现全体人民共同富裕的重点、难点所在。现代农业发展和农业强国建设为促进农民农村共同富裕奠定了物质基础，物质生活的富裕为实现农民的精神富裕创造了条件。与此同时，农民的精神生活丰富、精神面貌良好、精神文化需求提升反过来又会促进物质财富的创造。物质、精神富裕和生态富裕相互促进、螺旋上升，"绿水青山"的生态价值可以转化为全体人民的共同财富和福祉。"共同富裕"的概念第一次被提及就是在有关农民合作社的文件中。1953 年，《中共中央关于发展农业生产合作社的决议》中明确指出，逐步实行农业的社会主义改造，使农民能够逐步完全摆脱贫困的状况而取得共同富裕和普遍繁荣的生活。农民合作社是新中国成立后中国共产党为实现共同富裕而提出来的，兼有做大"蛋糕"和分好"蛋糕"的双重功能。以农民合作社为组织载体促进共同富裕，是由农民合作社的本质规定性所决定的。农民合作社是广大农民群众在家庭承包经营基础上自愿联合、民主管理的互助性经济组织，是引领农民实现益贫、减贫和脱贫，促进共同富裕的微观主体。大力发展农民合作社将为加快建设农业强国、扎实推进农民农村共同富裕提供有力支撑。

一 增收致富促进农民农村物质富裕

能力是共同富裕的必要条件，共同富裕是能力提升的主要目标。农民合作社服务带动能力的提升是农民农村物质富裕的关键。农民合作社为社员提供产前、产中、产后一系列服务，带动农民共同增收致富。首先，农民合作社在产前，向社员提供农资采购服务，联合分散农户以低于市场价的价格统一购买种子、种苗、化肥、农药、饲料、兽药、水果套袋等，既降低了农业生产的投入成本又能控制农资质量。样本合作社中，农资集中采购比例达 70% 以上的合作社占 37.50%，50% 以上的合作社占 66.07%。社员对合作社统一采购农资的质量评价较高，评价为"优"的占 35.71%，评价为"良"的占 46.42%。其次，农民合作社在产中，为社员提供生产加工服务。样本合作社平均年总产量达 1309.79 吨，近 30% 的样本合作社标准化生产比例达到 80% 以上。例如，浙江省湖州市长兴许长蔬菜专业合作社自主研发芦笋修剪分级机，将芦笋按照粗细、长短进行自动分级整理，生产效率显著提高。合作社还将芦笋秸秆作为绿色有机饲料供应周边的湖羊养殖场，年增收 50 余万元。最后，农民合作社在产后，为社员提供统一销售服务，切实解决农产品"卖难"的问题。农民合作社针对农产品易腐易损的特性，统一销售并建立稳定的销售渠道，采用市场价销售、固定价销售、分级定价销售和保底价销售等约定方式，不仅能克服单个农户分散议价的弊端，而且有效解决了农民面临的市场风险。除了依靠批发市场、农贸市场、客商收购等传统的营销渠道来扩大销售，样本合作社中有 62.50% 尝试订单营销、网络营销、数字营销、国际营销等新型营销方式，销售渠道达 5 个或 5 个以上的农民合作社占 28.57%。有广告投入的农民合作社占 51.78%，投入金额最高的农民合作社为 300 万元。经媒体宣传报道的农民合作社有 73.21%，次数最多的农民合作社有 40 次。76.78% 的样本合作社拥有专门的营销人员，拥有营销人员最多的农民合作社达 34 人。例如，浙江省湖州市德清县的农民合作社上线本地生鲜小程序、激活微信公众号和社区群，对接电商销售平台，体现了网络赋能营销、数字赋能合作社。农民合作社成为引领农业增产、农民增收，实现农民农村物质富裕的重要载体。

二 民主管理促进农民精神富裕

作为兼具企业和共同体属性的特殊经济组织，农民合作社，一方面要在市场上追求利润以保障社员的经济利益，另一方面要注重培养农民平等发展的意识、自我管理的才能和团结向上的精神，谋求农民农村物质富裕和精神富裕相融合。社员通过参与农民合作社的民主管理，既提高了决策能力和管理才能，又增强了精神凝聚力和文化自信心。农民个性发展能力得以提升，实现精神共同富裕的主体性作用有效激活。调研发现，农民合作社的内部治理趋于规范化。96.42% 的样本合作社坚持社员大会制度；94.64% 的样本合作社坚持召开理事会，以实施农民合作社的民主决策；55.56% 的样本合作社采用以 "一人一票" 为基础的社员大会表决方式，其余合作社采用 "按股投票" 的社员大会表决方式；92.86% 的样本合作社选择 "一人一票" 的理事会表决方式。44.64% 的样本合作社采用 "按交易量（额）分配" 的盈余分配方式，48.21% 的样本合作社选择 "按股分配" 或 "按交易量（额）分配和按股分配相结合"。83.92% 的样本合作社有召开监事会，均采用 "一人一票" 的表决方式；67.86% 的样本合作社设立了成员账户；87.50% 的样本合作社有进行财务公开；23.21% 的样本合作社规定成员退社时 "退还出资额、公积金份额"，62.50% 的样本合作社规定 "只退还出资额"，其余样本合作社规定 "出资额、公积金份额都不退还"。内部治理的规范化有助于农民合作社健康可持续发展，为促进农民精神富裕奠定基础。此外，农民合作社为周边困难农户创造就业机会，带动非社员农户共同增收致富。样本合作社中，带动当地非社员农户最多的农民合作社带动 1200 户,带动就业人数最多的农民合作社带动 500 人。农民合作社还积极参与乡风文明建设和乡村治理,着力涵养淳朴的乡风民俗、提高农民的文明素质和培育现代农民的民主意识,带领农民丰富精神生活、建设和美宜居乡村。例如,浙江省瑞安市友联综合农业专业合作社关爱空巢、孤寡老人。为了保障村里老年人过上有品质、有尊严的晚年生活,合作社专门设立了养老互助组并建设老年农场,让老年人在绿色自然、生机勃勃的田园里做适度轻量的农活,既锻炼了老年人的身体又丰富了老年人的生活。合作社还作为市慈善总会提供项目扶持的组织载体,将慈善捐款用于修建田间道路、引水设施和购买优质生石灰、有机肥改变土壤肥力等,让更多困难农户受益。

三 绿色发展促进农民农村生态富裕

"绿水青山就是金山银山",良好的生态环境是最普惠的民生福祉。实现共同富裕既要创造更多物质财富和精神财富以满足人民日益增长的美好生活需要,也要不断满足人民日益增长的优美生态环境需要。农民合作社践行绿色环保的生产方式。调研发现,样本合作社中 71.42% 从事绿色、无公害、有机生产,其中绿色、无公害、有机生产比例达 60% 以上的合作社占 25%。44.64% 的样本合作社投资农业生产污染治理,其中投资金额最多的为 60 万元。例如,浙江省湖州市的农民合作社创造了"桑基鱼塘""油基鱼塘""稻虾共生"等绿色循环种养模式,形成了种植和养殖互相结合、田地与池塘相依相连的生态农业景观,实现了生态资源向生态富裕转化,促进了农民农村物质、精神、生态共富。

四 "三位一体"促进农民农村共同富裕

农民合作社遵循"为成员服务"的组织宗旨,联合分散的农户统一购买农资、统一生产加工、统一进行市场营销,解决了成千上万的

"小农户"与千变万化的"大市场"对接的问题。为了强化农民合作社服务带动农民迈向共同富裕的能力，并克服单个农民合作社在资源配置和市场适应方面的局限，应支持农民合作社根据生产需求，组建"同业型、同域型、同项型"农民合作社联合社，由"户户合作"转变为更大规模的"社社联合"，由农民合作社"单个打拼"转变为横向联合的"抱团发展"，实现由单一生产经营向多层次、多形式、多元化的方向转变。例如，浙江省湖州南浔双农粮油专业合作社联合社水稻种植面积 7392.58 亩，小麦种植面积 5662.08 亩，高产创建示范面积 600亩，优质良种繁育基地 300 亩，杂交稻制种面积 1500 亩。联合社服务面积 14334.6 亩，良种覆盖率达 100%，复种面积常年保持在 150%以上。

为了进一步提升农民合作社的服务能力和带动能力，鼓励将农民合作社、家庭农场等新型农业经营主体以及各类为农服务组织联合起来，搭建一个规模更大、功能更强、服务更全的为农服务新平台，以促进农民农村共同富裕。例如，浙江省以农民合作经济组织联合会（简称"农合联"）为载体的"三位一体"农村新型合作经济组织体系，值得学习和借鉴。[①]"三位一体"农合联改革是指以统分结合农业双层经营体制改革为主线，以新型农业经营主体发展为动力，以农业社会化服务转型提升为重点，以生产、供销、信用综合合作和协同服务为目标的农村综合改革。2006 年 1 月，时任浙江省委书记的习近平在全省农村工作会议上提出，建立农民专业合作、供销合作、信用合作"三位

[①] 2006 年，时任浙江省委书记的习近平首次提出"三位一体"改革构想。"三位一体"农合联改革，是促进农民合作经济组织发展、完善农村基本经营制度、健全现代农业生产经营体系的重要举措。以农合联为载体的新型农村合作经济发展整合现代要素和全产业链资源，为农提供农业生产服务、商贸流通服务、农村信用服务，是建设农业强国和推进农民农村共同富裕的制度创新。浙江省"三位一体"农村新型合作经济发展走在全国前列。2023 年11 月 24 日，浙江省十四届人大常委会第六次会议审议通过了《关于持续深化生产供销信用"三位一体"改革 加快推进为农服务现代化的决定》，标志着浙江省成为全国首个为"三位一体"农村新型合作经济立法的省份。

一体"农村新型合作经济体系。同年底，习近平在浙江省瑞安市召开的全省发展农村新型合作经济工作现场会上充分肯定了瑞安探索"三位一体"改革的宝贵经验。2006 年，瑞安成立了农村合作协会，发展生产服务、供销服务和信用服务。而后，浙江省 18 个市县成立了以"三位一体"为内涵的合作社联合社、农产品行业协会，进行改革试点。2014 年，浙江省完善"三位一体"农村新型合作经济发展的顶层设计，组建农民合作经济组织联合会作为为农服务的新平台。

浙江省农合联组织体系以供销合作社为核心，由省、市、县、镇四级农合联组成。以县域为单位，按特色农业"一业一联"的要求，成立 313 家产业农合联。区域农合联提供各个产业普遍需要的通用性服务。产业农合联提供针对某一产业的专业性服务。比如，在大闸蟹养殖行业，大闸蟹产业农合联提供蟹苗培育、饵料配方、统一议价、质量鉴定、产品包装等"特制专用"的服务，而农资、金融、保险等通用性服务则由区域农合联为大闸蟹养殖主体提供。区域农合联就像是"纬线"，产业农合联就像是"经线"，经纬相结合构成了新型农业社会化服务分工合作的大平台。党政机关、社会团体、事业单位、金融机构、工商企业加入农合联，为农户、农民合作社、家庭农场、涉农企业等提供成本更低、质量更优、效率更高的服务。"专业的人做专业的事"，比如，截至 2024 年底，浙江省湖州市共有产业农合联 49 家，吸纳会员 2300 多个，涵盖粮食、瓜果、蔬菜、水产等农业主导产业，拥有种植养殖基地面积 12 万亩，服务面积达 43.8 万亩，带动了 1.8 万户农户增收致富。浙江省瑞安市的四大产业农合联联结生产基地 18.8 万亩，带动农户 3.5 万户，建成了浙南最大的粮食生产功能区和全国最大的冬季花椰菜生产基地。

浙江省农合联以乡镇或若干乡镇为单位，按为农服务全覆盖的要求，成立乡镇农合联现代农业服务中心 311 家。例如，浙江省瑞安市马屿镇现代农业服务中心内设农资购销、农产品销售、科技示范、智慧农业、金融服务、公共服务、邮乐农品馆等七大服务平台。服务中心聚合了庄稼医院、龙头企业、金融机构等农业社会化服务组织，为农民提供农村产权、农资直供、科技指导、动植物疾疫防控、信用贷款、气象咨询等服务。农民进入服务中心大厅，一次就能办理各项涉农事宜，无须东奔西跑。服务中心的庄稼医院远近闻名。庄稼医院专家团队由 5 名农技人员组成，专家轮流坐班，通过线上线下免费帮助农户解决生产上遇到的难题。碰到"疑难杂症"时，坐诊专家会把病症发到网上征询全国专家来帮助农户排忧解难。由庄稼医院的专家来帮助农户给农作物"看病"，不仅降低了农户的成本，还可以防止农户滥用农药。

品牌赋能是农合联为农服务的重点。浙江省市、县两级农合联创立的区域公用品牌，属于区域农合联运营管理的全品类品牌。产业农合联创立各农业产业独有的专业品牌，属于产业农合联运营管理的单品类品牌。例如，浙江省衢州市农合联培育运营"三衢味"品牌，与大企业、大平台建立业务关系，拓宽销售通道。同时，与有关部门一起制定生产标准，利用品牌营销促进服务标准化，进而推进生产标准化。浙江省瑞安市农合联打造农产品区域公用品牌"云江丰味"，并制定品质管理和门店建设两项技术规范。线下开设 4 家品牌旗舰店，销售 50 家授权企业的 65 类农产品。线上在"政采云"网络平台开设品牌馆，进行直供直销。

数字赋能是农合联为农服务的创新。先进数字技术的应用能够更加有效地整合全产业链上的服务资源，更加精准地了解农民合作社、家庭农场、涉农企业等新型农业经营主体的服务需求，更加有力地带动农民平等参与农业强国建设进程，并促进农民农村共同富裕。从 2021 年开始，浙江省农合联开展数字农合联建设，开发了"浙农服"平台，集聚了购农资、找农机、销产品、申请贷款、回收农资包装物等服务。浙江省瑞安市农合联集成 28 项服务，推出线上为农服务平台"三位一体+MAP"智农共富平台。从农民需求出发，提供"无忧种田""无忧销售""无忧贷款""无忧补贴"四大类服务，促进高效农业生产、精准产销对接、畅通农民融资、便捷政策兑现。如今，夏日里农户们忙着追肥的景象在瑞安随处可见。两辆载着60多吨化肥的大卡车驶入瑞安滨海花椰菜种植基地，等候已久的滨海花椰菜专业合作社的社员们纷纷围了上去，将卡车上的一袋袋化肥卸下来。平台团购化肥，让农民得到了切切实实的实惠。农户只要点点手机，在平台上下单化肥、农药、农机等农业生产资料，平台就会汇总需求信息集合成大订单，直接跟农资生产厂家议价。普通农户可享受比批发价还优惠的"出厂价"。借助平台下单，农民们还可以享受送货上门的服务。该平台推出了"信用用肥"特色服务，农户通过一键申请"无忧贷款"便可享受免息的"信用肥"。入驻平台的银行先发放贷款，财政全额补贴利息，农民只用在收成后再返还本金即可。瑞安市农合联还打造了直播电商中心，提供直播带货、农产品电商化设计、农民主播培训等服务，通过直播带货的方式帮助农民实现增收。为了解决农户融资难的问题，农合联平台提供数字化定制金融服务，如绘制农户信用图像、建立农户信用白名单、提供农业生产专贷等，使纳入"三位一体"的农户、农民合作社和涉农企业享受到成本低廉、手续便捷的金融服务。不仅如此，农合联平台还采集并整合气象、水质、土肥等信息，为农户提供"一站式"的农业信息服务。

党建赋能是农合联为农服务的特色。为了更好地发挥党组织在基层农合联的战斗堡垒作用和党员先锋模范作用，浙江省农合联从市、县、乡镇、产业四个层面开展基层农合联党组织建设，把党建工作融入农合联治理和为农服务的全过程。比如浙江省瑞安市马屿镇构建了"支部建在合作社上"的产业链党建体系，成立了马屿镇现代农业服务中心党支部、农业产业联盟党总支和八个农民合作社党支部，形成了"农业产业联盟党总支+合作社党支部""合作社党支部+农户"的现代农业新型党建模式。全镇开展"红色细胞进大棚"活动，党员带头深入田间地头开展"田间党课"。通过提供试验栽培、现场培训等方式，实施联村、联农业生产基地、联农民合作社以及专业大户的"三联"活动，把党组织的政治优势和组织优势转化为农合联的服务优势，实现党建工作与农业增效、农民增收、农村富裕相融合。

第五节　政府加强引导扶持并优化制度环境

农民合作社是经济属性和社会属性兼具的特殊企业。首先，农民合作社需要与其他企业一样参与市场竞争，以求在复杂多变的市场经济环境下生存与发展。中国农民合作社起步晚，"小、散、弱、空"问题突出，在与其他市场经济主体的竞争中处于弱势地位，迫切需要政府的引导扶持。其次，作为一个社会团体，农民合作社坚持"为成员服务"、谋求全体社员共同利益的组织宗旨，利用其制度优势促进小农户与现代农业发展有机衔接、增加农民收益、保护农民利益，是农村社会的"稳定器"和"安全阀"。农民合作社发挥的独特社会功效是政府扶持合作社的重要原因。《农民专业合作社法》明确了政府与合作社之间的关系，规定通过财政支持、税收优惠和金融、科技、人才的扶持以及产业政策引导等措施，促进农民合作社的发展；县级以上人民政府农业主管部门、其他有关部门和组织应当依据各自职责，对农民合作社的建设和发展给予指导、帮助和服务。

一　扶持农民合作社做大做强

政府扶持政策的发布与实施有力地促进了农民合作社的快速发展。各级政府对农民合作社资金、技术、用地、用水、用电等多方面的财政扶持力度不断加大，改善了农民合作社的生产经营条件、提升了农民合作社的生产经营能力、提高了农民合作社社员的技术水平与综合素质。

农民合作社税收优惠政策不断具体化，农民合作社被纳入国民经济统计，并作为单独的纳税主体列入税务登记系统，享受企业所得税、增值税、营业税、契税、印花税等税收减免。截至 2023 年底，浙江省湖州市登记注册的农民合作社共 1578 家，涵盖粮油、水产、水果、茶叶、蔬菜、林业、畜牧等农业主导产业。县级以上规范化合作社 256 家，其中国家级示范社 11 家、省级示范社 34 家、市级示范社 54 家。示范合作社的"示范"性正逐渐显现，通过优化农产品价格形成机制、提高农产品质量安全标准、加速农业技术创新步伐，带动了当地主导产业和特色产业的发展，并促进农村社区稳定和谐。例如，浙江省湖州市长兴洪桥漾荡牌河蟹专业合作社统一育种，统一销售，发展河蟹养殖 1.3 万亩，已连续牵头举办十届河蟹节，带动了当地河蟹产业的快速发展。为了进一步发挥典型农民合作社的示范带动作用，各级政府明确示范社评定指标体系及监测标准，遴选出一批内部制度完善、管理规范、规模化生产运营的典型农民合作社，并建立示范社名录。通过树立典型、总结经验并加以推广，努力把农民合作社培育成为有规模、有实力、带动力强的新型农业经营主体，为社员提供产前、产中、产后的服务，实现农业增效、农民增收的目的。

资金匮乏是农民合作社面临的最大难题。农民合作社的资金主要来自社员出资、合作社公共积累、银行贷款和政府财政支持。农民社员为了避免资金风险，往往不愿出资或少出资。农民合作社盈利水平普遍不高，自身积累慢，远不能满足发展的需要。由于农村土地属于集体所有，农民合作社缺乏有效的抵押资产，难以获得金融机构贷款。政府金融政策的扶持有助于缓解农民合作社融资困难问题。例如，浙江省瑞安市推动农民合作社在生产合作和供销合作的基础上开展信用合作。由当地三家农民合作社联合发起组建瑞安市马屿镇汇民农村资金互助社，入股社员 698 名，为社员提供存款、贷款、结算等金融业务。这是温州市首家经省银行监督机构批准的农村资金互助社，也是浙江省规模最大的农村资金互助社。瑞安市还成立了农信担保公司实施"农业先锋贷",办理50万元以内无抵押无担保基准利率贷款,为当地农民合作社扩大生产和抵御自然灾害撑起"保护伞"。[①]

土地要素不足是农民合作社发展面临的又一困难。党的十一届三中全会以后,我国实行家庭承包经营制度,土地所有权与承包经营权实现了"两权分离"。当前,随着工业化、城镇化的推进,大量劳动力离开农村,农民保留土地承包权、流转土地经营权的意愿强烈。把农民土地承包经营权分为承包权与经营权,实现承包权和经营权的分置并行,是我国土地制度改革的重大创新。"三权分置"[②]是引导土地有序流转的重要基础,既维护了土地所有者的权益,保护农户的承包权益,又能放活土地经营权,促进土地要素优化配置和土地规模经营的形成。例如,浙江省瑞安市为积极发展农业适度规模经营,支持并奖励村集体经济组织向家庭农场、农民合作社等新型农业经营主体流转土地。流转后的土地必须用于农业生产,严格遵守"非粮化""非农化"等规定,在粮食生产功能区内的土地要确保种植一季以上粮食作物。

二 引导农民合作社规范立社治社

引导农民合作社规范立社治社,是促进农民合作社高质量发展的关键。政府部门应通过实地查看、询问核实等方式进行精准甄别、分类处置,积极探索创新准入退出制度,加强登记与备案管理。

一是完善农民合作社准入制度。建议市场监管部门完善合作社准入机制,强化登记备案,按照法律法规把好农民合作社登记注册第一关,防止"一人多社""企业借壳经营"等问题的出现。市场监管部门

---

① 资料来源:2024年12月,笔者随温铁军教授、苑鹏研究员实地调研浙江省瑞安市"三位一体"农村新型合作经济组织体系建设。

② 《中共中央办公厅、国务院办公厅印发〈关于引导农村土地经营权有序流转发展农业适度规模经营的意见〉》,中国政府网,https://www.gov.cn/xinwen/2014-11/20/content_2781544.htm。

应制定准入审核标准，重点审核合作社规模、人员、运营情况、实际出资情况。在审核时应核实合作社章程、硬件设施、资产等，以防止虚假出资，从源头上杜绝"空壳社"现象的发生。

二是健全农民合作社退出制度。对无农民成员实际参与、无实质性生产经营活动、因经营不善停止运营的农民合作社，若其主体愿意主动注销且申请注销登记前未发生债权债务或已将债权债务清算完结，建议采取简易注销的方式进行注销。对已经完成注册的农民合作社，要实行年检制度，对年度未报告的农民合作社不予以政策扶持。定期清理没有农民成员实际参与的"空壳社"、整顿没有实际生产经营的"休眠社"。对"挂牌社""空壳社"等要限期整改规范，对利用虚假材料申请登记甚至违法经营的农民合作社要依法取缔。同时，可以探索由政府出资，引进第三方机构帮助农民合作社办理注销手续，使农民合作社成立自愿、退出自由，确保现存农民合作社真经营、真收益、真发展。

三是在农民合作社注销方面有所创新。目前，农民合作社注销涉及的申请书、承诺书或者会议决议、清算报告等书面材料，都需要农民合作社成员全员签字，实际操作困难重重。建议对实际清理过程中确实无法联系全部成员的农民合作社，注销材料涉及签字率的要求可以有所降低，比如签字成员达2/3以上就可以完成注销登记工作。对农民合作社在注销过程中遇到的因法定代表人（成员）死亡或失联、营业执照遗失、公章遗失等无法办理注销的特殊情形，建议制定特殊情况的解决方案。比如成员联系不上且失联成员达1/3以上的，或者连续三年列入异常名录的，可先吊销营业执照再以强制注销的方式清退。

此外，对有生产经营活动但运营管理不规范的合作社，通过开展有针对性的法律政策宣传，指导其完善管理制度、规范办社。对发展过程中遇到困难的合作社，及时跟踪帮扶、提升合作社发展质量。对已列异农民合作社进行整改，采取补报年报并公示、更正年报信息、依法办理变更信息登记等措施。

中国农民合作社正处于高质量发展的新阶段，政府政策的引导和扶持为农民合作社能力的提升营造了良好的制度环境。从长远看，随着农民合作社的发展，政府支持合作社的主要方式应当朝建立公共服务平台为农民合作社提供所需的各类服务转变，比如登记注册、经营管理指导、合作知识传授、人才培养和政策法规解读等，以帮助农民合作社提升资源整合能力、内部治理能力、生产加工能力、市场营销能力和服务带动能力，应对激烈的市场竞争，同时管理和指导农民合作社在相关产业发挥示范带动作用。而在资金补贴、税收减免等特殊的优惠政策方面，将随着农民合作社的壮大成熟逐步与其他市场主体一视同仁。应始终遵循"民办、民管、民受益"原则，鼓励农民合作社自愿组建、民主管理。政府推动而不强迫，扶持而不干涉，参与而不包办。根据产业区域特色，积极为适合当地农业发展的农民合作社引领小农户与现代农业发展有机衔接、加快农业强国建设步伐提供政策支持。

第六节　借鉴国际农业强国建设经验

综观世界，农业强国通常在农业领域及其关联产业，具有规模化的、引领世界农业发展的独特优势，或者在世界农业及其关联产品的市场竞争中，具备显著的国际竞争力。包括农民合作社等农业生产经营主体在内的现代农业组织体系的构建，为农业强国建设夯实了组织基础。中国加快建设农业强国，既需要遵循世界农业强国建设的普遍规律，又必须立足国情农情，走有中国特色的农业强国建设之路。根据农业强国展现的比较优势，可以将世界农业强国分为综合型农业强国和特色型农业强国两大类，农民合作社在其中发挥了举足轻重的作用。

一 综合型农业强国与农民合作社

综合型农业强国不仅农业产量高、农产品种类丰富，而且在世界农产品贸易中稳居主导地位，甚至领先世界水平。综合型农业强国包括美国、加拿大、法国、澳大利亚等。其中，美国气候温和、土地肥沃。自20世纪40年代起，美国农业已基本实现机械化、规模化、专业化生产。美国农业产量异常丰厚，是世界上最大的农产品出口国。美国粮食产量占全球总产量1/5。全球四大粮商中，美国占据了三家，艾地盟（ADM）、邦吉（Bunge）、嘉吉（Cargill）是全球粮食加工、储运及贸易领域的巨头。美国棉花、花生、油菜、甘蔗、甜菜及水果的产量也位居世界前列。在畜产品方面，牛肉、猪肉、禽肉、鸡蛋及牛奶的产量也位居世界前列。美国在农用机械、种子、化肥和农药等领域表现出色。约翰迪尔（John Deere）和凯斯纽荷兰（CNH）是全球农用机械制造业的佼佼者，孟山都（Monsanto）、杜邦（DuPont）、美盛（Mosaic）在种子、化肥和农药领域领先。全球前二十大农业生物技术公司中美国独占10席（张广胜，2021）。加拿大农业资源丰富，农产品种类齐全，豌豆、油菜籽产量世界第一，蓝莓产量世界第二。加拿大盛产葡萄酒、白酒、啤酒，是世界上最大的酒类生产国。加拿大畜牧业、渔业发达，是世界上知名的鱼类和海鲜类供应国。加拿大森林资源丰富，是全球认可度最高的有机食品生产国。法国地形以平原为主，土壤条件优越，水资源丰富，农产品长期保持净出口状态，主要出口农产品有谷物、葡萄酒、糖、禽肉、牛肉、牛奶和奶酪制品（李岩，2021）。澳大利亚近年来实现了从特色型农业强国向综合型农业强国的转变。农业结构趋于多样化，由以羊和小麦为主转变为畜牧业、种植业、林业、渔业并重。澳大利亚农业具有显著的出口导向，由原先以出口羊毛为主转变为谷物、畜产品、经济作物并举（杨东霞，2021）。

农民合作社是综合型农业强国建设的重要组织载体。以美国为例，截至 2024 年 9 月底,合作社总数约为 3 万家,拥有 200 多万成员,年收入达 7000 亿美元。① 美国合作社的发展始于 20 世纪初期,小家庭农场主在农产品营销领域对抗大公司资本的欺压,以改变其在农业生产资料市场和农产品销售市场中的弱势地位。政府通过合作社立法、税收优惠、技术援助、资金支持推动农民合作社的建立与发展。美国对于合作社的支持始于合作社立法,《卡帕-沃尔斯坦德法》(Capper-Volstead Act)、《合作社销售法》(Cooperative Marketing Act)、《农业营销协定法》(Agricultural Marketing Agreements Act)、《农业公平交易法》(Agricultural Fair Practices Act) 等一系列法案的制定,承认了合作社的合法性并为合作社提供了反托拉斯豁免。合作社享受所得税优惠,对于从合作社交易中获得的收益只需缴纳一次税金,或是针对合作社,或是针对合作社惠顾者,意味着合作社盈余如果分配给惠顾者,则合作社无须缴纳所得税。联邦政府设立全国办公室,州政府资助建立合作社发展中心,向农民提供合作社相关培训服务和成立合作社的可行性分析。政府对合作社的资金支持仅限于合作社发展中心拨款、公共事业合作社补贴和贷款担保。政府对合作社的技术援助范围广泛,包括帮助合作社制订发展计划、分析运营方式、分析投资可行性、分析财务状况、改进内部治理、解读政策等。合作社教育和培训的重点落实在合作社原则的理解与实践应用、合作社带头人及社员的运营能力提升等方面。近年来,美国合作社呈现规模集中、治理规则调整、新一代合作社兴起的发展特点。首先,美国合作社的组织规模趋于集中化,行业性的超大型合作社出现。例如,在肉类行业中,前四大合作社的市场份额达 70%,占据绝对的主导地位。其次,合作社治理规则发生变化。为了促进合作社发展,美国合作社逐步放松了一些约束发展的制度规范。比如,新一代合作社实行封闭式成员资格,但成员可以转让或买卖个人交易权。另外,

① 美国农业部网站,https://www.usda.gov/。

传统合作社的有关股金分配、民主投票等规则也适度放宽，引进外部董事提高决策能力、改善治理结构。最后，新一代合作社兴起。新一代合作社经营单一农产品，专注专业化生产和农产品精深加工，追求农产品高附加值。新一代合作社与社员签订购销合同，以确保合作社稳定经营，并通过股金分配、交易权转让等形式吸引投资者。

二 特色型农业强国与农民合作社

特色型农业强国是指，由于资源禀赋等原因，农业发展多样化程度较低，或农业在整体上缺乏明显的国际竞争力，但是农业及其关联产业的特定部门或者特色产业链具备很强的国际竞争优势的国家。特色型农业强国包括德国、荷兰、丹麦、以色列等。德国是谷物、马铃薯、林产品生产大国，也是欧盟畜牧业最发达的国家之一。德国是全球最大的农业机械出口国。荷兰的花卉产业、设施农业闻名于世界，农业附加值之高居世界领先地位（李婷，2021）。丹麦人口仅583.14万，但丹麦的农业十分发达。丹麦全境地势低平，耕地面积占国土面积的2/3，气候温和湿润，适宜农作物生长。丹麦农作物中，以谷类居多，其中小麦、大麦、黑麦种植最为广泛，人均谷物占有量居世界首位。丹麦重要的农作物还包括种子、草、马铃薯、甜菜、油籽、油菜等。丹麦的猪肉、乳制品以高品质而闻名，有机农业誉满全球，享有"欧洲厨房"的美誉。丹麦农业的高产优质，是在严格管控农药、化肥使用的前提下取得的。早在20世纪80年代起，丹麦就以立法的方式规范农药、化肥使用，并针对不同的土壤和农作物，制定了极为详细的化肥、农药使用标准。农户化肥和有机肥施用的时间与数量都要向农业部门登记，并接受技术专家的监督，一旦发现滥用，处罚相当严厉。政府并不直接对农场主进行资金补贴，而是通过提供教育培训、市场开发等来激励有机农业的推广。人口仅921.69万的以色列，沙漠多、水资源匮乏，但在发展精准农业上却取得了骄人的成绩。以色列的海水淡化技术、滴灌技术享誉世界，促使荒芜沙漠变成农业绿洲，出口大量优质蔬菜、水果、花卉（徐新，2022）。

农民合作社在特色型农业强国建设进程中的发展颇具特色。以丹麦为例，丹麦是著名的"合作社王国"。20世纪20年代起，丹麦农业领域的合作经济就相当发达。比如生猪产业，丹麦素有"养猪王国"之称，每年出口生猪超过3000万头，是全球第三大猪肉出口国。丹麦猪肉产业规模化、标准化水平高，注重食品质量安全，在国际市场上竞争力极强，与以合作社为核心的农业产业组织体系密不可分。丹麦猪肉产业高度组织化，形成了以合作社为核心、以家庭农场为基础、以各类协会和联合会为依托、以咨询服务机构为支撑的独特的产业组织体系。丹麦猪肉产业组织体系是自下而上的联合。家庭农场在自愿的基础上加入地方农业组织，同样在自愿的基础上，地方农业组织联合成区域甚至全国性组织。丹麦合作社遵循社员资格开放、资本报酬有限、利润按社员交易额分配等经典的合作社原则，是真正意义上的农民合作组织。为了在市场竞争中获得更大优势，丹麦合作社不断合并，呈现出数量减少但规模扩大的趋势。目前，丹麦猪肉产业仅剩两家合作社，即丹麦皇冠（Danish Crown）和迪康（Tican），包揽了丹麦98%的猪肉生产。其中，丹麦皇冠屠宰和加工合作社不仅是丹麦，也是欧盟最大的屠宰联合体和全球最大的猪肉出口商。[①] 合作社在乳制品加工领域同样举足轻重。丹麦最有名的乳产品加工企业阿拉福兹（Arla Foods）是一家跨国合并的大型合作社，是欧洲最大的乳品集团。在育种领域，丹麦的丹农合作社（DLF）是世界上最大的三叶草和草坪草种生产商，农民成员股份占95%，生产的草坪草、牧草、三叶草和饲用甜菜的优质种90%用于出口。合作社所有的新草种在推广使用前，都在不同气候条件下进行严格的试验评测，以满足世界上不同气候区和土壤的要求。[②]

---

① 丹麦皇冠网站，https://www.danishcrown.com/global/。

② 丹农种子网站，https://dlf.com/。

　　农业产业组织体系的构建与创新对提高农业生产率、增加农产品附加值、带动小农户与现代农业发展有机衔接起决定性作用。以农民合作社为主体的农业产业组织体系，是农业强国建设的重要组织载体。世界各国农民合作社在推进农业强国建设的进程中呈现出共性与个性并存、多元化与多样化发展的趋势。中国农民合作社与世界农业强国合作社相比，既有相同之处，即为农民所需要，发展面临日益激烈的市场竞争；又存在截然不同的发展条件，比如历史、经济、社会、制度环境的不同以及资源禀赋、技术条件、农民状况的差异。因此，在借鉴世界农业强国合作社发展经验的同时，要注意结合中国国情农情，有所选择，有所创新，努力走出一条具有中国特色的发展道路。

第七章

农业强国目标下的农民合作社
能力提升典型案例

为了进一步探究农业强国目标下的农民合作社能力提升的特点和方向，在此，以实地调研的典型案例展开深入分析。分别选取劳动密集型种植业的农民合作社、土地密集型种植业的农民合作社、劳动密集型养殖业的农民合作社，在农业强国建设进程中能力提升的实践作为典型案例，具有鲜明的代表性。

案例一 "溪龙仙子"带出一个白茶专业村——安吉女子
茶叶专业合作社①

安吉县地处浙江省北部，县名取自《诗经》"安且吉兮"之意。因地处天目山北麓，群山起伏，树竹交荫，云雾缭绕，雨量充沛，土壤肥沃，安吉是赫赫有名的"中国竹乡"。② 安吉全县植被覆盖率为75%，森林覆盖率为71%，空气质量达到一级，水质达到Ⅰ、Ⅱ类，是天然

---

① 案例来源：笔者2024年1月在浙江安吉的实地调研。感谢安吉县农业农村局和安吉县溪龙乡女子茶叶专业合作社提供的有关资料。
② 安吉"中国大竹海"曾作为电影《卧虎藏龙》《夜宴》和电视剧《像雾像雨又像风》的拍摄地。

的绿色世界。安吉县的乡村振兴成效显著,美丽乡村覆盖到 85% 以上的村,呈现"一村一品、一村一韵、一村一景"的美丽乡村图景,被誉为"中国美丽乡村"。2012 年,联合国人居署授予安吉"联合国人居奖",高度肯定安吉生态立县的理念和致力于改善人居环境的贡献。①

山清水秀、物产丰富的安吉,是中国古老茗茶胜地之一。唐朝陆羽在《茶经》中记载"南方嘉木秀,安吉白茶奇"。安吉盛产白茶。这里峰峦起伏、竹海茫茫、溪流纵横、空气清新,得天独厚的气候和生态条件为白茶生产提供了丰富的光、热、水资源。安吉白茶产区的绝大部分茶园分布于竹海林源间,这里生产的白茶外形紧密、形如凤羽、色如玉霜、光亮油润、香气馥郁、滋味甘醇、汤色鹅黄、清澈明亮、叶肉玉白、叶脉翠绿,是茶中珍品。安吉县溪龙乡是"中国白茶之乡"。在溪龙乡有个响亮的白茶品牌"溪龙仙子",名如其人,"溪龙仙子"的创始人就是秀外慧中的农家女子宋昌美,她还创办了"女子茶叶专业合作社"。

一 合作社资源整合能力

20 多年前,23 岁的宋昌美嫁到溪龙乡黄杜村。这是一个山区村,面积覆盖 12.5 平方公里,但只有 915 亩水田,其余都是荒山坡。村里的荒土丘杂草丛生,经常发生水土流失。黄杜村穷得让宋昌美吃惊。村民居住的全是泥瓦房,遇到狂风暴雨房屋就会倒塌。这里的农民大多靠

---

① "联合国人居奖" (United Nations Habitat Scroll of Honor Award) 由联合国人居署 (United Nations Human Settlements Programme, UN-Habitat) 于 1989 年开始创立,是全球人居领域最高规格也是威望最高的奖励,其目的是表彰那些在住房供应、使无家可归者的困境受到重视、战后重建中发挥领导作用、发展和改善人类居住环境以及提升城市居民的生活质量等领域做出了杰出贡献的举措。2012 年,世界人居日的主题为"改变城市、创造机遇"。联合国人居署从建设背景、具体行动、国际合作、国际影响和可持续性、推广性、创新性、认知度等方面对安吉建设绿色生态城市并打造中国最佳人居的实践进行综合评价,认为安吉拥有极低的犯罪率、优质的空气质量、极低的人均能源消费和科学环保的生活方式,是世界上最绿色的城市之一。

种植毛竹为生，一年的收入仅 1000 多元。当时，宋昌美和其他普普通通的农村妇女一样，在家操持家务、带孩子。为了改变落后的面貌，安吉县政府把黄杜村作为试点，鼓励农民种植白茶。在村里很多人观望等待时，27 岁的宋昌美看到了发展的先机。她怀揣希望，自费到中国农业科学院茶叶研究所参加相关培训。

学得一门好手艺之后，宋昌美想回来后大干一场。但是，因为贫穷，她没钱买茶苗，也没钱开发荒山。百般无奈之下，宋昌美只好举家外出打工。辛辛苦苦打工整整两年，宋昌美带着 10 万元的积蓄，回到黄杜村，在村里的黄土丘上栽起了小茶园，种植了 10 亩白茶。刚起步时的茶园规模小、经济效益差。为了打开销路，宋昌美晚上炒茶，白天她背着上百斤炒好的茶叶孤身一人跑杭州、上海、苏州，找企业、问商店，挨个进行推销。有一次，她连续三天三夜赶路，好不容易带着茶叶赶到杭州时，累得在公交车上睡着了，钱包和三四十公斤茶叶不翼而飞，她难过了好一阵子。还有一次，宋昌美好不容易把茶叶送到杭州的一家商店代销。第二天当她准备回家时，对方却说茶叶质量不过关，不打算要了，让她自己背回去。在回家的路上，肩上的茶叶犹如千斤担子，压得一向坚强的她流下了眼泪。尽管经受了各种磨难和挫折，但宋昌美并未被困难吓倒，她意识到，其中的关键在于缺乏科学技术和业务知识。于是，宋昌美留意各种学习提高的机会，参加乡里组织的茶叶种植和炒制技术培训班，到中国农业科学院茶叶研究所培训，还利用远程教育学习实用技术、营销方法、法律法规。宋昌美的茶场经营得越来越红火。她承包了 50 亩荒山种植有机白茶。2000 年，她注册了"溪龙仙子"商标。她本人跻身"名优茶加工大户"和"名优茶营销大户"之列。

"一人富不算富，大家富才是真正的富！"认定白茶确实有发展前景后，宋昌美决定把技术传授给村民，帮助大家一起致富。想种茶的人缺乏资金，她就去银行替人担保，用自家的资产为茶农担保共计 400 多万元贷款；如果没有茶苗，她就免费提供自己扦插的白茶苗；种有机茶需遵守严格的生产标准，她就采取统一购肥、统一配药、统一时间种植等方法；如果没有炒茶技术，她就把村里的妇女叫来，每次炒茶时手把手教；如果白茶没有销路，她就以高于市场价的价格回收青叶方式包销。为了更好地带动周边妇女加入种植白茶的队伍中来，2001年，宋昌美牵头成立了安吉县溪龙乡女子茶叶专业合作社。在宋昌美和几位种茶大户的带动下，40多户中小茶农联合了200多户女性茶农共同发展白茶种植。目前，安吉女子茶叶专业合作社拥有社员110多户，绝大部分为女性白茶种植经营户。合作社拥有核心生产基地3000亩，订单基地达1万多亩，全部为有机茶园，标准化厂房面积为1.2万平方米，年销售额超7000万元，年盈余达1100万元。如今的黄杜村，家家户户种植白茶，共有白茶园4.8万亩，年产值达4.5亿元，村民户均收入超30万元，成为远近闻名的"白茶第一村"。这里满眼青山绿水、茶园逶迤，一幢幢漂亮的别墅，让人以为到了欧洲的阿尔卑斯山区。

二 合作社内部治理能力

按照合作社制度设计，安吉女子茶叶专业合作社设立了社员大会、理事会和监事会，全部由茶叶生产者组成，由宋昌美担任合作社的理事长。合作社每年召开2次社员大会、4次理事会和1次监事会，表决方式均为"一人一票"。合作社在当年盈余中提取5%作为公积金、公益金和风险金，用于弥补亏损、防范风险和扩大生产经营规模。提取"三金"后的合作社可分配盈余采取"按股分红"的方式返还给社员。其中，理事长持股比例为20%，其余80%的股份由社员以茶园承包经营权折价入股。合作社拥有20名专职人员，负责合作社的品质管理、文书档案、营销策划和财务管理，人员工资占合作社销售收入的10%。

三 合作社生产加工能力和市场营销能力

安吉女子茶叶专业合作社采取"合作社+农户（基地）"的产业化

经营模式，对白茶种植、加工销售、产品研发实施全程标准化的有机茶生产经营管理。在茶叶种植阶段，每年的 11 月下旬至次年 2 月上旬茶园休眠期，清园灭卵、喷洒 45%石硫合剂提高茶树越冬抗寒能力、迎风种植防护林抵御寒潮来袭。在 2 月中旬至 3 月上旬茶园萌动期，熏烟驱霜、喷水洗霜、覆盖防霜抵御霜冻。在 3 月中旬至 4 月下旬春梢生长期，实施人工采摘，严禁捋摘和抓摘，保持芽叶完整、新鲜、匀净。在 5 月上旬至 7 月上旬夏梢生长期，进行修剪、中耕、施用有机肥和病虫防治。在 7 月中旬至 10 月中旬秋梢生长期，清除杂草、深耕和基肥深施，将茶根引向深层和扩大根系活动范围。合作社投资建造了 1 万多平方米的标准化厂房，引进全手工和半自动半手工生产线共四条，年加工白茶能力达到了 50 吨。在整个茶叶加工阶段，从摊青、杀青、理条、初烘、摊凉、复烘、风选到检验、入库、出库实施了标准化的加工流程。合作社重视品牌建设，"溪龙仙子"品牌系列安吉白茶品质极佳，口感鲜醇，包装精美，广受消费者青睐，荣获"中国鼎尖名茶"称号，第八届"中茶杯"全国名优茶评比特等奖，第 11、12 届上海国际茶文化节新品名茶评比金奖，入选上海世界博览会"中国元素"活动区礼品茶等殊荣。合作社加盟经销店遍布北京、上海、山东、新疆、江苏、浙江等地，并在香港设立了"溪龙仙子"白茶专卖店。2010 年，合作社走进北京钓鱼台国宾馆，举行安吉白茶质量追溯暨品牌推介新闻发布会，进一步提高安吉白茶的知名度与美誉度。2018 年，合作社参加了波兰国际食品展，与 27 个国家的茶叶进口商签订 170 吨白茶销售合同。

安吉女子茶叶专业合作社种植、加工、销售茶叶的同时，尝试将产业链向第三产业延伸。合作社美丽的白茶园成为《如意》等影视剧的外景地。伴着悠扬动听的乐声，一山又一山连绵起伏、澄澈蓝天伴着洁白云朵，无尽茶园绿意悠悠地展现在银屏上，亿万观众都情不自禁被剧中美丽的茶园景观给吸引了。许多人慕名联系合作社，想目睹这个神奇美丽的地方并前来一品清淡香甜的白茶。合作社出资修建了"白茶博物馆"，将其作为安吉白茶的教育基地和宣传基地，让更多人了解安吉白茶及其背后的人文故事。合作社每年举办白茶采摘节和白茶仙子大赛，吸引了一拨又一拨的游客前来参观。

四　合作社服务带动能力

2006 年，安吉女子茶叶专业合作社建立了党支部，由宋昌美担任党支部书记。在她的带领下，合作社 13 名党员积极与贫困妇女结对帮扶，为她们提供信息和技术等方面的支持。合作社党员还开展"联系一块生产基地、传授一项实用技术、申领一个先锋岗位、解决一个实际困难、帮助一户社员致富""五个一"活动，实实在在为茶农解难分忧。合作社筹资建立了"创业帮扶专项基金"和"妇女关爱基金"，为需要扩大生产规模再创业和生活较困难的成员提供帮助。从 2009 年开始，合作社为困难种茶农户提供贷款担保。有位姓张的村民，两个孩子身患残疾，合作社"妇女关爱基金"为她提供贷款担保的同时，还积极帮助她争取到县妇联和民政部门的补助，帮助她承包荒山，鼓励她进行创业发展。在合作社的帮助下，这户人家的 50 多亩茶园每年都有 10 多万元收入，其生活水平得到明显提升。合作社还利用远程教育平台组织科技培训、交流技术信息和经济信息，定期聘请专家到党员示范基地进行实地培训，开展技术咨询服务，为社员和广大妇女群众提供白茶的产前、产中、产后服务，提高社员和广大妇女群众的技术水平和综合素质，帮助她们解决技术难题和销售渠道开拓上的困难。不仅如此，合作社向福利院、学校献爱心，慰问孤寡老人，为村里修路、雪灾等捐款捐物。2018 年，宋昌美在国务院扶贫办的支持下，远赴四川省青川县，湖南省古丈县，贵州省沿河县、普安县、雷山县捐献白茶苗，并实地传授白茶种植技术和区域品牌运营经验，帮助西部贫困地区群众脱贫致富。宋昌美说："安吉白茶不仅是家乡的瑰宝，更是共富梦想的承载者。"2021 年，合作社在原有加工厂房区新建了一座 2400 平方米的"白茶服务中心"综合大楼。综合大楼集白茶研发、加工、销售、文化、教育于一体，专门建设了可容纳 40 余人学习的远程教育播放室，配备了电脑、投影仪等设备。如今这幢楼已成了合作社的销售中心、文化中心和教育培训中心，以及用于网络营销的直播基地。2024 年，合作社联合 8 位白茶种植大户成立安吉白茶女子合作社"共富工坊"，带动 50 多户中小茶农和 150 多名周边乡镇妇女共同创业，实现人均年增收 5 万元。"共富工坊"被浙江省妇联、农业农村厅、乡村振兴局授予省级"巾帼共富工坊"的称号。

五　案例启示

这个案例实质上是一个妇女励志创业、引领发展地方产业的故事。从世界合作社运动看，妇女在合作社发展中的作用日益受到重视。2010年，联合国国际合作社日的主题就是"合作社让妇女更有地位"（Co-operative Enterprise Empowers Women），强调了合作社在提高妇女地位中发挥的重要作用。① 实践表明，不论是完全由女性社员组成的合作社，还是由男性和女性社员共同组建而成的合作社，都能为女性社员有效地提供教育、就业、医疗、住房、金融等帮助和服务。另外，合作社通过为妇女提供参与农业生产经营的机会，使妇女变得更为自立、自信、自尊、自强。合作社促进社会性别②平等，消除性别歧视，提高了妇女的经济、社会和文化地位。我国政府在推动农民合作社发展中日益重视妇女群体，引导鼓励妇女领办、参与农民合作社，不仅为大众创业中的妇女群体提供了一个很好的创业领域，而且对缓解城乡融合进程

---

① 国际合作社联盟网站，http://www.ica.coop/。
② 社会性别的概念有别于生理性别，是指社会对于男性和女性的看法与评价。当前，人们的性别观念是社会化的产物，认为男女角色和行为的差异是由社会、制度、文化因素造成的，而非由生理差异造成的。1995 年，北京召开的世界妇女大会通过《北京宣言》与《行动纲领》，明确提出了社会性别主流化意识，对提高妇女地位、弘扬男女平等产生了积极深远的影响。

中,越来越多的农村青壮年男性劳动力转移到城市务工就业带来的农业劳动力老龄化和农业"后继无人"的问题,对构建和谐社会具有积极的社会意义。从该案例中可以得到以下三点启示。

第一,合作社企业家是农民合作社发展最为关键的组织资源。在中国农村社会"男强女弱""男刚女柔"的传统文化和父权制影响下,具有创业创新精神、热心助人品格、技术专长与经营管理才干的女性合作社企业家更是创办农民合作社和引领农民合作社发展的稀缺资源。浙江省安吉县的宋昌美、山西省永济市的郑冰、湖北省蕲春县的何云兰、新疆呼图壁县的木孜拉,她们凭借坚韧性格和聪明才智不仅实现了个人的发家致富,还发挥她们所创办的农民合作社在技术、资金、信息、服务上的优势,带领妇女姐妹共同增收致富。在宋昌美的带领下,安吉女子茶叶专业合作社培养了生产技能强、经营能力强的"双强型"妇女,并及时将优秀妇女骨干选拔进合作社的领导班子,这些人通过师徒结对、岗位锻炼、实习培训的途径,被培养成为技术能手和营销能手。合作社妇女"半边天"的形象成为安吉白茶产业链上一道美丽的风景。宋昌美本人荣获全国三八红旗手、全国农村妇女"双学双比"女能手等称号,并当选党的十八大代表,是党的十八大代表中唯一的农民合作社社长。

第二,产业一体化经营是农民合作社引领小农户与现代农业发展有机衔接、实现农民农村共同富裕的重要途径。安吉女子茶叶专业合作社从1997年宋昌美栽起小茶园、开办个人茶场从事家庭作坊式炒茶,到如今发展成为以茶农专注于茶园种植,农民合作社负责标准化生产管理、精细炒茶加工、销售和研发为模式的产业一体化经营。全程标准化的生产管理提高并保证了合作社茶叶的质量和品牌价值。合作社开发研制了茶饮料、茶含片等加工茶制品。产业链条的延伸增加了合作社白茶的产品附加值、科技含量和获利空间,使农民能够既分享初级农产品的收益,又分享农业纵向一体化后农产品加工增值的收益。合作社在种植、加工、销售茶叶的同时,将产业链延伸至第三产业,实现一、

二、三产业的融合发展，从而加快推进农业强国建设。

第三，在农业合作制中引入股份制，是农民合作社发展模式的一种制度创新。农民合作社设立了"社员大会—理事会—监事会"的组织架构，每年按照合作社章程定期召开社员大会、理事会和监事会，采取"一人一票"的表决方式，实现了规范化的民主管理。农民合作社采取"按股分红"的盈余分配方式。这种在农业合作制的基础上引入股份制，进而发展成农业股份合作制①的制度安排，既发挥了农业家庭经营基础上合作制的制度优势，又体现了农民合作社对拥有不同资源禀赋成员贡献作用的激励，从而吸引拥有关键生产要素的成员加入农民合作社。安吉女子茶叶专业合作社能力提升的实践表明，如果一个农业组织能很好地处理合作制与股份制的关系，在农业合作制的基础上合理地融入以股份制为特征的现代企业制度，那就说明它能同时发挥家庭经营制度、合作制和股份制这三种制度的优势，在农业经营活动中真正实现公平和效率的兼顾。

案例二　"油基鱼塘、鱼菜共生"循环养殖——菱湖旺龙水产专业合作社②

菱湖镇位于浙江湖州城南 18 公里，地处杭嘉湖平原的中心。菱湖镇古名"秀溪"，又名"凌波塘"。每到秋季"丛丛菱叶随波起，朵朵菱花背日开"，因而得名"菱湖"。镇内湖荡遍布，栽桑养鱼，

---

① 在国外，农业股份合作制又称为新一代合作制。在市场竞争环境下，农民合作社为了获得产后的增值收益，控制和扩大市场份额，产生向产业下游延伸，实现纵向一体化的动机。合作社在向农业下游延伸的过程中，进入二、三产业，即加工和贸易领域。而二、三产业，尤其是第二产业的工业领域适宜的组织制度并非合作制，而是以股份制为代表的现代企业制度。因此，实施股份制与合作制相结合的股份合作制是一种理想的制度设计。这不仅发挥了合作制在农业中的优势，又发挥了股份制在二、三产业中的优势。

② 案例来源：笔者 2024 年 1 月在浙江菱湖的实地调研。感谢菱湖镇政府、中国渔业协会和旺龙水产专业合作社提供的有关资料。

是中国著名的三大淡水鱼基地之一，被称为"中国鱼都"。菱湖淡水鱼人工养殖历史悠久。早在战国时，菱湖就已人工畜鱼。汉末，菱湖开始掘地成荡，人工养鱼。唐朝中期，菱湖"尤多水产，商贾四方云集，号为水市"。明清时期，菱湖是江南人工养鱼中心，"水市早开，渔歌夜发"，"鱼多论斗卖"，菱湖人还改装木船成活水船，将鲜活的淡水鱼运往上海、苏州、松江、常州、钱塘（杭州）。该镇拥有37000亩鱼塘，年产淡水鱼53650吨，年繁育鱼苗上千亿万尾，年产值高达11.27亿元。菱湖农民在全国各地承包鱼塘近30万亩。菱湖鲈鱼肉质洁白肥嫩、味道鲜美、营养丰富，2022年被认定为全国名特优农产品，品质备受认可。菱湖人创立的"桑基鱼塘"是桑鱼共荣、生态良性循环的一种生产方式，被联合国粮农组织亚太渔业中心（FAO Asia-Pacific Fish Farming Training Centre）誉为"唯一完整保留的传统养鱼生态农业模式"。①

　　菱湖旺龙水产专业合作社位于菱湖镇西南3公里的卢介庄村，该村交通便捷，自然条件优越，水资源丰富，非常适合淡水鱼养殖。合作社主营水产品养殖，组织采购、供应社员饲养所需的水产品饲料和渔需品，组织收购、销售社员及同类饲养者饲养的水产品，并开展与水产品有关的技术交流与信息咨询服务。

---

① 菱湖的桑基鱼塘现存共有6万亩桑地和15万亩鱼塘，是中国传统桑基鱼塘中最集中、最大、保留最完整的区域。桑基鱼塘的形成起源于春秋战国时期。千百年来，劳动人民发明并发展的"塘基种桑、桑叶喂蚕、蚕沙养鱼、鱼粪肥塘、塘泥壅桑"的生态模式是世界传统循环生态农业的典范和一项重要宝贵的农业文化遗产。桑基鱼塘的特点是池塘养鱼，四周塘埂种桑养蚕。每年夏秋季捻火泥和冬季捕鱼后清整鱼塘，将塘底淤泥挖到四周塘埂上作为桑树的肥料。这种淤泥中含有腐烂水草、鱼类排泄物和残体，营养元素和有机质丰富，是一种优良的天然肥料，能使桑地长期保持良好的肥力。而且，桑地捻泥可以给桑地填上有机质新土，补益一年雨水冲刷的损失，还可以使底土坚实松干程度适中，适应桑树性喜干燥的特性，促进桑叶和蚕茧的增产。与此同时，还能使鱼塘千百年来保持池深埂固的良好性。另外，桑地土壤中的营养盐类随着雨水冲刷缓慢流入鱼塘，能提高鱼塘的生产力。蚕蛹和蚕沙可作为鱼的饲料和肥料，节约了养鱼成本。在这种模式下，种桑和养鱼相辅相成、桑地和池塘相连相倚，形成了典型的江南水乡桑基鱼塘生态农业景观。

一 合作社资源整合能力

菱湖镇卢介庄村是南宋时聚居形成的古村。全村依河而存，因水成街，因水成市，粉墙黛瓦。小桥、流水、人家，构成了浓郁的江南水镇的美妙画卷。卢介庄村是种菱大村。走进卢介庄村，青青翠翠的菱蔓荡漾在水面，几只蜻蜓在翩翩起舞，一幅美丽的水乡图景映入眼帘。白居易的《看采菱》中的"菱池如镜净无波，白点花稀青角多。时唱一声新水调……"描述的就是这里的菱农采摘菱角的欢乐情景。卢介庄村以桑蚕等传统农业和鲈鱼、黑鱼等特种水产养殖为支柱产业。这里养殖的鲈鱼、黑鱼营养丰富、味道鲜美，属名贵鱼。随着现代渔业的发展，传统的养鱼方式在育种、选苗、饲料选用、销售与加工等方面的问题逐渐突出，再加上区位条件和地域等因素的限制，卢介庄村的养殖户发现，要实现增收，养殖环节的盈利空间和潜力已经十分狭窄。作为村支书的费财林意识到，只有将从事淡水鱼养殖的农户组织起来，在技术、信息、资金、购销、加工等环节实行自我管理、自我服务、自我发展，将产业链延伸到苗种、水质、饲料、防病、销售、加工等环节，改变农民"单打独斗"闯市场的局面，才能取得良好的经济收益，增加农民收入。于是，费财林决定发起成立一家淡水鱼专业合作社。菱湖旺龙水产专业合作社成立于2011年，注册资金161.2万元，社员数80户，拥有"欣旺龙"注册商标。2011年合作社被评为区级示范性农民合作社，2013年创建省级现代渔业园区，2014年被评为全国基层渔业技术推广科技示范基地，2018年获评农业农村部水产健康养殖示范场。现合作社生态养殖池塘面积达2110亩，主要养殖黑鱼、加州鲈鱼、黄颡鱼、翘嘴红鲌等特种水产，实现总产量2163吨，总产值达4325万元，实现盈利近1300万元，辐射带动周边320户农户共4500亩养殖面积。

二 合作社内部治理能力

菱湖旺龙水产专业合作社成立了社员大会，每年召开社员大会 3 次，表决方式为"一人一票"。合作社不设理事会，设执行理事 1 人，执行理事由合作社的法定代表人费财林担任。合作社不设监事会，也不设执行监事。合作社在当年盈余中提取 20%作为公积金，提取的公积金按成员交易量的 12.5%与出资额的 12.5%相结合的方式量化为每个成员的份额，并计入成员账户。合作社盈余的 62%采取"按交易量返还"与"按股分红"相结合的方式返还给社员，其中按交易量返还比例为 42%，按股分红比例为 20%。剩余 18%的合作社盈余用于发放合作社人员工资和维持合作社日常运营。目前，合作社正式经营管理人员有 16 人，根据合作社的生产任务分别设置管理、技术、销售等不同岗位，其中管理人员 6 人、技术人员 5 人、销售人员 5 人。合作社制定了相关的管理制度，如《社务公开制度》《社员盈余分配制度》《合作社资产财务管理制度》等，并进行张贴，为合作社的规范运行提供了制度保障。

合作社与村委会建立了良好的关系。村委会帮助合作社协调土地流转，共流转本村内塘、桑地 2110 亩，以招标发包的形式承包给合作社建设现代渔业示范区。鱼塘承包租金的 10%用于鱼塘维修、水利排灌和电气设备，其余金额按转包出的土地面积分给各农户。

三 合作社生产加工和市场营销能力

菱湖旺龙水产专业合作社建设的卢介庄特种水产示范区是浙江省第一批省级现代渔业园区。示范区对照现代渔业园区建设标准进行基础设施的改造提升，进行了道路和绿化建设，园区电力线路标准化建设，水利设施建设，高标准池塘改造，渔业机械配套，合作社社员培训中心和园区建设标志牌设立，设办公室、鱼病室和水质化验室，池塘养殖废水生物处理工程建设，以及鱼苗培育基地建设。示范区总面积为 2110 亩，养殖亩产量 1025 公斤，亩产值 20500 元，比同类养殖产量高出 28.13%。[①] 通过合作社渔业示范园区的带动，卢介庄村特种水产生态养殖面积达 4500 亩，促进了全村渔业增收。园区辐射带动周边2 万余亩，示范作用明显。

菱湖旺龙水产专业合作社的特种水产示范区推广生态、循环养殖技术——"油基鱼塘""鱼菜共生"种养。"油基鱼塘"的种养模式用油菜等作物取代原有的叶桑，池塘里养鱼，塘基上夏天种芝麻或黄豆，冬天种油菜。鱼塘里的淤泥可以用作塘基作物的肥料，塘基上的油料作物由厂家负责收购，剩余的副产品可用作鱼的饲料。相较于水田，塘基油菜籽的亩产量能增加 40 公斤，并可节约开沟排水的劳动力和成本的投入。塘基的肥料取自天然，土壤中的养分又能随着雨水冲刷慢慢流入鱼塘，提高鱼塘的生产力。在菱湖旺龙水产专业合作社的特种水产示范区，黑鱼、黄颡鱼、加州鲈鱼、青鱼、花白鲢等鱼类和塘基上的油菜、芝麻的收益综合起来，总产值超过 5500 万元，每亩净利润达 6000~7000 元。不仅如此，合作社在加州鲈鱼、黑鱼池塘种植空心菜、水葫芦等水生植物，推广"鱼菜共生"的种养方式。在池塘种植空心菜，不仅生产了高品质的蔬菜，而且增加了蔬菜种植空间，节省了土地资源，改善生态环境的同时取得了良好的经济效益和社会效益。

菱湖旺龙水产专业合作社特种水产示范区提倡水产养殖节水减排，采用投喂人工配合饲料饲养加州鲈鱼的水产养殖新技术。传统的加州鲈鱼养殖以投喂冰鲜鱼饵料为主，不仅资源消耗量大，鱼塘水质恶化也较快。冰鲜鱼的饲料系数在 4~4.5 斤，即加州鲈鱼要长一斤肉，需要喂食 4~4.5 斤的冰鲜鱼。没吃完的饲料会在塘底发酵腐化，加上鱼类的排泄物，形成了水产养殖最难控制的污染源。鲜活饵料还

---

① 在菱湖，同类特种水产养殖的平均水平为亩产量 800 公斤。

可能携带病菌和病毒，极易引发烂鳍烂尾等病症，养殖风险大。相比冰鲜鱼，人工配合饲料的饲料系数只有 1 斤，排泄物却减少近 3/4，同时，人工配合饲料漂浮在水面上，投喂用量一目了然。原先投喂冰鲜鱼饲料的养殖过程中需要 1~2 次换水，而使用人工配合饲料，则只需通过生物制剂或者利用具备洁水特性的水生作物进行水质调节。投喂人工配合饲料的加州鲈鱼由于食用口感上没有泥腥味、对病菌的抵抗力强和更适宜运输，被越来越多的养殖户认可。此外，合作社启动了水产养殖塘的生态化改造，鱼塘的进水和出水渠道被明确分开，配置了尾水生态化处理设施，消除了鱼塘换水直排河道的现象。

为了保证产品质量安全，菱湖旺龙水产专业合作社实施了标准化生产作业和规范化管理，制定了生产操作规程和质量安全标准，如《饲料、渔药仓库管理制度》《合作社产品质量控制措施》《会员管理制度》《特种水产示范区工作制度》《标准化生产管理控制程序》《记录管理控制程序》，以及黑鱼、加州鲈鱼、翘嘴红鲌的《生态养殖技术操作规程》。合作社 2012 年通过无公害双认证。合作社水产品每年送浙江省水产质量检测中心进行药物残留检测 3 批次以上，合格率均为 100%。

菱湖旺龙水产专业合作社与本地和周边镇的营销大户联系衔接，通过乌板桥、双幅桥两大水产批发市场销售优质水产品。合作社还借助"农民信息网"等网络载体，及时了解市场供求信息和价格变动。每年春节临近，合作社营销人员和部门负责人都主动跑码头、走市场、寻信息，方便水产运输并畅通销售渠道。

四 合作社服务带动能力

菱湖旺龙水产专业合作社实行"五统一"服务。一是统一生产标准。合作社实施标准化养殖，保证水产品的质量。二是统一品牌销售。合作社注册"欣旺龙"品牌销售，改社员"单打独斗"为"抱团闯市场",增加社员收入。三是统一苗种供应。合作社统一引进优质的水产鱼苗,不仅价格相对低廉,而且质量上有保证,从而降低了养殖户的成本。四是统一饲料供应。合作社建造了冷库,海杂鱼直接从产地统一采购,享受团购的价格优惠。合作社设立颗粒饲料供应点,最大限度地减少中间环节,既保障了鱼饲料的质量,又节约了养殖成本。五是统一渔药供应。由合作社统一采购鱼药,推广科学鱼类防病。合作社经常为养殖户免费检测水质,减少了鱼类病虫害的发生。如今合作社成立了3家饲料服务站和1家渔药供应站,年组织供应优质苗种100万尾,颗粒饲料400多吨,海杂鱼3420多吨,统一销售水产品1080余吨。

为了进一步发挥合作社的示范带动作用,菱湖旺龙水产专业合作社在菱湖镇农业综合服务中心、菱湖镇成人文化技术学校和菱湖渔业协会的指导下,组织社员进行"特种水产健康养殖技术(水质管理)(病害防治)""渔业生产安全用电"共3期培训班,培训人员达260人次。合作社成立的"社员之家"成为社员的交流中心。社员在这里充分交流养殖技术、养殖生长情况、病害防治经验、水质调节经验、商品和苗种等信息。合作社与浙江大学、浙江省淡水水产研究所、湖州市水产技术推广站建立了长期技术合作,聘请专业技术人员作为合作社技术专家,每年定期来合作社"社员之家"举办讲座,传授科学生态养殖技术。围绕无公害养殖技术标准,合作社利用各种形式进行宣传,张贴无公害养殖技术标准牌,印发无公害养殖技术标准资料。

五 案例启示

菱湖旺龙水产专业合作社的发展模式在当地甚至在全国农村都具有一定的代表性。据菱湖镇政府的初步统计,菱湖镇通过老塘流转改造,共建设标准化水产园区93个,建设面积达32644亩。其中,由农民合作社承担创建主体的省级现代渔业示范园区达14379亩,改变了鱼塘老化、"鱼塘像盆子、塘埂像锯子、桑梗像筷子"的传统小规模水产养殖的模式。[①] 这个案例有以下三点启示。

第一，高效、生态、环保的现代渔业养殖确保了水产品质量安全，促进了农业增产增值。菱湖旺龙水产专业合作社的现代渔业示范园区实现了养殖生态化、质量安全化、管理制度化，在提高产量和达到无公害产品质量标准的同时，减少了养殖废水排放量，美化了园区环境。菱湖旺龙水产专业合作社特有的"油基鱼塘""鱼菜共生"循环生产方式，将水产养殖、油料和蔬菜种植这几种完全不同的农耕技术，利用巧妙的生态设计，构建了动物、植物、微生物三者之间和谐的生态平衡关系，是循环型、零排放、低碳、可持续的生产模式，经济效益、社会效益和生态效益显著。

第二，农民合作社拓展产业链，带动农民共同增收致富。菱湖旺龙水产专业合作社产业链上游延伸至饲料供应、选种育种，产业链下游延伸至水产销售，为水产养殖户提供技术、信息、购销、水质、饲料、防病等一系列服务。目前，菱湖旺龙水产专业合作社只是生产、销售初级水产品，并没有涉及水产品的加工。在遇到市场低迷、产品滞销时，大量的水产品囤积，不仅会影响下一期水产的养殖，而且会给养殖户造成极大的经济损失。因此，合作社在资金实力、管理能力允许的情况下，可适当地拓展产业链发展水产品加工。合作社可以与鱼类深加工企业合作或独立开发鱼干、糟鱼、醉鱼、鱼松等鱼制品，也可从事从鲜活鱼类到宰杀、加工的净菜制作。合作社还可以从第一、第二产业向第三产业方向延伸，利用当地美丽的古村落、鱼庄和特色鱼塘举办渔家乐表演、渔火晚会、原汁原味鱼汤饭品尝、捕鱼抓虾体验等，发展休闲渔业。

第三，村支书牵头领办农民合作社，并担任合作社理事长，带领村

---

① 菱湖渔业协会《水产简报》。

民共同致富的模式是许多地区农民合作社发展的重要模式。菱湖旺龙水产专业合作社由菱湖镇卢介庄村村支书费财林一手创办。费社长凭借自己多年担任村干部的经验和丰富的淡水鱼养殖经验，将农民合作社打理得井井有条。作为一名共产党员，他坚持"服务农民"的宗旨办社和治社。正如他自己所说："我们不能一个人富裕，要做的是同村民一同富裕；我们不能一个人进步，要做的是同村民一同进步。"费社长以村庄能人和村干部的双重身份牵头领办合作社，作为淡水鱼专业养殖大户，他有组建农民合作社扩大规模效益的内在需求，而他的村支书身份在他创建和发展农民合作社的过程中发挥了直接的作用。无论是在村里，还是在农民合作社中，村民都将他视作当家人。村民的高度认同使费社长在组织动员农户加入农民合作社和管理农民合作社时不遗余力，具有带领村民共同增收致富的使命感。在农民合作社招标承包鱼塘建设现代渔业示范园区时，他耐心做少数有顾虑农户的思想工作，节省了农民合作社流转土地需要和分散农户打交道的谈判费用，同时还出面为农民合作社协调临时用工。像费财林这样以社区领袖的个人威望与社区资源相结合带领农民合作社成长，既促进了当地淡水鱼养殖业的发展，又促进了农村社区的稳定和谐。

案例三 "三位一体"迈向共同富裕——梅屿蔬菜专业合作社[①]

在浙江省瑞安市中西部，一匹"骏马"踏跃于飞云江中上游。这就是马屿镇，因境内两座山——龟山和蛇山，地形如马鞍而得名。马屿镇地域广阔，总面积达 153.2 平方公里，总人口为 13.5 万人，辖 114个行政村、3 个居民区，是温州市"1650"大都市体系卫星城市，是全

---

① 案例来源：笔者 2024 年 12 月在浙江马屿的实地调研。感谢"合作、共富与乡村可持续未来陈岙论坛"组委会和梅屿蔬菜专业合作社提供的有关资料。

国重点镇、浙江省中心镇。马屿镇是历史上的水陆交通重地，龙丽温高速、温州绕城高速西南线贯通后，马屿镇有了"五县通衢"的区位优势。马屿镇的经济结构以农业为主，农业人口占86%。作为一个传统农业大镇，马屿镇农耕发达、物产丰富、农业特色纷呈，是瑞安市乃至温州市的"粮仓""菜篮子"。天井垟大米、梅屿番茄、上郑花菜、篁社索面、五仁山淮山药、顺泰毛芋等特色农产品享誉海内外。依托这些特色农产品，马屿镇建成了浙江省连片面积最大的天井垟粮食生产功能区以及温州现代农业园区梅屿蔬菜生产基地，致力于打造特色农业强、农耕文化厚、农旅融合紧的"三位一体"农村新型合作示范区。马屿镇"串点成线"的美丽乡村休闲观光精品线是温州乡村旅游的一个响亮品牌，每年接待旅游人数超过20万人次。2019年，马屿镇成功列入省级稻菜特色农业强镇。2022年，马屿镇上榜农业农村部农业产业强镇创建名单，为温州市唯一入选乡镇。

底三甲村是马屿镇梅屿社区的一个自然村。据《瑞安市地名志》记载，宋时，三甲村属于广化乡管辖，明嘉靖时为广化乡46都，光绪三十四年（1908年）为芳山乡，1946年为陶山区梅屿乡。20世纪50年代，三甲村一分为二，即外三甲村和底三甲村。2018年，三甲村与河溪村合并为瑞溪村，底三甲村成为自然村。底三甲村村民黄则强，年过七旬却依旧精神矍铄，笑容憨厚朴实，双手宽大粗糙，身穿一件朴素的蓝灰色外衫，背着装着一叠工作总结和工作思路的黑色小包。2024年12月21日，黄则强一大清早就起来了，他应邀到马屿镇农合联为农服务中心，给全国各地前来参加"未来乡村"论坛的专家介绍梅屿蔬菜专业合作社的发展经验。黄则强一到为农服务中心，就发现综合服务大厅里一派繁忙——首先映入眼帘的是墙上"最多跑一次"的宣传语。这里有人在咨询农信担保事宜，有人在购买化肥农药，有人在选购"邮乐"农品馆里的优质农产品，网红农民小英夫妇在"小英直播"带货，农技专家在"庄稼医院"现场指导，还有慕名而来的专家与学生在观看并热议马屿"三位一体"农村新型合作经济发展的图片展……
眼前的景象让黄则强不禁联想起了 20 多年前自己一手创办梅屿蔬菜专
业合作社的艰辛历程。

一　合作社资源整合能力

20 世纪 80 年代，底三甲村是个偏僻的穷山村。全村上下 1000 多名
村民散居在山旮旯里。由于山区田地资源少、交通闭塞、信息不畅，村
民们的生活十分困苦。1987 年，底三甲村人均收入仅 200 元，70 多户
村民居住在山上无力搬迁。黄则强是土生土长的底三甲村农民，小学没
毕业就下田耕作，24 岁当上生产队队长，29 岁由于工作突出被推选为
村委会主任和村支书。黄则强是底三甲村村民口中的"治穷书记"。他
带着村民下山移民、增收致富，一心想着让村民过上好日子。用黄则强
自己的话说："大家选我做村干部，我不能辜负大家，一定要帮大家增
加收入，白米饭吃个饱。"

黄则强创办梅屿蔬菜专业合作社的故事要从番茄说起。20 世纪 90
年代，温州地区开始种植番茄，底三甲村也不例外。但农户普遍采用露
天种植的方式，导致番茄上市迟、效益低。为了找准致富增收的路子，
1991 年，黄则强带领村干部到周边乡镇"取经"，并鼓励五户村民试种
大棚番茄。令黄则强没想到的是，那年冬天一股寒潮袭来，番茄苗全部
冻死了。农户们动摇了，想趁着春天到来之前，拆了番茄大棚种回水
稻。黄则强急忙将村干部召集起来商议："不能遇到一次失败就退缩，
我们一定要坚持下去，要不然村民们前期的大棚投入就都白费了。"在
黄则强的一再坚持下，农户们补种了番茄苗。到了第二年，10 多亩番
茄每亩收入 5000 多元。这在当时人均年收入只有 400 元的底三甲村炸
开了锅。原本不看好番茄种植的村民十分羡慕，纷纷加入种植大棚番茄
的队伍。黄则强的干劲更足了。他埋头钻研大棚番茄栽培技术，每天定
时通过广播向村民免费推广宣传番茄种植技术和病虫害防治经验。在

新品种栽培之前，黄则强会先在自家的大棚里试种，试种成功后再向村民推广。农户们在本地买到的大棚膜只有2米和3米的宽度，搭大棚时须事先拼好才能铺上去。黄则强特地从山东采购了4吨6米和8米宽的大棚膜。由于当时交通极其不便利，黄则强特地从瑞安赶到金华去接收新到的大棚膜。到了1994年，底三甲村的大棚番茄种植面积增加到40余亩，每亩收入达到七八千元。

随着大棚番茄种植面积的扩大，底三甲村的农户兴起了学番茄种植技术的热潮。于是，黄则强请农技人员到村里来办技术培训班，讲授番茄栽培的最新技术。每天晚稻插罢，底三甲村小学内便响起了农技专家的讲课声。技术培训班开班第一期就有53人考取了农民技术资格证书。一个小小的山村，有这么多农民考取绿色证书，这在当时可是独一无二的。为了鼓励更多的村民学习种植技术，底三甲村村"两委"给每位听课的村民补贴10元。几期技术培训班下来，梅屿乡有300多人来听番茄种植技术培训课，底三甲村村民就占了足足一半。1996年，底三甲村大棚番茄的种植面积扩大到170多亩，带动了100多户农户。

有了科技做靠山，底三甲村村民改变了几十年传统的单一种植水稻方式，开始大力发展番茄水稻轮作。番茄产量提高了，"销售难"的问题随之出现。黄则强说："以前信息闭塞。番茄集中上市时，来村子里收购番茄的就那么几个人。大家好不容易把番茄种好了，但是遭到收购商压价，农民的收入还是得不到提高。"1998年，底三甲村将近200多吨番茄由于滞销烂在田头。为了打开销路，黄则强叫来卡车把番茄拉到温州市的农贸市场叫卖。黄则强把村里种的番茄一筐筐打开，展示给收购商看。别人的番茄每斤卖一元，底三甲村的番茄就卖八角，而且番茄质量非常好。卖了几天，农贸市场的人纷纷向黄则强打听："你到底是哪个村的，番茄种得这么好？"就这样，底三甲村番茄的名气越来越响。回到村里，黄则强组建了一支销售队伍，为农户提供运输、销售一条龙服务，每斤番茄仅提成0.1元。底三甲村番茄的销路打开了，甚至卖到了浙江省外，收购价涨到了每斤 1.8 元。就这样，一种生产合作与供销合作的组织雏形开始形成。在黄则强的带领下，底三甲村富了，1998 年，村集体经济收入达 484 万元，被评为瑞安市"致富奔小康示范村"。

随着种植户数的增加，农户之间出现了内部竞争，尤其是在番茄丰收大年相互恶性压价。为了改变这种松散的合作方式，2001 年黄则强带着疑惑跑到瑞安市农业局。在农业局专家的指导和推荐下，黄则强到台州市温岭市实地考察了当地农民合作社的运行模式。回村后，黄则强将组建农民合作社的想法向村民们做了详细介绍与说明。2001 年 4 月，梅屿蔬菜专业合作社成立，是瑞安市最早成立的 4 家农民合作社之一，社员 94 名，黄则强当选为合作社理事长。在黄则强的带领下，梅屿蔬菜专业合作社不断壮大。2004 年，梅屿蔬菜专业合作社与大专院校、科研单位合作，引进以色列 FA-189、先正达倍盈等番茄新品种，每亩产量达 5800 公斤，比以前的品种平均亩产量高 1800 公斤。2005 年，社员增加到 500 多人，涉及 7 个乡镇 40 多个行政村。合作社大棚番茄注册了"强绿"牌商标，与浙江、安徽、江西、上海等地的 13 个蔬菜批发市场建立了稳定的销售关系。

随着合作社的发展，黄则强深知自己文化水平不高以及合作社对人才的迫切需求。这时，一个叫雷大锋的年轻人引起了黄则强的注意。2005 年，年仅 20 岁的雷大锋从温州农业学校蔬菜学专业毕业后，做出了和其他同学完全不一样的决定，他毅然来到梅屿蔬菜专业合作社，当起了行走在田间地头的农技员。雷大锋回忆道："大学毕业时班上共有 80 多位同学，只有三四人选择了去农村工作。"雷大锋刚到梅屿蔬菜专业合作社时，工作环境十分艰苦，没有像样的办公楼，月工资仅 1000 多元，白天跑种植基地，晚上熬夜写材料。雷大锋经常扛着相机来到田间地头。如果碰到村民的菜地遭遇病虫害或其他难题，他就拍下照片，晚上回到住处就用 QQ 传给学校的老师，请教解决办法。雷大锋的技术帮扶得到了村民的一致称赞，他与村民结下了深厚的友谊。村民们经常拉着雷大锋到田间地头看蔬菜的长势。村民们都说："雷大锋没看到，我们就不放心！"雷大锋的努力不仅给黄则强留下了深刻的印象，而且赢得了村民们的信任。雷大锋当选为梅屿蔬菜专业合作社秘书长，与黄则强一起，带领梅屿蔬菜专业合作社从单一松散的合作模式向多元紧密的合作模式发展。

为了帮助社员统购农资、降低成本，2006 年，梅屿蔬菜专业合作社依托供销社，成立了农资供应部，建成了农资仓库和蔬菜收购点。2007 年，梅屿蔬菜专业合作社建立了工厂化的蔬菜育苗中心，统一联合育苗。仅当年番茄种子发芽率就提高了 10%，成苗率提高 15%，每株育苗成本降低 0.2 元。这些番茄种苗全部按成本价供应给社员投入生产。由于种植番茄需要搭建大棚，投入费用较大。2010 年，黄则强在合作社内部筹集了 100 万元的资金互助，用于社员之间的资金调剂。2011 年，梅屿蔬菜专业合作社与另外两家农民合作社联合，成立了马屿镇汇民农村资金互助社。这是温州市第一家也是唯一试点的农村资金互助社，同时也是浙江省规模最大的农村资金互助社，被俗称为"农民银行"。梅屿蔬菜专业合作社通过信用合作解决了农户资金匮乏又缺乏贷款抵押物的难题，使农户的生产资金有了保障。黄则强担任马屿镇汇民农村资金互助社的首届理事长。2012 年，梅屿蔬菜专业合作社投入 200 万元在外三甲村建成占地面积 5088 平方米的梅屿农产品原产地交易市场。[①] 梅屿农产品原产地交易市场建成仅一年交易额就达700 多万元。2013 年，梅屿蔬菜专业合作社内部社员合股出资创办了温州万科农业开发有限公司（以下简称万科农业），形成了"农户+合作社+公司"的经营新模式，即合作社组织农户生产、万科农业负责销售

---

① 浙江瑞安已建成十大农产品产地交易市场，分别是莘塍直洛蔬菜瓜果交易市场、上望蔬果产地交易市场、阁巷榨菜产地交易市场、荆谷蔬菜产地交易市场、梅屿农产品原产地交易市场、顺泰毛芋产地交易市场、高楼大京杨梅交易市场、高楼洪地茶叶交易市场、鹿木马蹄笋产地交易市场、湖岭菜牛交易市场。其中，除湖岭菜牛交易市场是由村集体创办外，其余九家交易市场均由当地的农民合作社创办。

与品牌建设。梅屿蔬菜专业合作社定位高端蔬菜,注册了"绿印象"牌精品番茄,农产品价值提升了四五倍。2015年,中国保监会正式发文批复梅屿蔬菜专业合作社等马屿镇22家农民合作社,联合成立瑞安市兴民农村保险互助社。瑞安市兴民农村保险互助社是我国首家以农财险为主、服务"三位一体"农村新型合作经济的保险互助机构,成为政策性保险和商业性保险涉农服务的重要补充。瑞安市兴民农村保险互助社成立当日开出首张保单——梅屿蔬菜专业合作社为社员的453亩大棚番茄投保越冬冻害自然灾害风险,每亩保费108元,每亩最高保额1200元。2021年,万科农业建造了智慧蔬菜示范园,通过数字农业的自动化管理保障蔬菜的高品质。2022年,瑞安市国家级现代农业产业园建成。现代农业产业园蔬菜基地生产设施的提升,使梅屿蔬菜专业合作社的606户农户能够更好地实施高标准、新技术、强品牌的生产与经营。

梅屿蔬菜专业合作社以梅屿以及周围乡镇的蔬菜种植户、购销户为主体,从单一的生产合作发展到生产、供销、信用"三位一体"的综合性合作,有效解决了农民生产技术落后、销售难、融资难的问题。合作社成员从成立时的94户发展到762户,涉及马屿、陶山、湖岭、仙降等4个镇/街道41个行政村,基地辐射面积7000亩,带动农户4500户,年产值超过1.4亿元,平均亩产超过2万元。合作社先后获得"浙江省示范性农民专业合作社""全国百强农民专业合作社"称号,并入选农业农村部推介的九种模式24个"全国农民合作社典型案例"。[①]

---

① 2019年6月,农业农村部遴选确定24家农民合作社典型案例在全国范围推介宣传,重点关注农民合作社在党建引领、产业振兴、品牌创建、服务小农户等方面的有效做法,突出农民合作社与成员之间的利益纽带。主要分为以下九种类型:一是党支部领办扶贫类农民合作社;二是粮食规模经营类农民合作社;三是农产品加工销售类农民合作社;四是三产融合类农民合作社;五是农机服务类农民合作社;六是品牌果蔬经营类农民合作社;七是"三位一体"类农民合作社;八是"三变"改革类农民合作社;九是农民合作社联合社类。梅屿蔬菜专业合作社因坚定"三位一体"方向、提升合作社发展水平获评全国唯一的"三位一体"类农民合作社典型。

二　合作社内部治理能力

2001 年 4 月，黄则强组织梅屿乡 18 个村的 94 户蔬菜种植户成立梅屿蔬菜专业合作社。2005 年 1 月，合作社在《浙江省农民专业合作社条例》颁布实施后重新注册登记，注册资金 30 万元。有了规范的制度设计，梅屿蔬菜专业合作社不断发展壮大。梅屿蔬菜专业合作社实施"收购保护价+二次返利"的组合式盈余分配方式，即合作社与社员签订收购合同，由合作社负责统一包装、统一收购和统一销售，收购价根据市场批发价来确定。由于合作社制度设计的益贫性，梅屿蔬菜专业合作社开出的收购价格，始终略高于个体经纪人的收购价格。不仅如此，为了把更多的利润返还给社员，梅屿蔬菜专业合作社在收购保护价的基础上推出了二次返利，将市场上批发的净利润 60% 返还给社员。比如，如果番茄收购价为每公斤 2 元，在蔬菜批发市场上为每公斤 2.6 元销售，那么其中的差价为 6 毛钱。除去包装、运输等费用，假设每公斤番茄的净利润为 1 毛钱，其中 60% 即 6 分钱会返还给农户。

为了帮助社员提高抵御自然风险的能力，梅屿蔬菜专业合作社设立了风险救助基金，用于社员在蔬菜生产中遭受自然灾害后的救助。风险救助基金由社员自愿入股参与，参与成员按照蔬菜种植面积，每亩每年出资 30 元才能享有救助资格。社员筹集的风险救助基金，加上农业局拨款和慈善会救助，均存入信用社慈善会账户。资金短缺是农民在生产中遇到的最大困难。大多数农民没有抵押物，且贷款需要层层审批又受额度限制。为了破解"贷款难、担保贵"的难题，梅屿蔬菜专业合作社于 2009 年筹建资金互助社。资金互助社按照"组织封闭、对象封锁、上限封顶"的原则运营。按规定，社员入股最多不超过总股份的20%，最少 200 元/股。社员贷款分两种情况：一种是无股金的社员贷款，根据贷款金额的不同，需要 3～5 人联保，期限为一年；另一种是有股金的社员贷款，以股份担保，按股金 1:1 贷款，也可借用其他社员的股金抵押，即内部股金可以互相抵押。2011 年，梅屿蔬菜专业合作社联合其他两家合作社，组建了瑞安市马屿镇汇民农村资金互助社，拥有社员 799 名，注册资金 500 万元，是浙江省规模最大的农村资金互助社。该互助社经浙江省银监局批准，实施封闭运作，为互助社社员提供存款、贷款、结算等业务，帮助入社社员发展生产、增加农民收入。据初步测算，互助社每 10 万元农业贷款可以为农民增加收入 600～700 元。

2015 年，经中国保监会正式许可，梅屿蔬菜专业合作社同 22 家农民合作社筹资组建了瑞安市兴民农村保险互助社。该互助社是全国首家体现"三位一体"内涵的保险互助组织，也是温州地区第一家民营保险法人机构。尽管注册资本仅 100 万元，营运资金为 500 万元，但瑞安市兴民农村保险互助社紧紧围绕农业生产领域开展农产品保险、农产品货运保险和农户小额贷款保证保险三大险种，分别对应生产合作、供销合作、信用合作，为农户生产经营撑起了"保护伞"，让众多农户从中受益。瑞安市兴民农村保险互助社建立社员大会、理事会、监事会和总经理制度，实行民主管理、共同监督，程序公开透明。瑞安市兴民农村保险互助社坚持非商业化运作，以全体社员利益最大化为经营目标，不以营利为目的。建立"二次返利"制度，盈余由全体社员分享，不仅不赚农民的钱，还能帮农民赚钱。农户通过缴纳会费入社，参与互助社的经营管理，既是客户，又是主人。农户既是投保人，又是保险人，相互知根知底，降低了因信息不对称导致的逆向选择和道德风险。瑞安市兴民农村保险互助社与瑞安农商银行展开合作，面向农民合作社、农户、家庭农场以及农业创业大学生推出了强农系列、惠民系列、富农系列等多个为农特色的信贷产品。

三 合作社生产加工能力和市场营销能力

梅屿蔬菜专业合作社从底三甲村这个小小的"番茄村"起步，从最初的生产合作和供销合作到生产合作、供销合作、信用合作"三位一体"联合。如今，除了大棚番茄，梅屿蔬菜专业合作社农产品种类增加到了扁豆、黄瓜、茄子、白菜、玉米等十多种蔬果。合作社成为浙江省温州市最大的常年蔬菜生产基地，年产蔬菜的60%供应温州地区，是温州名副其实的"菜园子"。

梅屿蔬菜专业合作社采用统一农资供应、统一联合育苗、统一使用新品种、统一生产种植、统一技术培训、统一产品检测的"六统一"标准化生产方式，真正实现了农户间的生产合作。合作社成立农资供应部并修建农资仓库，以帮助社员统一购买农资、减少生产成本。农资供应部还专门设立了回收站，回收处理农药包装和统一处理残留农药，以防止基地土壤和水源的二次污染。合作社建立育苗中心统一联合育苗，大大提高了种子发芽率和成苗率，并降低了每株育苗成本。合作社培育的种苗全部按成本价供应给社员投入生产。合作社生产基本实现了农业大棚全覆盖，其中钢管大棚3000多亩、普通大棚4000余亩，为社员种植保收提供了保障。合作社向社员推广番茄嫁接育苗技术，解决了番茄土传病害问题。红宝石番茄品种的推广不仅提高了番茄品质，还使番茄亩产提高了10%以上。合作社推进农业"机器换人"，耕地、种植、收割实行全程机械操作，减少人工投入，提高产量和效益。通过机械化作业，合作社生产实现了每亩降低成本500余元。合作社引进智能水肥一体化控制系统应用于番茄、丝瓜等作物的种植。智能水肥一体化控制系统能实时监测农田的土壤湿度、作物生长情况、气候情况等来精准调控灌溉和施肥，并通过智能算法分析为社员提供合理的灌溉施肥方案，以减少水肥浪费和环境污染、提高作物产量和质量。2021年，合作社争取到政府补贴，启动智能数字化生产基地建设，轻触手机便可调节环境参数。智能数字化生产基地的玻璃大棚内实行智慧化管理，不论天气如何变化，都能保证蔬菜的高品质。智慧大棚一年可以包揽百万株蔬菜的育苗、生长与采摘。仅番茄的生长周期就从4~6个月延长到了 10~11 个月。2022 年，瑞安市国家级现代农业产业园通过验收认定。该现代农业产业园大力建设农田提标改造，其中蔬菜基地生产基础设施提升 2000 亩。蔬菜基地生产基础设施的提升使梅屿蔬菜专业合作社606 户农户能够做大做强蔬菜特色产业，农户平均收入高于瑞安市平均收入的 30%，联农带农效果显著。

针对传统蔬菜保鲜期短、储存难、附加值低的产品特性，2013 年，梅屿蔬菜专业合作社部分社员出资成立了瑞安万科农业开发有限公司，以"合作社+公司"的产业化经营模式向蔬菜加工业延伸。次年，万科农业投入 300 多万元从德国引进净菜设备并建造净菜加工车间，来降低新鲜蔬菜采摘后的损失率并提高产品附加值。净菜加工车间内工作人员须身穿专门的工作服，净菜设备每天进行臭氧消毒，自来水必须经过净化且达到饮用水标准后才能用于清洗蔬菜。万科农业成为温州唯一通过 SC 体系、HACCP 体系认证的净菜生产企业。有了丰富的净菜加工经验，2021 年，万科农业投资 6000 万元建设 9.2 亩的预制菜加工园区。园区内设有智能温室、智能冷库、恒温净化生产车间、智能自动流水线、食品检测中心等，实现了清洗、甩干、分拣、包装、冷藏等生产全过程的无菌化。为了满足消费者追求便捷的市场需求，万科农业还开发了微波烹饪食品以进一步提高农产品附加值。玉米、毛芋、番薯在微波炉里热一下即可食用，丝瓜、蒲瓜、芹菜、菠菜在微波炉里加热后倒点调料就很健康美味。2022 年，万科农业建设了面积达 13000 平方米的冷链加工车间。

解决农产品"卖难"问题是梅屿蔬菜专业合作社成立的初衷。合作社成立后不久，就组织村里几个点子多、思路活的青年人，自建销售队伍到全国去跑市场，依托合作社的平台抱团议价。遇到番茄市场低迷时，合作社销售队伍向各地"撒网"，终于找到中间商将番茄销售到新疆乌鲁木齐，及时解决了滞销问题。合作社与浙江、安徽、江西、上海等地的十余个蔬菜批发市场建立起销售关系，实现了"农市对接"。2012年，由瑞安市供销联社牵头、马屿镇供销社参股，梅屿蔬菜专业合作社核心社员组建了瑞安市友联果蔬专业合作社，利用供销社的优势拓宽销售渠道。温州当地不少知名企业直接上门向合作社下订单。"农企对接"销售渠道的开拓减少了农户盲目种植的风险。合作社牵头建设的梅屿农产品交易市场，是温州市首个农产品原产地交易市场，提供批发、团购、配送等服务，直接受益农户达3300多户，年交易额达2100多万元。

2013年，社员出资成立了瑞安万科农业开发有限公司负责配送、销售和品牌建设，以"合作社抓生产+万科农业抓营销"的产业化经营新模式促进了生产合作和销售合作的升级。社员种植的蔬菜由合作社以市场指导价统一收购，检测合格后整理、分装，由万科农业按照不同的企业、不同的配送路线，分批装车之后直接进行配送。万科农业建成蔬菜配送包装市场5000多平方米，实现冷链配送圈300公里，与温州、瑞安、平阳的数十家单位达成了蔬菜定向配送合作，甚至销往上海、杭州等地，年冷链配送销售额近2000万元。万科农业注册了"绿印象"牌精品蔬菜。合作社生产的番茄、胡萝卜、红椒、黄瓜、茄子上均贴着印有"绿印象"字样的标签并附二维码。消费者扫扫二维码，就能获得农产品的生产基地、农事操作、检测方法等信息。为了打开精品蔬菜的市场，万科农业严格对标蔬菜供应商要求，逐项整改了厂区道路、积水可能、虫害控制等指标。万科农业对接万象城、华润Ole、华润万家等精品超市，上架品质口感上佳的精品蔬菜和色拉菜。亩均产值从7500元提高到32000元，提升了3倍以上。利用合作社能生产多达56种精品蔬菜的优势，万科农业推出了属于高端订制范畴的"周菜"预订模式，即每周五通过订购方式，为客户配送一周的蔬菜。

2018年，万科农业与广东润蕊贸易有限公司达成战略合作协议，长期向香港地区供应番茄、芹菜、花椰菜等优质精品蔬菜。首批3万斤"绿印象"牌番茄以高于当地收购价的30%运往深圳港口，经检测后发往香港。同年，万科农业与中国极地研究中心签订了配送合同，为远航科考人员供应安全放心蔬菜。1 万多斤梅屿蔬菜装上"雪龙"号极地科考船，为第 35 次南极科考的科学家提供蔬菜补给。中国极地研究中心对农产品质量要求极高，提供的蔬菜必须确保新鲜、卫生、无污染，并且提供相关检疫检验报告。此次供应的蔬菜有毛芋、山药、苦瓜、番茄等，都是经过精挑细选、适合长期储存、耐严寒的应季蔬菜品种，且全程按无公害、无污染要求种植。万科农业还为登船蔬菜定制了特殊的运输存储包装。这些存储包装不仅能叠能放，还可以隔水、保鲜。万科农业计划在下一个批次提供小批量净菜产品上船，进行储存试验并形成技术反馈，查看净菜在极端气候下的保鲜度。

四 合作社服务带动能力

梅屿蔬菜专业合作社从最初单一的生产服务到标准化生产服务、品牌化销售服务、互助式金融服务相结合的"三位一体"帮扶，从大棚番茄到累计销售 56 种蔬菜，并带动 5162 亩的大棚番茄基地与 3300 亩的沿江蔬菜基地的种植，成为社员和周边农户从事蔬菜生产的"靠山"。合作社成立农资供应部为社员提供农资统一采购服务，降低社员购买生产资料成本的同时避免了社员买到假农药的风险；为了克服农户"单打独斗"生产效率低的弊端，合作社为社员提供统一标准生产、统一技术培训、统一产品检测等服务，确保农产品从育苗、移栽到施肥、用药、采摘等生产全过程的质量安全。合作社为社员提供种植技术指导，组织蔬菜新品种与新种植模式、蔬菜基地建设规范与生产布局、病虫害识别及无公害治理等技术培训和技能分享。每当社员菜地遇到病虫害等技术难题时，合作社蔬菜学专家总会及时传授防治方法，为农户挽回经济损失。走进合作社种植基地，一派生机盎然，时令蔬菜长势喜人——西红柿挂满藤蔓、生菜青翠欲滴、黄瓜与豆角竞相吐翠。合作社为社员提供统一收购服务，以"收购保护价+二次返利"的形式保障社员经济利益。合作社收购价在市场批发价的基础上提升 20%，市场批发价上涨则合作社也涨价收购，如遇市场不景气则按照高于个体经纪人收购价的保护价来收购社员农产品。同时，合作社推出了"二次返利"，即将蔬菜在市场上批发所产生净利润的 60% 返还给社员，实实在在地增加了农户收入。通过"二次返利"，社员生产除去种子、肥料、塑料薄膜以及钢管折旧等费用，可额外获得每亩 1000 元左右的分红。

由于单个农户市场议价能力弱，梅屿蔬菜专业合作社组织社员统一销售农产品。合作社从最初自建销售队伍跑市场，到牵头建设蔬菜交易市场，再到采用"合作社+公司"的产业化经营模式统一销售精品蔬菜以提升农产品附加值。2013 年，合作社出资成立了瑞安万科农业开发有限公司，由其负责统一配送、统一销售和统一品牌建设。合作社从既抓生产又抓销售的传统模式转型为只专注于农产品种植，而将万科农业作为农产品营销与附加值提升的平台。在梅屿蔬菜专业合作社，社员们纷纷说："以前种的东西要么卖不上好价，要么找不到销路。现在不同了，我们只需安心种地，后面的事交给万科农业来干，挣的钱也比打工还多。"万科农业主抓蔬菜品牌建设，将合作社生产的精品蔬菜定点配送到政府、医院、学校、知名企业的食堂以及超市，配送毛利润达 20%~30%。同时，万科农业通过建立质量监控追溯机制实行订单生产，并推出了"二次返利"，社员农户收入增幅达 30% 以上。

梅屿蔬菜专业合作社发展互助式金融，利用信用合作解决社员的融资之困。合作社设立风险救助基金，由社员按照种植面积自愿入股参与，主要用于社员在蔬菜生产中遭受自然灾害后的救助、风险补偿及业务担保。梅屿蔬菜专业合作社发起组建瑞安市马屿镇汇民农村资金互助社，开展社员内部资金互助，注册资金为 500 万元，主要为社员提供各种金融服务，累计发放互助金 6.25 亿元，扶持种植大户上百户，扩大经营规模 4000 多亩。梅屿蔬菜专业合作社联合其他 21 家农民合作社共同出资创办瑞安市兴民农村保险互助社，围绕农业生产经营领域开发农产品保险、农产品货运保险和农户小额贷款保证保险三大险种，分别对应生产合作、供销合作、信用合作，为农民扩大再生产提供了资金保障和信用担保。[①]

梅屿蔬菜专业合作社不仅为社员提供生产合作、供销合作、信用合作"三位一体"的服务，而且发挥合作社的益贫性，为周边困难农户提供劳动岗位、技术信息、产品销售等方面的服务，带动低收入农户共同增收致富。合作社向困难农户免费提供大棚膜、化肥、农药、嫁接种苗等农资，定期上门开展生产技术和农用技术培训，以提升困难农户的种植技术水平，帮助他们自主创业、勤劳致富。合作社近五年共帮助43户困难家庭提高了收入，增幅小的每户每年增收达5000元，增幅大的每户每年达16000元，帮扶效果明显。合作社还组织慰问困难老人，送去时令蔬菜和水果。作为瑞安市慈善总会助农扶贫的组织载体，梅屿蔬菜专业合作社为困难农户发放无息助农贷款，使更多困难农户受益并实现增收。合作社关爱老年人，出资支持村里居家养老服务中心的运营，开办养老农场为村里的老年人提供一个空气清新、舒适安全、健康自然的生活与适度劳动的环境。梅屿蔬菜专业合作社推行农业绿色发展方式。合作社蔬菜基地内，实施蔬菜秸秆等废弃物无害化处置和肥料化综合利用。为了改变农户直接露天焚烧垃圾导致环境污染的做法，合作社将村里收集来的厨余垃圾加上粉碎后的作物秸秆，经过酵素处理混合发酵成有机肥，用于土壤改良。酵素生态农业利用生物酶系调动并调节农作物自身正常生理生化反应，激发农作物机体自然免疫力，不仅能实现农作物最大生产潜能和农产品最佳质量，而且能促进耕地质量的提升和化肥的减量增效。

[①] 2008年，《中共中央关于推进农村改革发展若干重大问题的决定》首次明确提出，"鼓励发展适合农村特点和需要的各种微型金融服务""允许有条件的农民专业合作社开展信用合作"。

五 案例启示

梅屿蔬菜专业合作社的发展是一个从农户生产的"小合作"到农民合作社实现生产合作、供销合作、信用合作"三位一体",引领小农户与现代农业发展有机衔接、迈向物质和精神共同富裕的典型案例。梅屿蔬菜专业合作社从开拓市场和保障农民利益出发,自下而上不断发展,展现了极强的生命力。合作社从 2001 年创办至今,在发展的过程中始终坚持"为成员服务"的组织宗旨,不断提升服务带动能力并优化合作社运营模式,辐射带动周边 3500 户农户致富。社员、基地的现代农业技术水平、市场竞争能力以及抵御市场风险、自然风险能力越来越强。从该案例中可以得到以下三点启示。

第一,发展农民合作社、建设农业强国,人才是关键。职业农民是农民合作社等新型农业经营主体的基础。世界上几乎所有农业强国都十分注重职业农民的培育。党的十八大以来,农村职业农民队伍的建设受到党中央的高度重视,把吸引年轻人务农、打造农村职业农民队伍、培育高素质农业生产经营者作为加快培育新型农业经营主体的核心任务。中国农民合作社的发展,亟须支持合作社带头人的成长与创新创业,提高其生产经营能力、服务带动能力和规范治社能力。鼓励高等院校,特别是农业职业院校的毕业生返乡创业,让富有现代经营理念、怀揣创业梦想、了解新消费需求的"新农人"加入农业强国建设中。20多年前,为了带动农民增收致富,时任底三甲村村支书的黄则强鼓励村民改变以往单一种植水稻的模式,种起了大棚番茄,并创办了梅屿蔬菜专业合作社。在合作社的带领下,底三甲村成了远近闻名的"番茄村",农户的腰包越来越鼓、日子越过越甜。黄则强深知自己文化水平不高,合作社的发展亟须引进有文化、有技术的年轻人。2005 年,温州农业学校蔬菜学专业毕业的大学生雷大锋来到梅屿蔬菜专业合作社工作。雷大锋懂技术,一到合作社就去田间地头,帮助农户解决病虫害难题并推广育苗技术；雷大锋善创新，组建万科农业，以"合作社+公司"的产业化经营新模式带领社员和周边农户共同增收致富；雷大锋爱农业，合作社每个社员家在哪里、有多少亩地、地里蔬菜长势如何，这些他都一清二楚。2014 年，雷大锋当选为梅屿蔬菜专业合作社秘书长，成为合作社的二代"掌门人"。2020 年，雷大锋荣获共青团中央和农业农村部共同授予的"全国农村青年致富带头人"称号。如今，年过七旬的黄则强从梅屿蔬菜专业合作社理事长的位置上退了下来，但依然担任合作社顾问、万科农业经理助理、汇民农村资金互助社监事长等职务，继续为合作社"三位一体"全面发展发挥余热。他还打算组织由农业专家、农业退休干部等组成的团队，为农民合作社的发展提供决策论证服务。

第二，发展"三位一体"新型合作经济，引领农民加快建设农业强国。组织引领小农户与现代农业发展有机衔接是农民合作社的首要功能，联农带农、加快建设农业强国是"三位一体"农村新型合作经济发展的主要目标。农民合作社是"三位一体"农村新型合作经济的组织载体。无数农民合作社像梅屿蔬菜专业合作社这样从单一生产"小合作"走向规模更大、功能更强、服务更全的"大联合"。2006 年1 月，时任浙江省委书记的习近平在全省农村工作会议上首次提出建立生产、供销、信用"三位一体"农村新型合作经济体系的构想。同年12 月，习近平参加浙江省瑞安市召开的全省发展农村新型合作经济工作现场会，充分肯定了瑞安"三位一体"探索经验。2017 年中央一号文件明确提出，积极发展生产、供销、信用"三位一体"的综合合作。① "三位一体"农村新型合作经济是指，以统分结合农业双层经营体制改革为主线，以新型农业经营主体发展为动力，以农业社会化服务转型提升为重点，以生产、供销、信用综合合作和协同服务为目标的农

---

① 《中共中央 国务院关于深入推进农业供给侧结构性改革 加快培育农业农村发展新动能的若干意见》。

村综合改革。浙江省"三位一体"农村新型合作经济发展走在全国前列。2006年，浙江省"三位一体"改革以农村合作协会为载体，联合发展生产服务、供销服务、信用服务。之后，为了强化生产、供销、信用服务协调机制，以农民专业合作社联合社、农产品行业协会为载体，开展"三位一体"农村新型合作经济试点。2015年，浙江省委、省政府印发《关于深化供销合作社和农业生产经营管理体制改革构建"三位一体"农民合作经济组织体系的若干意见》，实施以农民合作经济组织联合会（以下简称"农合联"）为载体的"三位一体"改革顶层设计。各级供销合作社、农商银行作为主要服务供给者，全面加入同级农合联。各级供销合作社同时作为同级农合联的执委会，承担农合联的日常运行职责。瑞安是"三位一体"农村新型合作经济发展的始源地。瑞安市农合联将新型农业经营主体和各类为农服务组织联合起来，按区域划分建立现代农业服务中心，将各类农业社会化服务组织"各自为政"的"小服务"整合成"协同作战"的"大配套"。现代农业服务中心倡导涉农事项"最多跑一次"，为农民提供产权交易、展示展销、金融支撑、信贷保险、会员服务等一系列通用型农事服务。瑞安市农合联还按产业分类，搭建产业农合联，为农民提供农资供应、农机服务、农技推广、统防统治、产品收购、产品包装、质量检测等与产业相关的专业性生产服务。瑞安市共组建稻米、花椰菜等五大产业农合联，建成浙南最大的连片粮食生产功能区、全国特大冬季花椰菜种植基地。针对农产品精品多、产量少、产地散的区域特点，瑞安市农合联实施品牌化营销，培育了区域公用品牌"云江丰味"系列、国家地理标志产品"温郁金""清明早"，"绿印象"牌精品蔬菜登上了南极科考船。为了纾解资金难题，瑞安市农合联牵头成立农信担保公司，为农民合作社、家庭农场、农业龙头企业等提供贷款担保。

第三，经济绩效、社会绩效和生态绩效并重，实现物质富裕、精神富裕和生态富裕。梅屿蔬菜专业合作社通过生产合作、供销合作、信用合作"三位一体"综合能力的提升，不但获得了规模经济、减少交易成本、降低交易不确定性的经济绩效，而且联农带农、增收致富。作为互助性的经济组织，梅屿蔬菜专业合作社利用合作社制度特性和天然的信任优势，带动周边困难农户共同富裕、修建农村基础设施、创办村民食堂、关爱老年人，实现了社会绩效。不仅如此，梅屿蔬菜专业合作社践行绿色农业生产，以提高合作社生态绩效，在种植过程中实行"六不用"，即不用农膜、不用转基因、不用激素、不用除草剂、不用化肥、不用农药，生产健康安全的农产品。合作社积极动员社员参与零污染村庄治理，无害化处置农业废弃物、制作环保酵素、实施垃圾分类。如今的底三甲村山清水秀、村容村貌干净整洁。村里合作社培训学堂墙上刷着《道德经》中"一村一天堂"的原文，充分反映了村民们物质生活丰沛、精神生活富裕、社会自然安定的美好生活。①

案例四　数字赋能农业社会化服务——德清先锋农机专业合作社②

德清县为浙江省湖州市辖县，取名于"人有德行，如水至清"。德清县地理位置得天独厚，东望上海、南接杭州、北靠环太湖经济圈、西枕天目山麓，位于美丽富饶的沪、宁、杭金三角的中心。德清县地处亚热带季风区，气候温和，降水充沛，四季分明。境内的莫干山虽不及泰岱之雄伟、黄山之神奇，却以独具魅力的江南山水神韵——竹、云、泉"三胜"和清、静、凉、幽"四优"闻名，享有"清凉世界"的美称。德清县地处长江三角洲杭嘉湖平原西部，素有"名山之胜，鱼米之乡，

① 引自《道德经》第八十章"一村一天堂"：小国寡民。使有什伯之器而不用。使民重死而不远徙。虽有舟舆，无所乘之；虽有甲兵，无所陈之。使民复结绳而用之。甘其食，美其服，安其居，乐其俗。邻国相望，鸡犬之声相闻，民至老死，不相往来。

② 案例来源：笔者2024年10月在浙江德清的实地调研。感谢湖州市农业农村局和德清先锋农机专业合作社提供的有关资料。

丝绸之府，竹茶之地，文化之邦"的美誉，是浙江省和全国的粮食、蚕茧、淡水鱼虾、龟鳖、毛竹、茶叶的主要产区和重要生产基地，德清大米、莫干黄芽茶、黑里俏黑鱼、山伢儿早园笋、水精灵青虾等名优农产品驰名海内外。德清县西部低山区以红壤为主，植被主要有竹、茶、松、衫、果等，以竹类植被为主。德清县东部以水稻土为主，土层深厚、养分丰富，80%以上的耕地是旱涝保收的高产田，以种植粮油作物为主。德清县是农业农村现代化强县，在浙江省农业现代化发展水平综合评价中，德清县六年蝉联全省 82 个县（市、区）第一。① 德清县加快建设粮食生产功能区和现代农业园区，推进农业农村现代化进程；加大与省内涉农高校、科研院所的合作力度，深化现代农业产学研联盟平台，提升农业农村现代化水平；强化农产品质量安全监管，健全诚信体系，提高农产品质量安全水平。德清县创建国家级农产品质量安全县，主要农产品检测合格率达到 99% 以上。德清县开展"讲道德 更健康"诚信农产品工程，成立浙江省首个以诚信为宗旨的农产品联盟，将道德元素融入农产品安全监管。从效益农业到生态农业、智慧农业、美丽农业，德清县走出了一条高效、生态、安全的农业农村现代化道路。"稻鳖共生""稻鱼共生"循环种养、"空中西瓜"智能种植、无人机智能植保、物联网精准管理、以旅促茶风情农庄……围绕加快建设农业强国的核心目标，德清县在农业"双强"、乡村建设、农民共富三方面发力。② 实施科技强农、机械强农，坚持走高效生态农业发展的路子，突出提高农业生产效率和效益导向，以数字化赋能为牵引，争创农业高质高效、农民持续增收的农业农村现代化样本。

---

① 浙江省农业农村厅自 2013 年开始，每年发布《浙江省农业现代化建设进程综合评价报告》，参照农业产出水平、要素投入水平、可持续发展水平等三大系统 11 个子系统和 26 项指标，测度全省 82 个县（市、区）的农业现代化水平。

② 《浙江省人民政府关于印发浙江省实施科技强农机械强农行动大力提升农业生产效率行动计划（2021—2025 年）的通知》，浙江省农业农村厅网站，http://nynct.zj.gov.cn/art/2022/3/16/art_1229559012_2396923.html。

德清是"稻米之乡"，早在良渚文化时期，稻作文化就已经十分成熟。太湖流域的先民以智慧开渠排水、用勤劳培土造田，成就了"苏湖熟，天下足"的丰产历史。得天独厚的自然条件、极少的自然灾害，使德清成为名副其实的水稻优质产地、长三角地区优质粮源供应基地。每当水稻成熟飘香时，金黄色的稻田与线条优美的田埂便构成了一幅精彩绝伦的乡村秋景图。德清大米属南粳系列品种，不仅产量高，而且米香四溢、口感细腻软糯。德清县水稻种植"藏粮于地"。作为浙江省首个闭坑矿地综合开发利用试点县，德清县大力推进废弃矿山复垦耕地，以"削峰填谷""表土剥离""移土培肥"三步走的施工方法打造优质水田。复垦后，农户每年租金可达800元/亩。复垦新增的稻田种植水稻，亩产可达1200斤。仅乾元镇城北村千亩方山区块复垦项目，每年可为国家增收粮食120万斤。除矿山复垦外，德清县实施"百千万"亩方永久基本农田集中连片整治工程。[①] 通过耕地功能属性恢复、农田基础设施配套，将零碎的耕地整合成现代化、规模化的高标准农田，形成布局连片、设施完善、生态美丽、适合规模种植和现代农业生产的永久基本农田保护区。德清县水稻种植"藏粮于技"。采用"工厂化育秧+机械化种植"的生产模式，降低劳动强度、节约人力成本、提高生产效率。德清县是全国第二批基本实现主要农作物生产全程机械化示范县，主要农作物综合机械化率达88.89%，水稻耕种收综合机械化率达到93.6%。农技人员经常来田间地头送技术，实地指导品种选择、栽培技术、病虫害防治等。地理信息和人工智能技术赋能水稻生产是德清县现代农业的一大优势。德清县是全国地理信息产业集群度最

---

① "百千万"亩方是指"百亩方、千亩方、万亩方"永久基本农田集中连片整治工程。该工程旨在通过集中连片整治，解决耕地细碎化问题。同时，提高耕地质量，实现永久基本农田的规模种植和高质量保护。具体为：百亩方项目整治后集中连片耕地不少于500亩，一年之内完成；千亩方项目整治后集中连片耕地不少于1000亩，3000亩以上项目可分期实施，原则上不超过两年完成；万亩方项目整治后面积10000亩，其中集中连片耕地不少于7000亩，原则上不超过两年完成。

高的区域，莫干山高新区的地理信息小镇吸引了国内外 170 余家地理信息企业落户发展，形成涵盖数据获取、处理、应用、服务的完整产业链。利用高精度的地理信息技术，如无人机、遥感技术、云计算等，建立智慧农业大数据平台服务现代农业，让农田地理信息管理、农情监测、农机调配、农事活动、耕种人员管理，实现信息化、数字化、智能化。德清县在水稻品种选育和开发上下足功夫，引进种植了节水旱稻、不施肥打药的河面稻、美观生态的彩色稻。德清县与水稻科研机构、高等院校、种业企业建立产学研合作，因地制宜推广"稻鸭共生""鳖稻共生""稻虾轮作""稻菜轮作"等"稻+N"循环种养模式，实现"一田双租、合作互补、生态循环、稳粮增效"的高效生态农业生产。全县化学氮肥施用量减少 6.5%，化学农药施用量减少 9.3%，畜禽粪便无害化处理和资源化利用率达 100%。良田良制并举、良种良法配套、农机农艺融合，2024 年德清县早稻亩产达 571.9 公斤，创湖州早稻测产最高纪录。

一　合作社资源整合能力

德清县洛舍镇东衡村的百亩稻田中，有一个忙碌的身影——她就是德清先锋农机专业合作社理事长费颖儿。2017 年，费颖儿从原单位退休。出于对"三农"事业的热爱和对丈夫农机服务工作的支持，费颖儿组建了德清先锋农机专业合作社。合作社成立之初，整合社员自有农机装备共 250 台套农机具，供合作社统一调配使用。同时，合作社投入 130 万元，购置了多台新式农机具，在德清县开展农机社会化服务。费颖儿潜心钻研农业、农机与合作社运营管理知识，带领德清先锋农机专业合作社逐步发展壮大。目前，合作社拥有场地面积 4500 平方米，其中机库面积 2000 平方米，各类先进农机设备共 330 台套，包括植保（播撒）无人机、80 马力以上拖拉机、旋耕机、高速插秧机、高性能联合收割机、自走履带式耕作机、机动喷雾机、农用北斗终端、粮食烘干机、碾米成套设备等，农机固定资产原值达 1885 万元，是一家设施装备完备、服务链条齐全、要素保障有力、运营管理规范、经营效益显著的农民合作社。德清先锋农机专业合作社先后被评为湖州市平安建设模范单位、浙江省农机合作社示范社、全省十佳农机专业合作社等。2021 年，全国农业社会化服务创新试点单位名单公布，湖州德清先锋农机专业合作社入选全国农业社会化服务创新试点组织。① 费颖儿荣获"德清县最美农机手""德清县三八红旗手""浙江省粮食增产保供成绩突出先进个人""全国最美农机合作社理事长"等称号。

德清县洛舍镇东衡村素有"半山半水，半读半耕，半乡半市，半武半文"之八半村美誉，历史文化底蕴深厚，是"楷书四大家"赵孟頫与妻子管道升的隐居地。20 世纪末，东衡村是远近闻名的矿村，这里开采的大量石材销往上海、杭州等地。村里共有 18 家矿山企业，前后挖空了 50 余座山头。村民们虽然通过卖石材致富了，但绿意盎然的小丘陵没有了，多了成百上千个因挖矿留下的深坑。"晴天一身灰，下雨一脚泥"就是放炮挖石导致生态破坏的真实写照。2009 年，东衡村下决心关停了所有矿场，采用矿坑回填的方式展开农村土地综合整治。回填矿坑中的 2000 多亩被复垦成耕地种植水稻，680 亩打造"中国特色钢琴小镇"，700 多亩修建"众创园"，为周边钢琴及木皮小微企业提供产业孵化场所。如今的东衡村，粮丰水美、产业兴旺，从"琴、矿、游、园、改"五方面推进农业农村现代化，形成了农文旅深度融合。

---

① 党和国家历来重视农业社会化服务的发展。从 2012 年中央一号文件强调"提升农业技术推广能力，大力发展农业社会化服务"开始，连续 13 年提出关于发展农业社会化服务的要求。2020 年中央一号文件提出，健全农业社会化服务体系是稳定粮食生产的重要途径。2021 年，农业农村部发布的《关于加快发展农业社会化服务的指导意见》中指出，发展农业社会化服务是立足"大国小农"国情，实现中国特色农业农村现代化的必然选择。2022 年中央一号文件聚焦小农户，加快发展农业社会化服务，支持对多主体发展生产托管服务，提高种粮综合效益。2023 年中央一号文件提出实施"农业社会化服务促进行动"。2024 年中央一号文件提出，以小农户为基础、新型农业经营主体为重点、农业社会化服务为支撑，形成适合现代农业发展的生产经营队伍。

东衡村发展优质水稻种植、桑黄玻璃大棚种植、鱼菜共生等高科技农业项目，利用废弃矿山回填平整出的土地发展钢琴产业，挖掘孟頫文化和尚书文化建设旅游景区村庄，村集体经济总收入连续七年超过 3000 万元，入选德清县强村富民乡村，并成为首批国家农村产业融合发展示范园。德清先锋农机专业合作社是东衡村矿山复垦的主力军，费颖儿带领合作社社员承包了 1850 亩矿山复垦地。由于新填复垦地肥力不足，费颖儿虚心向当地农业专家请教。通过"少吃多餐、配方增肥、预防流失"等办法提升土地肥力。通过土地的平整、农田设施的改造、土壤改良，发展水稻种植，合作社水稻亩产量达 1500 斤。

德清先锋农机专业合作社由德清县 16 家从事水稻种植的家庭农场组建成立，形成了"家庭农场+合作社"农机共享的社会化服务新模式。在德清县，家庭农场是水稻种植、粮食稳产保供的主力军。加入德清先锋农机专业合作社的家庭农场占德清县水稻种植家庭农场的 80%，承包的水田面积占德清县水田面积的 2/3，服务面积达德清县水稻种植面积的 90% 以上。耕整、育秧、插秧、防治、收割、烘干、秸秆处理全程机械化作业是提高水稻生产效率、降低劳动强度、节约生产成本、提升生产效益的关键。家庭农场水稻种植全程机械化生产面临购机成本高昂、使用维修费用大、农机手紧缺、农闲时机械闲置等一系列问题。德清先锋农机专业合作社联合水稻种植家庭农场组成利益共同体，以合作社为依托，整合各主体间的农机资源实现共享，解决单一家庭农场开展机械化生产成本高、机械利用率低、作业质量不稳定的弊端，是传统农业社会化服务模式基础上的一种制度创新。德清先锋农机专业合作社利用合作社的制度优势，盘活存量农机资源、整合更大范围的耕种管收加等农业社会化服务，破解单一家庭农场、农户等农业生产主体"做不了、做不好、做了不划算"的共性难题。家庭农场通过加入合作社，统一开展水稻种植规模化机械生产，不仅可以获得粮食增产的收益，还可以获得合作社开展农业社会化服务的盈余分配，真正实现了农机共享利用、生产效率提升、农业节本增效、农民增产增收。

二　合作社内部治理能力

德清先锋农机专业合作社不断健全内部治理机制，制定了利润分红、财务管理、资金管理、机械管理、机具调配等一系列规章制度，实施规范的机械台账、作业档案、维修维护记录等科学的档案管理，做到各项活动有章可循、有据可查。合作社注重专业技术人才队伍建设，引进农机专业大学生3名、聘请农机专家3名，每年组织操作人员在季节性作业之前进行技术培训，并定期参加省、市、县举办的各类农业技术培训。目前，合作社已有12人获得新型职业农民资格证书，20人持有农机驾驶证，8人持有农机维修工资格证书，12人持有植保无人机操作证书。合作社农机上牌率、检验率及驾驶人员持证率均达到100%。合作社经济纠纷与生产安全事故零发生。合作社社长保持服务质量零投诉。

三　合作社生产加工能力

德清先锋农机专业合作社围绕粮食生产的耕作、播种、插秧、植保、收割、烘干等环节，为农户提供优质高效服务。合作社成立了农机作业服务中心、农机维修中心、粮食烘干中心、大米加工中心、农业培训中心、信息化管理中心，为社员及农户提供全程机械化作业服务。

德清先锋农机专业合作社成立前，农业机械装备远远不能满足粮食生产需要。以水稻收割为例，每1000亩需配置联合收割机一台。德清县实际拥有可使用的联合收割机总共只有20台，每年在水稻收割季节只能引进外地的联合收割机在本地作业，且在收割时间上得不到保障。德清先锋农机专业合作社成立后，先后配备了乘坐式高速插秧机6台、高性能联合收割机6台、自走履带式耕作机3台、植保无人机11架、机动喷雾机20台等各类新式农机。植保飞防作业面积达到德清县水稻面积的 80%，大大推进了规模化粮食生产。合作社组建的植保飞防服务队，开展精准植保、施肥及播种，有效避免了漏喷、漏施、漏播现象，促进农药化肥的"双减"，日作业能力达 2000 亩。通过高效率、低成本、优质量服务，让种粮农户省心省力又省钱。以植保无人机为例，100 亩农地的播种任务不到两个小时就能完成，而在以前则需要六七个工人劳作一整天才能完成。植保无人机已成为现代农业生产的主要农业机械装备。德清先锋农机专业合作社的粮食烘干中心为农户提供高标准烘干服务，单批次烘干能力达 400 吨，烘干后的稻谷达到中储粮直属粮库收购标准和杂质免检稻谷标准。粮食烘干中心里设有 38 台高大的粮食烘干机，持续进行全自动一体化的稻谷烘干工作。一台粮食烘干机能在 30 小时左右烘干约 1 吨的粮食。除植保无人机、全自动粮食烘干机外，德清先锋农机专业合作社将继续添置一系列高性能农机装备，为德清县粮食合作社、家庭农场、种粮农户提供全程机械化作业、新装备展示、新技术推广、农机维修保养等"一站式"综合服务，助力粮食稳产保供与农民增收致富。德清先锋农机专业合作社开展"平安农机"行动，形成农机操作、维护、管理的闭环管理体系。技术人员定期检修和调试高速插秧机、联合收割机、旋耕机、拖拉机等各类农机，农机操作人员按期参加审验，确保插秧、收获、烘干、归仓等耕种环节安全上岗。为确保服务效果，合作社采取订单作业方式，与服务对象签订农机作业服务合同，公开服务价格，严格服务标准，提升了服务质量和水平。合作社还开发了"线上服务超市"。农户只需手机下单，合作社便会把农机开到农户田里帮助耕种收割。

2024 年，德清先锋农机专业合作社与中国水稻研究所签约成立水稻智能化育秧工厂，开发智能化浸种催芽。新引进的智能温控装置可以使催芽箱内的水循环和水温控制实现全程自动化，对浸种、破壳、催芽等各个环节所需温度和时间进行实时调节，控制精度在 ±3%。在保证出芽质量的前提下，可实现出芽率在 96% 以上。合作社安排专人负责

水稻种子装箱、催芽箱注水、芽种生产、出芽率测试的 24 小时全程监
管，实时查看装箱信息、种子码标准、水温、水位等指标。合作社快速
且高质量地集中浸种催芽和统供芽种，实现了浸种催芽量大、整齐、恒
温、有氧的目标，为优质芽种的供应提供了有力的保障。

德清先锋农机专业合作社建立农机作业服务数字管理平台，推进
数字技术与农业生产社会化服务相结合，实现农机服务全过程的数字
化管控和智能化调度。一是实时定位和轨迹查询。在农机上装备定位终
端，通过与"北斗卫星系统"连接来实时获取农机的准确位置。利用
串联农机位置的信息点，设置农机调配最优路线，以提升农机调配的效
率。当农户发布农机作业服务需求后，合作社农机作业服务数字管理平
台通过智能筛选，指派农机手并完成用机服务接单。二是农机作业自动
监测。依据"农田矢量图、北斗终端轨迹、服务体系"三种统计数据，
自动监控选定农机的全套作业数据，包括终端在线状态、实时面积、作
业速度、作业深度、作业里程等。通过影像图片，第一时间了解农机工
作状态、农机作业现场等情况，及时提示并调整作业标准，确保农机作
业质量。三是作业面积智能统计分析。基于地理信息系统高清影像图，
利用不同颜色标识不同作业类型来统计作业面积，清晰了解作业区域
及作业进度。可以选择不同维度的统计分析方法，比如按农机个体、作
业类型、作业深度范围、行政区划、农机合作组织等维度来进行进度分
析、效率分析、对比分析，为整合优化资源提供决策参照。通过农机作
业的智能化管理，合作社实现平台智能管理年服务面积超 10 万亩，农
机具使用效率提高了 30%。如今，手机、电脑成了德清先锋农机专业
合作社社员最重要的"农具"。合作社购置了 100 多套虫情设备，社员
在手机、电脑上就能看到是否有病虫害发生。合作社建立了数字生活智
能服务站。无论是农用无人机的飞行面积、播撒总量，还是烘干、碾米
设备的运行情况，在后台都可进行数据统计，便于社员实施精准管理。
合作社计划扩大智能化管理的规模，建设一个占地 3200 亩，集智能农

机、智能灌溉、智能绿色防控、智能育秧工厂于一体的智能中央数字控制绿色庄园。

四　合作社服务带动能力

德清先锋农机专业合作社通过整合社会化服务资源、提升机械设备效能，为社员和周边种粮农户提供全程化、专业化、规范化、智能化农机服务，打通了为农服务"最后一公里"，推动农业适度规模经营，助力农业节本增效和农民增产增收。首先，实现农业服务机械化。德清先锋农机专业合作社开展粮食生产全程机械化作业服务，提高了农业生产效率。合作社机耕、播种、插秧、植保、收割、烘干作业年服务面积超 20 万亩次，机械化服务覆盖面积 3.2 万亩。其次，实现农业节本增效。德清先锋农机专业合作社通过提供专业化服务，让种粮农户节省了劳动力，降低了生产成本，提高了粮食产量，促进了农民增收，从水稻种植到收获每亩可为农户节约生产成本 70 元左右。再次，实现农民增收致富。德清先锋农机专业合作社服务的粮食亩产达 680 公斤，净收入最高达每亩 1200 多元，高于非服务区域 15% 以上，累计增加农民收入 750 多万元，有效地激发了农民的种粮积极性。最后，实现服务支撑全产业链发展。德清先锋农机专业合作社发挥服务平台和示范基地的功能，建立了 1500 亩示范基地，拥有管理用房 2300 平方米，配备各类农机 330 台套，设置烘干、碾米、冷藏等粮食加工设施，建立农机作业服务数字管理平台，实现了县域范围内粮食生产加工服务的全覆盖。按照现代农业高效率、集约化的要求，借助生产机械化、技术智能化、服务精准化，发挥了农业社会化服务对粮食生产全产业链的支撑作用。

德清先锋农机专业合作社整合供销社、当地粮食家庭农场及种粮大户，共同成立先锋农机"共富工坊"。通过实行机械作业全程化、农机服务社会化，向周边千余户农户提供农机服务和农业技术指导，带动周边农户共同增收致富。首先，带领农民节本增收。先锋农机"共富工坊"拥有场地面积 4500 平方米，其中机库 2000 平方米，各类先进农机设备 330 台套，包括旋耕机 21 台、80 马力以上拖拉机 21 台、自走履带式耕作机 10 台、高性能联合收割机 25 台、植保（播撒）无人机 12 架、乘坐式高速插秧机 31 台、粮食烘干机 38 台和碾米成套设备 3 套等。先锋农机"共富工坊"通过"互联网+农机作业"与"全程机械化+综合农事服务"的模式，为农户提供机耕、机插、无人机播种、无人机植保、机收、烘干、碾米等粮食生产全程作业环节的优质服务。先锋农机"共富工坊"采用"先服务、后收费"的结算方式，提高粮食产量的同时有效缓解了农户的资金压力。其次，集聚农业技术人才。先锋农机"共富工坊"通过引育结合的方式，引进农业专业大学生和农机专家，自主培育新型职业农民、农机维修工、植保无人机操作员，聘请市、县农机服务专员为工坊指导员，给周边农户开展绿色高产技能培训，定期邀请周边农业知识丰富的农民专家给周边农户征询答疑。先锋农机"共富工坊"带动当地剩余劳动力兼职就业 200 余人，实现了助农富民。再次，强化党建引领。先锋农机"共富工坊"签订"科技兴农"党建联建契约，建立"村党组织—共富工坊党小组—党员种植户—普通农户"先锋服务链。选派党员担任"红色管家"，每月围绕产业发展、村民增收、乡村治理等事宜开展面对面的协商议事，以解决共富工坊发展中遇到的问题。最后，发挥典型示范作用。以先锋农机"共富工坊"为平台，建成浙江省首家农机 4S 服务中心，提供农机整机销售、零配件供应、售后、信息反馈等服务，为农户提供更多优质服务。2023 年共销售拖拉机、插秧机、农业无人机、联合收割机、粮食烘干机等各类农机 260 台，年销售额达 2124 万元，并承担德清县农机零配件的供应。服务中心开展上门售后服务，对农机进行常规检查、故障诊断与修复。同时，服务中心还提供农机技术培训服务，并定期回访用户。先锋农机"共富工坊"服务中心建设农机调配数字平台，开展"点单式"作业和"一站式"服务。目前，先锋农机"共富工坊"模式在德清全县推广复制，依托先锋农机"共富工坊"升级打造的省级农事服务中心已经建成，推动农业社会化服务的数字化、专业化、精细化，带动小农户与现代农业发展有机衔接并助力农业强国建设。

五　案例启示

德清先锋农机专业合作社的发展是一个数字赋能"家庭农场+合作社"农业社会化服务模式的典型案例。德清先锋农机专业合作社成立之初，通过整合农机资源和提高农机利用率，推动粮食生产的农机服务全程化。在发展壮大的过程中，德清先锋农机专业合作社进一步积聚农机资源、技术资源、土地资源、人力资源和制度优势，实现了农业社会化服务的专业化、规范化、智能化和质量效益双提升。从该案例中可以得到以下三点启示。

第一，农民合作社是发展农业社会化服务、保障粮食和重要农产品稳定安全供给的主力军。农业社会化服务是指，政府部门、农民合作组织、涉农企业、教学科研单位和其他社会服务组织为农户生产经营提供的产前、产中、产后各个环节服务，旨在克服小农户分散生产经营的局限并帮助小农户提高生产效率、降低风险，最终实现与现代农业发展有机衔接、推动农业高质量发展。20世纪70年代末，中国农村确立了以家庭承包经营为基础、统分结合的双层经营体制，极大地解放了农村生产力并调动了广大农民的生产积极性。然而，家庭承包经营制度也形成了中国农村一家一户分散经营、土地细碎化、农业生产经营规模小的局面。互助互利、改变市场弱势地位的内在要求驱使农民联合起来组建农民合作社，将单个农户与其他经济主体之间的交易关系"内化"为与农民合作社的交易，由农民合作社组织农民进行农资购买、有序生产和开展农产品加工销售，大大节约了农民进入市场的交易费用并增强了市场话语权。因此，农民合作社是解决"小农户+大市场"困境、引导分散小农户从事社会化大生产、提高农业综合效益和增加农民收入的有效组织形式。农民合作社作为立足农村、发展农业、服务农民且不以营利为目的的经济组织，是发展农业社会化服务的理想载体。

截至2024年5月底，全国依法登记的农民合作社达218.5万家，其中种粮合作社54.2万家。① 比如，在浙江省德清县，80%的种粮农户加入了农民合作社，全县九成以上的粮食种植面积是由农民合作社提供农业社会化服务的。以农民合作社为主体为农户提供生产经营所需的农业社会化服务，解决单一农户"做不了、做不好、做了不划算"的难题，是确保粮食和重要农产品稳定安全供给的重要途径。"农户+合作社"的农业社会化服务模式具有外部经济的内部化、规模经济以及提高农户市场竞争力的制度效益。首先，外部经济的内部化。"外部性"是指，行动和决策单元以外的成本或收益，而这些成本或收益将对其他行动和决策单元造成非市场化影响。制度创新实质上就是外部性内在化的过程。"农户+合作社"的农业社会化服务模式是以农民合作社作为组织者的一体化联合。农户专注于农业生产，农民合作社致力于提供产前农业生产资料购买、产中生产管理、产后农产品加工销售等农业社会化服务。农户既是农民合作社的参与者，又是农民合作社的所有者，两者利益高度一致。除获得从事农业生产的正常收益外，农户还可按照与农民合作社的交易量获得二次盈余返还。农民合作社是对市场的某种替代，这种替代并不是取消市场，而是将外部市场内部化，由此形成农民合作社与农户之间的市场，将农户与市场的外部交易行为内化为与农民合作社的交易，实现交易费用的节约。其次，规模经济效益。在"农户+合作社"的农业社会化服务模式中，农户从事专业化的农业生产，农民合作社负责提供产前、产中、产后的农业社会化服务，有利于

---

① 农业农村部网站，http://www.moa.gov.cn/。

生产要素在更广阔的平台内实现优化组合，从而提高资源利用率。在农民合作社带动和支持下，农户注重先进技术在农业生产中的应用，特别是大规模农业机械的使用，减少固定资产的重复购置与低效使用，实现节本增效。"农户+合作社"农业社会化服务模式下产生的规模经济促使合作剩余增加，农户既能获得生产环节的收益，又能分享农产品加工和销售环节的高附加值收益。最后，提高农户市场竞争力。农业是自然再生产和经济再生产相结合的特殊产业，面临自然风险与市场变化的双重威胁。单个农户实力弱小，信息闭塞，抵御风险能力弱。"农户+合作社"的农业社会化服务模式不仅能帮助农户规避风险，更关键的在于农户之间形成"风险共担、利益共享"，利用提高组织化的程度改变农民弱势地位和增强农民的市场话语权。农民合作社通过提供农业信息收集、分析、发布等服务，帮助农户掌握市场行情并及时了解市场变化趋势，降低农户生产经营的风险。农户可以通过组织（合作）的方式参与市场交易，通过规模化的销售获得较高的价格和更强的市场谈判能力。合作社还可以采用内部购买的方式开展农产品精深加工并将盈余返还给农户，有效地提高农户的经济收益，带动农户实现与现代农业发展的有机衔接。

第二，"家庭农场+合作社"是农业社会化服务模式的制度创新。制度是指，共同遵守的行为规程或准则，用于支配特定的行为模式及其相互关系。制度提供了一种框架，人类得以在内相互影响并确立竞争和合作关系。制度创新是一个具有更高效益的制度产生的过程。农民合作社的主体——农户存在显著的经营缺陷，如土地规模小、生产经营能力弱、非农兼业化、对农民合作社的经济依附性不强，造成"农户+合作社"制度安排下农业社会化服务发展水平有待进一步提高，且处于相对不稳定的状态。家庭农场是指，以家庭成员为主要劳动力，从事规模化、集约化、商品化农业生产经营，并以农业收入作为家庭主要收入来源的新型农业经营主体。家庭农场能在较大程度上弥补传统小规模农户生产经营的缺陷，成为解困"谁来种地"、实现土地规模经营、推进农业农村现代化、加快建设农业强国的重要力量。截至 2024 年 3 月底，纳入全国家庭农场目录的家庭农场近 400 万个。[①]"家庭农场+合作社"的农业社会化服务模式是一种以农民合作社为依托，联合农业生产经营类型相同或相近的家庭农场组成利益联结体，在农产品产加销各个阶段为社员提供生产资料购买、技术与信息共享、农机统一使用、销售渠道开拓等社会化服务，开展农业专业化生产、企业化管理、产业化经营的组织形式，是现行分散家庭经营制度和传统农业社会化服务模式基础上的制度创新。制度非均衡是"家庭农场+合作社"的农业社会化服务模式产生的根源。古典的"两难冲突"说明，专业化分工一方面提高了经济效率，另一方面又导致交易费用的增加。专业化水平越高、交易规模越大、交易频率越高，由此而产生的交易费用就越高，尤其在市场发生波动时，这一特征将更加突出，因而交易协调制度的设计就显得特别重要。[②]"家庭农场+合作社"农业社会化服务模式的创新，在本质上是家庭农场在专业化分工和规模化生产扩大的前提下，为了节约交易费用、防范自然风险和市场风险，相互之间通过抱团组建农民合作社，利用交易协调制度的重新设计联结成为利益共同体的过程。为了获取专业化生产的经济利益，家庭农场投入比传统兼业化小农更多的土地、机械设备、资金、技术、人力等生产要素，以降低生产成本和提高劳动生产率。但是，资产专用性导致家庭农场投入生产要素具有较高的机会成本。随着专业化生产带来的交易频率上升与市场半径扩大，家庭农场面临更为严峻的市场风险。为了防范风险并实现利润最大化，家庭农场内生的合作需求显然要强于小农户，家庭农场之间或家庭农场与

---

① 农业农村部网站，http://www.moa.gov.cn/。

② 古典的"两难冲突"是指在经济学中，特别是在古典经济学与新古典经济学的框架下，个体或企业在决策中面临的权衡和取舍，主要体现在资源分配、生产决策、市场交易等方面。杨小凯与张永生（2003）提出，经济学本身就是研究经济活动之间"两难冲突"的学科，应通过制度均衡来解释和解决经济系统的运行机制与资源配置问题。

其他市场主体之间互助合作显得尤为迫切。制度效益是制度创新的源泉。"农户+合作社"的农业社会化服务模式下，小规模、兼业化农户联合组建的农民合作社大多为生产导向型的，只能在高度竞争的市场尾端获得微薄的利润，合作收益相当有限。又由于小农户的高度原子化与利益计算的短期化，组织小农户合作的成本十分高昂。"低合作收益和高合作成本"以及现实存在的"搭便车"问题，削弱了农民合作社的组织稳定性与市场竞争力，导致"农户+合作社"模式下农业社会化服务的总体水平不高。"家庭农场+合作社"的农业社会化服务模式下，家庭农场成为农民合作社的主体，以专业化、规模化、商品化的生产经营方式革除了农业家庭生产经营小、散、弱的弊端。农民合作社建立在家庭农场的基础上，社员地理位置集中，收入主要来源于农业，发展目标相同，即追求利润最大化。家庭农场之间高度的同质性，不仅降低了农民合作社的决策风险，还有利于社员之间相互监督，以防止因信息不对称造成的逆向选择与道德风险，从而降低了"家庭农场+合作社"模式的内生交易费用。"家庭农场+合作社"制度安排下，农民合作社内部的科层管理替代了外部的产品交易，组织合作性和稳定性增强，内部成员利益高度一致，各主体产权关系明晰，剩余索取权与剩余控制权一致。家庭农场不仅能够分享出售初级农产品的收益和优惠使用农机设备，还能够直接分享产业一体化带来的农产品加工增值收益。比如，德清先锋农机专业合作社的16家水稻种植家庭农场，依托合作社整合农机设备资源、共享粮食生产全程机械化服务，不仅提高了自有农机的利用率，避免了单一家庭农场购机成本高昂的弊端，还能够以低于市场价的优惠价格使用合作社新增新式农机，并享受合作社每年给予的社员分红。"家庭农场+合作社"的农业社会化服务模式使社员（家庭农场）通过提高粮食生产机械化程度增加了绝对收入。同时，家庭农场与德清先锋农机专业合作社形成了更为紧密的利益共同体，从而创造更大的合作剩余。"家庭农场+合作社"的农业社会化服务模式是传统"农户+

合作社"模式的升级版，以家庭农场为成员组建农民合作社、家庭农场与农民合作社两类新型农业经营主体的联合是未来我国家庭农场和农民合作社发展的重要趋势。

第三，数字赋能使农业社会化服务的高质量发展成为必然。数字是信息的基本单元。数字是人类社会赖以生存与发展的基本元素。当今世界正面临两大技术革命：一是生物技术革命；二是与数字相关的信息技术革命。正是由于信息技术革命，看似平淡无奇的数字，其功能与价值变得无可比拟。在数字化时代，人类社会经历三个方面的"改变"。一是改变时空关系。传统的信息壁垒将被击破，区位分散偏远的劣势将得以克服。二是改变交互方式。网络化、信息化、数字化的应用将使信息传递变得更加快捷方便。三是改变要素组合。数字已不再是一种单纯的符号，而是一种新质生产要素。这种要素与其他要素匹配，如土地、资金、劳动力、技术、管理、制度等，就会改变要素组合，形成数字生产力。以信息流带动物资流、资金流、人才流、技术流，提高经济社会发展的效率和质量。数字乡村是建设数字中国和发展数字经济的重要内容。党和国家高度重视数字乡村发展。2019 年 5 月，中共中央办公厅、国务院办公厅发布了《数字乡村发展战略纲要》。2023 年中央一号文件指出，持续加强乡村基础设施建设，深入实施数字乡村发展行动，加快农业农村大数据应用，推进智慧农业发展。2023 年 2 月，中共中央、国务院印发的《数字中国建设整体布局规划》指出，要深入实施数字乡村发展行动，以数字化赋能乡村产业发展、乡村建设和乡村治理。2024 年 5 月，中央网信办、农业农村部、国家发展改革委、工业和信息化部联合印发《2024 年数字乡村发展工作要点》，要求以信息化驱动引领农业农村现代化，促进农业高质高效、乡村宜居宜业、农民富裕富足，为加快建设网络强国、农业强国提供坚实支撑。浙江省把数字乡村建设作为数字浙江建设、数字"三农"改革的战略任务，数字乡村建设水平在全国稳居前列。浙江县域数字农业农村总体发展水平达到

68.8%，远超36%的全国平均发展水平。德清县、临安区、平湖市、慈溪市为国家数字乡村试点地区，浙江成为全国县、市、区中试点最多的省份。浙江省以"乡村大脑+浙农应用"为主体，构建涵盖"浙农码""浙农富裕""浙渔安"等16个"浙农"系列应用的"1+16"体系，集成数据、算力、算法，升级乡村大脑"11153"核心功能，即统建数据归集"一个仓"、地理信息"一张图"、功能服务"一个码"、核心能力"五个库"、农业智能—乡村智治—农民智富"三领域"，实现数字赋能增产保供、乡村治理、共同富裕。数字赋能农业社会化服务是数字乡村建设的重要组成部分。当前，我国农业社会化服务仍存在与小农户衔接不够紧密的问题，突出表现在供需结构还不平衡、服务能力有待提升、服务成本比较高。随着数字技术在农业农村领域的应用和普及，数字赋能农业社会化服务的高质量发展势在必行。其一，建立农业社会化服务信息平台。将省、市、县、乡、村各级农业生产经营信息以及各类农业社会化服务主体信息录入服务信息平台，推动农业社会化服务方式由线下拓展到线上、线下相结合，解决农业社会化服务供求双方信息不对称的问题，提升服务质量与精准度。鼓励农业社会化服务主体运用大数据、云计算、区块链等前沿技术，并推广定位系统、遥感、航拍等成熟的智能化设备，对生产过程、作业环境和服务质量进行精准监测。其二，创新数字化服务的组织协同。除覆盖农业生产提供全过程农业社会化服务外，应向贮藏、加工、物流、营销、金融等领域延伸，发挥农业社会化服务对农业全产业链的支撑作用。鼓励各类主体"紧密联结、优势互补、资源共享"，围绕农业全产业链提供综合性服务，让农户便捷使用覆盖农业生产经营全过程的农业社会化服务。其三，加快农村信息基础设施建设和数字人才培育。农村信息基础设施建设是各服务主体间信息互联互通和实现农业社会化数字服务的先决条件。农村数字人才培育为农业社会化数字服务有效运营提供了人才保障。应加快培育一批既热爱农业又熟悉数字技术的应用型人才，通过相应的优惠政策和激励机制配套，吸引数字人才扎根农村并创新数字化服务，推动农业社会化服务的高质量发展。例如，德清县的数字农事服务体系是全国数字赋能农业社会化服务的典型。德清县通过实施农村信息基础设施改造，构建"4+15+20"农事服务体系，搭建农事服务智能管理平台，即 4 个省级、15 个区域性农事服务中心及 20 个农事服务站点。有机整合种粮大户、农业生产主体农机资源，一体化打通农资配送、供种育秧、秸秆收集处理等生产经营环节。补齐烘干设施装备，全县粮食烘干机从 80 台增加到 162 台，批次烘干能力从 1002 吨增加到 2395 吨。在农事服务智能管理平台上，农户可以进行"点单式"操作，由平台自动提供"一站式"农机调配服务，实现了农事服务数字化、智能化、专业化。其四，发展农业生产托管服务模式。根据农户"点单"，精准推算出粮食生产全过程中"单环节""多环节""全托管"农业生产托管服务，为全县种粮农户提供生产全周期"保姆式"服务，有效解决"种什么、谁来种、怎么种"三大难题。其五，创新 4S 农机服务模式。以先锋农机"共富工坊"为基础，建成浙江省首家农机 4S 服务中心，提供农机销售、零配件供应、农机维修维护、技术培训等服务。农事服务中心坚持强村带富，将资产移交属地镇（街道），由镇级强村公司或村集体运营管理，提高村集体经济收入。通过全程式、专业化的农事服务，从水稻种植到收获每亩田可为农户节约植保费 30 元、收割费 30 元、烘干费 10 元，每年可为农户节本 100 万元。德清县的数字乡村建设不仅仅局限于农业社会化服务领域，还尝试以数字赋能乡村生活和乡村治理，在村服务中心的智慧大屏上，可实时查看生产经营、生态环境、生活服务等公共数据，发现问题可通过后台遥感监测，联系村干部或网格员赴现场核查，大大提高了乡村治理的效率，构筑了数字乡村新图景。

第八章

研究结论与展望

通过以上七章的分析和论证，本书围绕加快建设农业强国目标下的农民合作社能力提升展开了理论分析和实证研究。本章将阐明本书研究的主要结论，并指出未来进一步研究的方向。

第一节　研究结论

本书以农业强国建设相关理论、合作社理论、企业能力理论为理论基础，阐述和论证了农业强国目标下的农民合作社能力提升。围绕这一研究主题，本书在借鉴国内外相关研究文献的基础上，利用理论演绎与分析方法，并结合实地调研对什么是农民合作社能力、在加快建设农业强国的进程中农民合作社该具备哪些能力、目前农民合作社的能力状况如何、这些能力对农民合作社绩效产生怎样的影响、在现实的动态环境下农民合作社能力又是如何作用于农民合作社绩效等具体问题予以剖析。通过对上述问题的深入探究，本书旨在为农业强国目标下的农民合作社能力提升寻求理论支撑与现实解答。根据以上研究问题，本书得出如下研究结论。

第一，关于农业强国目标下农民合作社能力的内涵与特征，本书认为，农民合作社是一个对外营利与对内服务相结合的特殊企业，农民合作社能力与企业能力具有共性：一是综合性，反映农民合作社对物质资源、技术资源、人力资源等的综合利用和控制的能力；二是相对性，体现农民合作社资源结构优化、功能升级、能力提升的过程；三是动态性，农民合作社能力不仅与组织内部资源密切相关，而且必须随着外部环境的变化而进行适当调整。但是，作为兼具经济属性和社会属性的特殊企业，农民合作社在组织目标、成员制度、所有权安排、治理机制、经营战略、社会责任方面与一般企业有着显著的差异。所以，农民合作社能力具有区别于企业能力的特殊性：与一般企业以营利为目的、追求利润最大化不同，农民合作社以"为成员服务"、谋求全体社员共同利益为组织宗旨。因此，农业强国目标下的农民合作社能力是指，在既定制度环境、市场条件和资源要素禀赋条件下，农民合作社对自身物质、技术、人力等资源进行有效整合，创造并保持独特的市场竞争优势，为农民成员提供更多的服务和收益，从而促进农民合作社实力从弱小到强大、制度建设从不规范到规范、发展从"量"的增长到"质"的提升，进而促进小农户与现代农业发展有机衔接、推进农业强国建设并实现农民农村共同富裕的功能和潜力。

本书进而对农业强国目标下农民合作社能力的构成要素进行了系统梳理。农业强国目标下的农民合作社能力系统包含三个层次。第一个层次是组织资源层，是农民合作社能力形成、价值创造的基础。这一层次包括资源整合能力和内部治理能力两个维度。其中，资源整合能力是农民合作社对物质资源、技术资源、人力资源等加以有效整合和利用，以赢得核心竞争优势的能力。内部治理能力体现了农民合作社通过决策机制、激励机制、监督机制的设计与安排来实现民主管理的能力，包括决策能力、激励能力和监督能力。第二个层次是业务活动层，具体体现农民合作社业务流程各个环节能力的水平。这一层次包括生产加工能力和市场营销能力两个维度。其中，生产加工能力是指农民合作社生产加工农产品数量和保障农产品质量安全的能力，市场营销能力是指农民合作社利用营销渠道的建设和销售手段的多样化来增强市场竞争优势的能力。第三个层次是价值实现层，是农民合作社为自身和社会创造价值的能力。这一层次具体体现为服务带动能力，体现了农民合作社"为成员服务"、谋求全体社员共同利益的组织宗旨，是农民合作社能力区别于企业能力的一项特殊能力。资源整合能力、内部治理能力、生产加工能力、市场营销能力和服务带动能力五个单项能力相辅相成、相互促进，共同构成了农业强国目标下的农民合作社能力系统框架。

第二，本书建立了"四层次"农业强国目标下的农民合作社能力评价指标体系：总目标层为农民合作社能力；准则层为构成农民合作社能力的五个子能力，即资源整合能力、内部治理能力、生产加工能力、市场营销能力、服务带动能力；指标层为测度准则层五项能力的 13 个指标；子指标层选取了能够反映指标层各指标的 60 个具体指标。研究选取浙江省 100 家农民合作社（包括涉及劳动密集型种植业的农民合作社 35 家，涉及土地密集型种植业的农民合作社 28 家，涉及劳动密集型养殖业的农民合作社 33 家，集蔬菜、油料种植和水产养殖于一体的农民合作社 4 家）作为样本合作社开展农民合作社能力的综合评价与等级排序。研究发现，样本合作社综合能力整体上处于中等水平。综合能力评分高的农民合作社资源基础雄厚、内部治理规范、生产加工水平高、市场营销能力强，极大地增加了农民的经济利益、保护了农民民主管理的权益，成为引领小农户与现代农业发展有机衔接、加快建设农业强国的有效组织载体。综合能力评分低的农民合作社在资源整合、内部治理、生产加工、市场营销和服务带动方面有待进一步加强，以实现联农带农、加快建设农业强国。

从各个单项能力来看，其一，农民合作社的资源整合能力仍需提升，得分在五个单项能力中排第四位。从物质资源来看，多数样本合作社固定资产偏低，注册资本有限，盈余中"三金"提留比例不足，且成立以来未获得过金融机构的贷款支持。在技术资源方面，大部分样本合作社在研发投入上有待强化，注册商标和质量认证拥有数量不足。在人力资源方面，农民合作社技术、管理人员的平均受教育年限不高，受过大学（含大专）及以上教育的比例有待提高。其二，农民合作社的内部治理趋于规范化。农民合作社内部治理能力的平均分在五个单项能力中排第二位。在决策能力方面，大多数样本合作社有召开社员大会且采用以"一人一票"为基础的社员大会表决方式。绝大多数样本合作社有召开理事会并采取"一人一票"的表决方式。但同时，研究发现，"一人一票"的决策方式并不是被严格执行的。从激励能力来看，44.64%的样本合作社能够坚持"按交易量（额）分配"盈余。从监督能力来看，绝大多数合作社有召开监事会并采用"一人一票"的表决方式。大多数农民合作社设立了成员账户，绝大多数合作社进行了财务公开。其三，农民合作社具备一定的生产加工能力。农民合作社生产加工能力的平均分在五个单项能力中排第三位。农民合作社无论是在土地面积、总产量，还是在标准化生产方面，都具备了一定的规模。相比之下，农民合作社的加工能力较为薄弱。超过40%的样本合作社没有从事农产品加工，大多数样本合作社加工厂房和加工人员缺乏，加工设备设施投入偏少，农产品加工程度偏低，农产品加工增值水平不高，合作社的精深加工能力亟待提升。其四，农民合作社的市场营销能力有待加强，平均分位于五个单项能力的末尾。从产品能力来看，大多数农民合作社的品牌建设有待强化。虽然有超过一半的农民合作社认为经营的农产品具有很大或较大的价格优势，但绝大多数农民合作社面临激烈的市场竞争。从销售能力来看，农民合作社销售渠道建设不够，销售方式和手段需更加灵活多样。从营销人员能力来看，大多数农民合作社营销人员数量不足，且营销人员的学历水平有待提高。其五，农民合作社已经成为服务社员生产经营、引领小农户与现代农业发展有机衔接、带动农民共同增收致富、促进农村社会稳定的重要组织载体。农民合作社服务带动能力的平均分位于五个单项能力的首位。在服务能力方面，绝大多数样本合作社能够为社员提供产前、产中服务，一半的样本合作社能为社员提供产后服务。大多数样本合作社的服务功能辐射产业相关环节的程度达到了中高水平。在带动能力方面，绝大多数样本合作社能够带动当地非社员农户从事农业生产经营，对当地的经济、社会、文化发展产生了积极影响。但是，农民合作社在保护农业农村生态环境方面有待进一步提升，亟须提高绿色、无公害、有机生产比例，积极参与农业农村污染治理，以高质量推进"资源节约、环境友好"的农业强国建设进程。

第三，关于农业强国目标下农民合作社能力与绩效的关系，本书的结论有以下几个。其一，总体而言，农民合作社能力对农民合作社经济绩效、社会绩效、生态绩效均产生正向影响，农民合作社能力的提升有利于绩效的提高。其二，从各个单项能力来看，农民合作社的五个单项能力，无论是对农民合作社经济绩效、社会绩效，还是对农民合作社生态绩效，均产生了积极的影响。但是，这些单项能力对农民合作社绩效的影响是不同的。其中，资源整合能力最能解释经济绩效，其次是生产加工能力和市场营销能力，而服务带动能力和内部治理能力的影响较小。对于农民合作社社会绩效而言，服务带动能力、内部治理能力和市场营销能力的解释力最强，生产加工能力和资源整合能力的影响则较小。对于农民合作社生态绩效而言，生产加工能力和市场营销能力的解释力最强，其次是服务带动能力、资源整合能力和内部治理能力。

研究进一步分析了动态环境下农民合作社能力与绩效的关系，得出以下几个结论。一是市场变化在农民合作社能力与农民合作社经济绩效、社会绩效、生态绩效的关系中均起到正向调节作用。市场变化越大，越需要农民合作社具备更强的能力，从而产生更优的经济绩效、社会绩效和生态绩效。二是技术变化在农民合作社能力和绩效关系中的调节作用不显著。但无论技术变化的程度如何，农民合作社能力始终是农民合作社绩效的源泉。三是政策变化对农民合作社能力和绩效关系的调节作用是存在的。在政策不确定性较高的环境中，农民合作社能力的提升有利于农民合作社经济绩效、社会绩效和生态绩效的提高，而在政策不确定性较低的环境中，农民合作社能力对农民合作社经济绩效、社会绩效和生态绩效的作用较弱。因此，在低动荡的环境中，农民合作社可以运用惯常的策略、规则、方法来安排生产和经营；而在高动荡的环境中，市场变化、技术变化和政策变化交织，农民合作社必须保持更强的资源整合能力，实施市场需求导向型的生产和营销策略，服务并带动更多小农户实现与现代农业发展有机衔接，以更有效地促进经济绩效、社会绩效、生态绩效增长，实现农民农村物质、精神、生态共富和农业强国建设的目标。

第四，关于农业强国目标下的农民合作社能力提升，本书认为，需要找准能力的"短板"和提升的"发力点"。研究结合农民合作社能力提升的典型案例分析和国际经验借鉴，给出如下农业强国目标下的农民合作社能力提升的启示：一是提升生产加工能力并发展农业新质生产力；二是强化品牌建设以提升市场营销能力；三是加强民主管理以激发农民主体性；四是从"小服务"到"大联合"促进农民农村共同富裕；五是政府加强引导扶持并优化制度环境；六是借鉴国际农业强国建设经验。

第二节　研究展望

尽管已尽可能对本书的研究进行了丰富和完善，但依然存在一些局限，还需要进一步地探讨和改进。

第一，普适性问题。本书选取 100 家浙江省农民合作社作为样本进行实证研究并得出研究结论，但其在多大程度上反映浙江省农民合作社的实践以及中国农民合作社丰富多样的现实图景，有待进一步考证。在未来的研究中，需要进一步拓展样本空间、补充更多的数据进行检验和证明。

第二，能力是一个复杂性、综合性的概念，本书构建了五维度的农业强国目标下的农民合作社能力系统，设立了 13 个指标 60 个子指标来反映农民合作社的综合能力。但是，是否还存在其他因素，比如经营服务体系、组织模式、产品类型、市场垄断程度、当地经济条件、自然地理条件、合作文化传统等？如果融入这些因素，是否会得出更具说服力的结论？这些问题有待解决。

第三，能力是一个相对的、动态的概念，农业强国建设是一个比较的、发展的进程。本书实证分析中采用了横截面数据（比如 2023 年和 2024 年），该分析框架在更长时间段的适用性有待进一步考量。

第四，农民合作社能力各构成要素是相互作用、互相影响的。本书只是对农民合作社能力各构成要素之间的互相作用进行了初步的分析，而这一问题是农民合作社能力研究的重要方面。可以预见，这将是未来农民合作社能力研究的一个主要方向。

第五，本书针对农业强国目标下的农民合作社能力提升展开研究，而农民合作社能力的提升对农业强国建设进程的推进作用究竟如何，以及农民合作社各个单项能力对农业强国建设进程的影响如何等问题都值得进一步深入探讨。

调查问卷

尊敬的农民合作社理事长：

您好！这是一份农民合作社能力提升的调查问卷，调查依托中国社会科学院农村发展研究所和浙江大学中国农村发展研究院联合承担的国家自然科学基金项目"农业产业组织体系与农民合作社发展"。本次调查的目的是通过对农民合作社能力现状、能力发展和经营绩效的调查，为政府部门提供指导和促进农民合作社发展的相关法律与政策建议，推动我国农民合作社的高质量发展。

本问卷采取不记名方式填答，问卷中问题的答案无对错之分，对您填写的所有资料，仅供学术研究使用，绝不外流。问卷中的各问项都是单选。请按您的实际情况或想法，在合适选项前的□处打√，或者在＿＿＿＿＿中填上适当的内容。感谢您的合作！

2024 年 1 月

农民合作社的基本情况

农民合作社名称			
成立时间			
社员数		主营农产品 (请注明,限填1个)	
固定资产总额（万元）		注册资金（万元）	

农民合作社资源整合能力的情况

（1）您觉得农民合作社的土地质量如何？

　　□A. 很好　　□B. 较好　　□C. 一般　　□D. 不太好
　　□E. 不好

（2）农民合作社是否提取公积金、公益金、风险金？

　　□A. 是，占合作社盈余比例为_____ （%）　　□B. 否

（3）农民合作社成立以来获得的政府扶持资金为_____万元。

（4）农民合作社成立以来获得的银行贷款为_____万元。

（5）农民合作社是否有新品种引入？

　　□A. 是　　　　□B. 否

（6）农民合作社 2023 年研发资金投入占年经营收入的比重为多少？

　　□A. 3%及以下　　□B. 3%～7%　　□C. 7%～10%
　　□D. 10%～20%　　□E. 20%以上

（7）农民合作社是否有注册商标？

　　□A. 有，共_____个　　　　□B. 没有

（8）农民合作社产品质量认证情况如何？

    ①绿色产品认证　　　　　　　□A. 有　　　　□B. 没有

    ②无公害产品认证　　　　　　□A. 有　　　　□B. 没有

    ③有机产品认证　　　　　　　□A. 有　　　　□B. 没有

    ④地理标志认证　　　　　　　□A. 有　　　　□B. 没有

    ⑤其他认证（请注明：＿＿＿＿＿＿＿＿＿＿＿＿）

（9）您认为您个人的创新创业意识如何？

    □A. 很强　　□B. 较强　　□C. 一般　　□D. 较弱
    □E. 很弱

（10）您认为您个人的决策能力如何？

    □A. 很强　　□B. 较强　　□C. 一般　　□D. 较弱
    □E. 很弱

（11）您认为您个人的激励、监督社员能力如何？

    □A. 很强　　□B. 较强　　□C. 一般　　□D. 较弱
    □E. 很弱

（12）农民合作社与政府部门的关系如何？

    □A. 很好　　□B. 较好　　□C. 一般　　□D. 较差
    □E. 很差

（13）农民合作社与同行的关系（比如其他合作社、农资供应商、
加工企业）如何？

    □A. 很好　　□B. 较好　　□C. 一般　　□D. 较差
    □E. 很差

（14）农民合作社与科研院校的关系如何？

    □A. 很好　　□B. 较好　　□C. 一般　　□D. 较差
    □E. 很差

（15）农民合作社技术、管理人员的情况如何？

    ①合作社现拥有技术、管理人员＿＿＿＿＿＿＿人

②技术、管理人员的学历情况：

小学_____人；初中_____人；高中（含中专）_____

人；大学（含大专）及以上_____人

农民合作社内部治理能力的情况

（1）2023 年合作社召开社员大会_____次。

（2）社员大会的表决方式如何？

　　□A. 一人一票

　　□B. 按股投票

　　□C. 一人一票 + 20%附加表决权

　　□D. 一人一票 + 附加表决权超过 20%

　　□E. 有些事一人一票，有些事按股投票

　　□F. 其他（请注明：_____）

（3）2023 年合作社召开理事会_____次。

（4）理事会的表决方式如何？

　　□A. 一人一票

　　□B. 非一人一票

（5）农民合作社盈余分配方式如何？

　　□A. 按交易量（额）分配

　　□B. 按股分配

　　□C. 按交易量（额）分配与按股分配相结合，以按交易量

　　　（额）分配为主

　　□D. 按交易量（额）分配与按股分配相结合，以按股分配

　　　为主

　　□E. 其他（请注明：_____）

（6）农民合作社管理人员工资占当年盈余的比重为_____%。

（7）2023 年合作社召开监事会_____次。

（8）监事会的表决方式如何？

　　□A. 一人一票

　　□B. 非一人一票

（9）社员退出农民合作社时，出资额和公积金份额退还的情况如何？

　　□A. 退还出资额、公积金份额

　　□B. 只退还出资额

　　□C. 出资额、公积金份额都不退还

（10）农民合作社是否为每个社员设立成员账户？

　　□A. 是　　　　　□B. 否

（11）2023 年农民合作社财务公开的次数为_____次。

农民合作社生产加工能力的情况

（1）农民合作社种植养殖面积为_____亩。

（2）农民合作社现从事农产品生产的人数有_____人。

（3）农民合作社标准化生产的比例达到多少？

　　□A. 20% 及以下　　□B. 20% ~ 40%　　□C. 40% ~ 60%

　　□D. 60% ~ 80%　　□E. 80% 以上

（4）农民合作社 2023 年农资投入有_____万元。

（5）农民合作社 2023 年总产量为_____吨。

（6）农民合作社现有加工厂房的面积为_____平方米。

（7）农民合作社现从事农产品加工的人数有_____人。

（8）农民合作社成立以来加工设备、设施投入_____万元。

（9）农民合作社农产品加工程度如何？

　　①初级加工（如清理、清洁、挑选、冷藏、烘干、分级、包装）

　　□A. 有　　□B. 没有

②精深加工　　□A. 有　　　□B. 没有

（10）加工后农产品与未加工农产品相比价格提高了多少？

　　　　□A. 20%及以下　　□B. 20%～40%　　　□C. 40%～60%

　　　　□D. 60%～80%　　　□E. 80%以上

农民合作社市场营销能力的情况

（1）农民合作社的品牌知名度如何？

　　　　□A. 国际品牌　　　□B. 国家级品牌　　　□C. 省级品牌

　　　　□D. 市县级品牌　　□E. 普通品牌

（2）农民合作社产品的价格优势如何？

　　　　□A. 很大　　　　　□B. 较大　　　　　□C. 一般

　　　　□D. 较小　　　　　□E. 没有

（3）农民合作社产品的市场竞争程度如何？

　　　　□A. 很激烈　　　　□B. 较激烈　　　　□C. 一般

　　　　□D. 不太激烈　　　□E. 没有竞争

（4）农民合作社产品的市场需求如何？

　　　　□A. 很大　　　　　□B. 较大　　　　　□C. 一般

　　　　□D. 较小　　　　　□E. 没有

（5）农民合作社 2023 年广告投入_____万元。

（6）2023 年媒体报道贵社_____次。

（7）合作社 2023 年参加农展会_____次。

（8）农民合作社营销人员的情况如何？

　　　　①农民合作社现拥有营销人员_____人

　　　　②营销人员的学历情况：

　　　　小学_____人；初中_____人；高中（含中专）_____

　　　　人；大学（含大专）及以上_____人

（9）农民合作社销售渠道情况如何？

　　①农贸市场　　　　　　　　□A. 有　　　□B. 没有

　　②批发市场　　　　　　　　□A. 有　　　□B. 没有

　　③龙头企业　　　　　　　　□A. 有　　　□B. 没有

　　④对接超市　　　　　　　　□A. 有　　　□B. 没有

　　⑤设专卖店　　　　　　　　□A. 有　　　□B. 没有

　　⑥直供客户（如酒店、学校）□A. 有　　　□B. 没有

　　⑦客商上门　　　　　　　　□A. 有　　　□B. 没有

　　⑧网上销售　　　　　　　　□A. 有　　　□B. 没有

　　⑨出口国外　　　　　　　　□A. 有　　　□B. 没有

　　⑩其他（请注明：＿＿＿＿＿＿＿＿＿＿＿）

农民合作社服务带动能力的情况

（1）农民合作社为社员提供服务的情况如何？

　　①产前农资供应服务　　　　□A. 有　　　□B. 没有

　　②产中生产管理服务　　　　□A. 有　　　□B. 没有

　　③产后加工销售服务　　　　□A. 有　　　□B. 没有

　　④资金服务　　　　　　　　□A. 有　　　□B. 没有

　　⑤技术培训服务　　　　　　□A. 有　　　□B. 没有

　　⑥信息服务　　　　　　　　□A. 有　　　□B. 没有

（2）农民合作社成立以来带动当地非社员农户＿＿＿＿＿＿户。

（3）农民合作社成立以来创造就业的人数有＿＿＿＿＿＿人。

（4）农民合作社 2023 年文化宣传的次数有＿＿＿＿＿＿次。

（5）农民合作社绿色、无公害、有机生产的比例达到多少？

　　□A. 20% 及以下　　□B. 20% ~ 40%　　□C. 40% ~ 60%

　　□D. 60% ~ 80%　　□E. 80% 以上

（6）农民合作社成立以来污染治理投资额共计_____万元。

农民合作社能力自评的情况

（1）农民合作社拥有雄厚的土地、资金、实物资源。

　　□A. 很符合　　　□B. 较符合　　　□C. 一般

　　□D. 不太符合　　□E. 不符合

（2）农民合作社引入新品种，重视研发投入，拥有注册商标、质量认证。

　　□A. 很符合　　　□B. 较符合　　　□C. 一般

　　□D. 不太符合　　□E. 不符合

（3）合作社理事长创新意识、管理能力、关系能力强，合作社技术管理人员能力强。

　　□A. 很符合　　　□B. 较符合　　　□C. 一般

　　□D. 不太符合　　□E. 不符合

（4）农民合作社决策能力强。

　　□A. 很符合　　　□B. 较符合　　　□C. 一般

　　□D. 不太符合　　□E. 不符合

（5）农民合作社激励能力强。

　　□A. 很符合　　　□B. 较符合　　　□C. 一般

　　□D. 不太符合　　□E. 不符合

（6）农民合作社监督能力强。

　　□A. 很符合　　　□B. 较符合　　　□C. 一般

　　□D. 不太符合　　□E. 不符合

（7）农民合作社初级农产品生产能力强。

　　□A. 很符合　　　□B. 较符合　　　□C. 一般

　　□D. 不太符合　　□E. 不符合

（8）农民合作社农产品加工能力强。

　　□A. 很符合　　　□B. 较符合　　　□C. 一般

　　□D. 不太符合　　□E. 不符合

（9）农民合作社农产品价廉物美、市场需求大。

　　□A. 很符合　　　□B. 较符合　　　□C. 一般

　　□D. 不太符合　　□E. 不符合

（10）农民合作社销售手段多样、销售渠道广。

　　□A. 很符合　　　□B. 较符合　　　□C. 一般

　　□D. 不太符合　　□E. 不符合

（11）农民合作社营销人员能力强。

　　□A. 很符合　　　□B. 较符合　　　□C. 一般

　　□D. 不太符合　　□E. 不符合

（12）农民合作社能为社员提供产前、产中、产后一系列的服务。

　　□A. 很符合　　　□B. 较符合　　　□C. 一般

　　□D. 不太符合　　□E. 不符合

（13）农民合作社能促进当地经济、社会、文化发展和生态环境保护。

　　□A. 很符合　　　□B. 较符合　　　□C. 一般

　　□D. 不太符合　　□E. 不符合

农民合作社绩效的情况

（1）农民合作社 2023 年经营收入＿＿＿＿万元。

（2）农民合作社 2023 年纯盈余＿＿＿＿万元。

（3）农民合作社 2023 年人均纯收入＿＿＿＿万元。

（4）您对农民合作社的满意程度如何？

　　□A. 很高　　　□B. 较高　　　□C. 一般

　　□D. 较低　　　□E. 很低

（5）您对农民合作社的认识和了解程度如何？

　　　　□A. 很高　　　　□B. 较高　　　　□C. 一般

　　　　□D. 较低　　　　□E. 很低

（6）农民合作社对当地经济社会文化发展的影响程度如何？

　　　　□A. 很高　　　　□B. 较高　　　　□C. 一般

　　　　□D. 较低　　　　□E. 很低

（7）农民合作社带动当地农民环境保护意识提高程度如何？

　　　　□A. 很高　　　　□B. 较高　　　　□C. 一般

　　　　□D. 较低　　　　□E. 很低

（8）农民合作社对农业污染治理程度如何？

　　　　□A. 很高　　　　□B. 较高　　　　□C. 一般

　　　　□D. 较低　　　　□E. 很低

（9）农民合作社对农村环境改善程度如何？

　　　　□A. 很高　　　　□B. 较高　　　　□C. 一般

　　　　□D. 较低　　　　□E. 很低

农民合作社外部环境的情况

（1）农民合作社面临市场需求的变化程度如何？

　　　　□A. 很大　　　　□B. 较大　　　　□C. 一般

　　　　□D. 较小　　　　□E. 很小

（2）农民合作社面临农产品价格的波动程度如何？

　　　　□A. 很大　　　　□B. 较大　　　　□C. 一般

　　　　□D. 较小　　　　□E. 很小

（3）农民合作社面临同类合作社竞争及国内外工商资本抢占农产

　　　品市场的激烈程度如何？

　　　　□A. 很大　　　　□B. 较大　　　　□C. 一般

□D. 较小　　　　　□E. 很小

（4）农民合作社面临农业技术变化的频率如何？

　　□A. 很快　　　　　□B. 较快　　　　　□C. 一般

　　□D. 较慢　　　　　□E. 很慢

（5）农民合作社面临农业技术变化的程度如何？

　　□A. 很大　　　　　□B. 较大　　　　　□C. 一般

　　□D. 较小　　　　　□E. 很小

（6）农民合作社新技术和新品种推广、应用过程中存在的不确定
　　性如何？

　　□A. 很大　　　　　□B. 较大　　　　　□C. 一般

　　□D. 较小　　　　　□E. 很小

（7）农民合作社面临政府政策的变化程度如何？

　　□A. 很大　　　　　□B. 较大　　　　　□C. 一般

　　□D. 较小　　　　　□E. 很小

（8）农民合作社面临法律法规的变化程度如何？

　　□A. 很大　　　　　□B. 较大　　　　　□C. 一般

　　□D. 较小　　　　　□E. 很小

（9）行政介入对农民合作社组建和运行的影响如何？

　　□A. 很大　　　　　□B. 较大　　　　　□C. 一般

　　□D. 较小　　　　　□E. 很小

其他情况

（1）您认为农民合作社亟须提升的能力是什么？

（2）贵社在能力提升的过程中遇到的最大困难是什么？贵社是如
何解决这些困难的？

参考文献

〔英〕阿尔弗雷德·马歇尔：《经济学原理》，刘生龙译，中国社会科学
出版社，2008。

〔美〕阿兰·斯密德：《制度与行为经济学》，刘璨、吴水荣译，中国人
民大学出版社，2004。

〔美〕埃里克·弗鲁博顿、〔德〕鲁道夫·芮切特：《新制度经济学——
一个交易费用分析范式》，上海三联书店，2012。

〔以〕艾森斯塔德：《现代化：抗拒与变迁》，张旅平译，中国人民大学
出版社，1988。

常青、张兔元：《丹麦农业合作社与农业现代化的基本经验》，载尹成
杰主编《加大城乡统筹力度 协调推进工业化、城镇化与农业农村
现代化》，中国农业出版社，2010。

陈阿兴、岳中刚：《试论农产品流通与农民组织化问题》，《农业经济问
题》2003年第2期。

陈劲、赵闯、贾筱、梅亮：《重构企业技术创新能力评价体系：从知识
管理到价值创造》，《技术经济》2017年第9期。

陈锡文：《在全面推进乡村振兴中加快建设农业强国》，《中国乡村发
现》2023年第4期。

陈锡文、孔祥智：《农业现代化国情教育读本》，中国经济出版社，2015。

陈郁：《所有权、控制权与激励——代理经济学文选》，上海三联书店，1998。

程恩江、刘西川、张建伦：《农业合作社融资与农村合作金融组织发展》，浙江大学出版社，2014。

程转男：《农民专业合作社可持续发展能力评价研究——以安徽省为例》，硕士学位论文，安徽农业大学，2011。

崔宝玉、刘峰、杨模荣：《内部人控制下的农民专业合作社治理——现实图景、政府规制与制度选择》，《经济学家》2012 年第 6 期。

〔英〕大卫．李嘉图：《政治经济学及赋税原理》，郭大力、王亚南译，商务印书馆，2021。

〔美〕丹尼尔·贝尔：《后工业社会的来临——对社会预测的一项探索》，高铦、王宏周、魏章玲译，商务印书馆，1984。

邓衡山、王文烂：《合作社的本质规定与现实检视——中国到底有没有真正的农民合作社》，《中国农村经济》2014 年第 7 期。

丁泽霁编著《马克思恩格斯关于社会主义农业的思想》，农业出版社，1987。

杜栋、庞庆华、吴炎：《综合评价方法与案例精选》，清华大学出版社，2008。

杜志雄、来晓东：《农业强国目标下的农业现代化：重点任务、现实挑战与路径选择》，《东岳论丛》2023 年第 12 期。

冯娟娟、霍学喜：《成员参与合作社治理行为及其影响因素——基于 273 个苹果种植户数据的实证分析》，《农业技术经济》2017 年第 2 期。

冯强、蔡春红：《企业数字创新微观基础构建研究——基于动态能力理论视角》，《科学与管理》2023 年第 4 期。

〔德〕弗里德里希·恩格斯：《法德农民问题》，陆一远译，辽宁人民出版社，2021。

高强：《乡村振兴视野下农民合作社多维功能与发展定位》，人民日报出版社，2024。

高思涵、鄢伟波：《家庭农场加入合作社的行为特征与增收效应——基于网络组织的视角》，《中国农村经济》2023 年第 6 期。

戈锦文、肖璐、范明：《魅力型领导特质及其对农民合作社发展的作用研究》，《农业经济问题》2015 年第 6 期。

郭斌：《企业核心能力生命周期论》，《科研管理》2001 年第 1 期。

郭斐然、孔凡丕：《农业企业与农民合作社联盟是实现小农户与现代农业衔接的有效途径》，《农业经济问题》2018 年第 10 期。

郭红东、楼栋、胡卓红、林迪：《影响农民专业合作社成长的因素分析——基于浙江省部分农民专业合作社的调查》，《中国农村经济》2009 年第 8 期。

郭锦墉、黄强、徐磊：《理事长企业家精神、合作社能力与"农超对接"持续时间》，《北方园艺》2019 年第 6 期。

韩广富、谭富鸿：《习近平关于加快建设农业强国重要论述的出场逻辑、理论要旨与价值意蕴》，《河北农业大学学报》（社会科学版）2024 年第 2 期。

韩顺平、王永贵：《市场营销能力及其绩效影响研究》，《管理世界》2006 年第 6 期。

何光主编《中国合作经济概观》，经济科学出版社，1998。

何秀荣：《农业强国若干问题探析》，《中国农村经济》2023 年第 9 期。

〔美〕亨利·汉斯曼：《企业所有权论》，于静译，中国政法大学出版社，2001。

侯爱萍、查慧珠：《农业新质生产力赋能农业强国建设：理论逻辑、关键难题与实践路径》，《重庆理工大学学报》（社会科学版）2024 年第 7 期。

侯佳君、曾以宁、刘云强：《自生能力、交易环境与农民专业合作社绩效——基于四川省 321 家农民专业合作社的实证研究》，《农村经济》2020 年第 11 期。

胡锦涛：《坚定不移沿着中国特色社会主义道路前进 为全面建成小康社会而奋斗——中国共产党第十八次全国代表大会报告》，《人民日报》2012 年 11 月 18 日。

胡玲、王铭、金钟文：《动态能力对企业的环境、社会责任和公司治理（ESG）表现的影响——基于绿色创新的中介作用》，《科技管理研究》2024 年第 17 期。

胡平波：《合作社企业家能力与合作社绩效关系的实证分析——基于江西省的调查》，《华东经济管理》2013 年第 9 期。

胡向东、石自忠、袁龙江：《加快建设农业强国的内涵与路径分析》，《农业经济问题》2023 年第 6 期。

黄季焜、邓衡山、徐志刚：《中国农民专业合作经济组织的服务功能及其影响因素》，《管理世界》2010 年第 5 期。

黄胜忠：《农业合作社的环境适应性分析》，《开放时代》2009 年第 4 期。

黄胜忠、林坚、徐旭初：《农民专业合作社治理机制及其绩效实证分析》，《中国农村经济》2008 年第 3 期。

黄永利、高建中：《农民专业合作社管理者能力与绩效的相关性分析》，《贵州农业科学》2013 年第 4 期。

黄祖辉：《发展农民专业合作社，创新农业产业化经营模式》，《湖南农业大学学报》（社会科学版）2013 年第 4 期。

黄祖辉：《面向新征程和大变局的中国"三农"发展》，《农业经济问题》2025 年第 1 期。

黄祖辉：《农民合作：必然性、变革态势与启示》，《中国农村经济》2000 年第 8 期。

黄祖辉：《在农业强国建设中推动农业全产业链升级》，《中国农民合作社》2023 年第 7 期。

黄祖辉、OlofBolin、徐旭初：《农民合作组织认识误区辨析》，《经济学家》2002 年第 3 期。

黄祖辉、傅琳琳：《建设农业强国：内涵、关键与路径》,《求索》2023 年第 1 期。

黄祖辉、高钰玲：《农民专业合作社服务功能的实现程度及其影响因素》,《中国农村经济》2012 年第 7 期。

黄祖辉、邵科：《合作社的本质规定性及其漂移》,《浙江大学学报》(人文社会科学版) 2009 年第 4 期。

黄祖辉、徐旭初：《中国的农民专业合作社与制度安排》,《山东农业大学学报》(社会科学版) 2005 年第 4 期。

霍学喜：《鼓励农户安全生产行为 守护国家食品安全底线——评〈合作社对农户安全生产行为的影响研究〉》,《新疆农垦经济》2022 年第 4 期。

季晨、贾甫、徐旭初：《基于复衡性和绩效视角的农民合作社成长性探析——对生猪养殖合作社的多案例分析》,《中国农村观察》2017 年第 3 期。

贾晋、彭浩瀚、王欧：《农业强国建设：理论内涵、规律趋势和实践路径》,《世界农业》2024 年第 8 期。

姜长云：《农业强国》,东方出版社,2023。

蒋和平、崔凯：《培育创业型农民带动中国农业现代化建设》,《四川大学学报》(哲学社会科学版) 2012 年第 3 期。

蒋和平、辛岭、尤飞：《中国特色农业现代化建设研究》,经济科学出版社,2011。

焦豪：《企业动态能力、环境动态性与绩效关系的实证研究》,《软科学》2008 年第 4 期。

焦豪：《双元型组织竞争优势的构建路径：基于动态能力理论的实证研究》,《管理世界》2011 年第 11 期。

焦豪、杨季枫、金宇珂：《企业消极反馈对战略变革的影响机制研究——基于动态能力和冗余资源的调节效应》，《管理科学学报》2022 年第 25 期。

鞠立瑜、傅新红：《四川省农民专业合作社的农业标准化生产能力研究——基于对四川省 147 个种植专业合作社的调研》，《南方农村》2010 年第 4 期。

〔俄〕克鲁泡特金：《互助论》，李评沤译，商务印书馆，1963。

孔祥智：《联合与合作是家庭农场发展的必然趋势》，《科技致富向导》2014 年第 19 期。

孔祥智：《农民合作社与共同富裕》，《中国农民合作社》2022 年第 5 期。

孔祥智：《新型农业经营主体中合作社的角色定位》，《中国农民合作社》2013 年第 11 期。

孔祥智、程泽南、李愿：《建设农业强国：基本认识、核心指标和推进方略》，《学习与探索》2024 年第 5 期。

孔祥智、何欣玮：《筑牢建设农业强国的基础：大食物观下中国的粮食安全》，《河北学刊》2023 年第 5 期。

孔祥智、金洪云、史冰清：《国外农业合作社研究——产生条件、运行规则及经验借鉴》，中国农业出版社，2012。

孔祥智、谢东东：《中国特色农业强国建设：目标、挑战与对策》，《东岳论丛》2023 年第 12 期。

雷兴虎、刘观来：《制度缺失背景下的农业合作社社会责任》，《西南民族大学学报》（人文社会科学版）2012 年第 6 期。

李二超：《农民合作社的核心能力识别》，《农村经济》2013 年第 9 期。

李二超、于正：《合作社能力建设案例分析》，《中国农民合作社》2013 年第 7 期。

李建华、于莹莹、张嫄嫄、商慧文：《精益生产视角下烟农合作社的治理优化探析》，《农业展望》2016 年第 10 期。

李明贤、刘宸璠：《农村一二三产业融合利益联结机制带动农民增收研究——以农民专业合作社带动型产业融合为例》，《湖南社会科学》2019年第3期。

李婷：《德国农业》，中国农业出版社，2021。

李想、黎心怡：《数字经济背景下合作社农产品供应链优化分析》，《中国合作经济》2024年第5期。

李岩：《法国农业》，中国农业出版社，2021。

李周：《农业强国的含义、度量和进路》，《江西社会科学》2023年第11期。

〔法〕理查德·坎蒂隆：《商业性质概论》，余永定译，商务印书馆，1986。

梁巧、黄祖辉：《关于合作社研究的理论和分析框架》，《经济学家》2011年第12期。

廖祖君、郭晓鸣：《中国农业经营组织体系演变的逻辑与方向：一个产业链整合的分析框架》，《中国农村经济》2015年第2期。

林坚、王宁：《公平与效率：合作社组织的思想宗旨及其制度安排》，《农业经济问题》2002年第9期。

琳达（Qristin Violinda）：《动态能力和组织文化的影响对竞争优势和性能——在印度尼西亚和中国农业合作社的比较分析》，博士学位论文，华中农业大学，2016。

刘滨、陈池波、杜辉：《农民专业合作社绩效度量的实证分析——来自江西省22个样本合作社的数据》，《农业经济问题》2009年第2期。

刘芳：《农民专业合作社自我发展能力评价及对策研究——以广西为例》，硕士学位论文，广西大学，2013。

刘洁：《社会资本提升了农民合作社绩效吗？——基于三省110家种植类合作社的调研》，《农村经济》2023年第9期。

刘婧、王征兵:《农民专业合作社规模经济和范围经济的实证研究——基于山西省合作社调查数据》,《经济经纬》2012年第4期。

刘军、郭亚军、田喜龙、潘德惠:《不同粒度语言评价集的融合方法研究》,《东北大学学报》(自然科学版) 2007年第11期。

刘润忠:《社会行动·社会系统·社会控制——塔尔科特·帕森斯社会理论述评》,天津人民出版社,2005。

刘婷:《农民专业合作社分布特征及带动能力分析》,《湖北农业科学》2012年第16期。

刘同山:《农民合作社的幸福效应:基于ESR模型的计量分析》,《中国农村观察》2017年第4期。

刘同山、陈斯懿:《农业强国的测度指标、国际比较与中国选择》,《东岳论丛》2023年第7期。

刘晔:《企业能力理论体系及其内在逻辑关联》,《延边大学学报》(社会科学版) 2011年第3期。

刘颖娴、徐旭初、郭红东:《不确定性与农民专业合作社纵向一体化经营》,《华南农业大学学报》(社会科学版) 2015年第14期。

刘振伟:《农民合作经济组织立法的几个问题》,《农村经营管理》2004年第5期。

刘政、万玮、匡慧姝、左勇华:《数字赋能、动态能力与企业双元创新:拓宽还是掘深?》,《科学学与科学技术管理》2024年第11期。

龙奥、曾尚梅、朱昕玥、杨璐璐:《农民专业合作社动态能力探析》,《合作经济与科技》2024年第11期。

楼栋、高强、孔祥智:《价值链整合与农民专业合作社竞争力提升》,《江西农业大学学报》(社会科学版) 2013年第1期。

楼栋、黄博、孔祥智:《企业家精神与农民专业合作社发展——以北京乐平西甜瓜专业合作社为例》,《农业部管理干部学院学报》2012年第8期。

罗建利、郑阳阳:《农民专业合作社自主创新能力影响因素分析——一个多案例研究》,《农林经济管理学报》2015 年第 3 期。

罗磊、乔大宽、刘宇茨、傅新红:《农民合作社规制与社员绿色生产行为:激励抑或约束》,《中国农业大学学报》2022 年第 12 期。

罗千峰、罗增海:《合作社再组织化的实现路径与增效机制——基于青海省三家生态畜牧业合作社的案例分析》,《中国农村观察》2022 年第 1 期。

罗仲伟、任国良、焦豪、蔡宏波、许扬帆:《动态能力、技术范式转变与创新战略——基于腾讯微信"整合"与"迭代"微创新的纵向案例分析》,《管理世界》2014 年第 8 期。

马鸿佳、董保宝、葛宝山:《资源整合过程、能力与企业绩效关系研究》,《吉林大学社会科学学报》2011 年第 4 期。

《马克思恩格斯全集》第 16 卷,人民出版社,1964。

《马克思恩格斯全集》第 31 卷,人民出版社,1998。

《马克思恩格斯全集》第 42 卷,人民出版社,1979。

《马克思恩格斯文集》第 8 卷,人民出版社,2009。

马庆国:《管理统计》,科学出版社,2005。

马晓河:《推进农业农村现代化与加快建设农业强国》,《农村金融研究》2023 年第 5 期。

马彦丽、孟彩英:《我国农民专业合作社的双重委托—代理关系——兼论存在的问题及改进思路》,《农业经济问题》2008 年第 5 期。

〔美〕迈克尔·波特:《竞争战略》,陈小悦译,华夏出版社,2005。

孟佳佳、董大海、刘瑞明:《网络营销能力对企业绩效影响的实证研究》,《科技管理研究》2012 年第 12 期。

缪建平:《关于农业产业化利益机制几个问题的探讨》,《中国农村观察》1997 年第 6 期。

倪细云:《农民专业合作社发展能力研究——以山西省运城市为例》,

博士学位论文，西北农林科技大学，2012。

倪细云、王礼力、刘婧：《农民专业合作社理事长能力测度与培育——基于运城市 100 家合作社的实证情况》，《西北农林科技大学学报》（社会科学版）2012 年第 5 期。

牛若峰：《论市场经济与农民自由联合》，《中国农村经济》1998 年第 7 期。

潘劲：《合作社与村两委的关系探究》，《中国农村观察》2014 年第 2 期。

潘劲：《中国农民专业合作社：数据背后的解读》，《中国农村观察》2011 年第 6 期。

庞兆丰、周明：《共同富裕中不同群体的致富能力研究》，《西北大学学报》（哲学社会科学版）2022 年第 2 期。

彭莹莹、苑鹏：《合作社企业家能力与合作社绩效关系的实证研究》，《农村经济》2014 年第 12 期。

平卫英、张谊瑞：《农民合作社与农户结构性增收：影响效应与机制检验》，《农村经济》2023 年第 12 期。

邱皓政、林碧芳：《结构方程模型的原理与应用》，中国轻工业出版社，2012。

邱菀华：《管理决策与应用熵学》，机械工业出版社，2002。

邱钰雯、白冰：《数字经济下制造业企业动态能力对供应链关系的影响研究》，《物流科技》2022 年第 7 期。

〔法〕让-弗朗索瓦·利奥塔尔：《后现代状态：关于知识的报告》，车槿山译，南京大学出版社，2011。

任大鹏：《合作社能力提升的方向》，《中国农民合作社》2012 年第 3 期。

任大鹏、郭海霞：《多主体干预下的合作社发展态势》，《农村经营管理》2009 年第 3 期。

任大鹏、赵鑫：《马恩的合作社思想与当代合作社价值反思》，《中国农业大学学报》（社会科学版）2019 年第 4 期。

邵科、吴彬、朋文欢：《基于环境嵌入的农民专业合作社治理及其优化研究》，中国农业科学技术出版社，2020。

申龙均、李中华：《农民合作社论》，社会科学文献出版社，2009。

施晟、卫龙宝、伍骏骞：《"农超对接"进程中的溢价产生与分配——基于"农户+合作社+超市"模式创新的视角》，《财贸经济》2012 年第 9 期。

史志乐、吴奕：《中国式现代化背景下农业强国的内涵特征与建设路径》，《山西农业大学学报》（社会科学版）2024 年第 4 期。

〔美〕斯蒂芬·罗宾斯、玛丽·库尔特：《管理学》，李原等译，中国人民大学出版社，2008。

宋燕平、王艳荣：《我国新型农民合作组织技术吸收能力评价——以安徽省 78 个农民合作组织为例》，《农业技术经济》2011 年第 10 期。

苏敬勤、王鹤：《企业资源分类框架的讨论与界定》，《科学学与科学技术管理》2010 年第 2 期。

苏玉婷、赵雪：《权力配置视角下政府嵌入农民合作社的机制研究——以浙江阳山畈蜜桃合作社为例》，《浙江农业科学》2024 年第 65 期。

〔日〕速水佑次郎、神门善久：《发展经济学——从贫困到富裕》，李周译，社会科学文献出版社，2009。

隋斌：《中华农耕文明：历史演进、思想理念及对建设农业强国的现实启示》，《中国农村经济》2023 年第 11 期。

孙超超：《头雁领航全产业链发展 产业聚焦助力乡村振兴——记当涂县均庆河蟹生态养殖专业合作社理事长徐文杰》，《中国农民合作社》2024 年第 1 期。

孙琳、高建中、赵金燕：《农民专业合作社功能对社员农业现代化贡献性实证研究》，《北方园艺》2012 年第 6 期。

孙亚范：《合作社组织文化及其对我国农村合作经济组织创新的启示》，

《农村经营管理》2003 年第 7 期。

唐进：《农民专业合作社开展农业技术推广的能力系统研究》，博士学位论文，四川农业大学，2023。

唐宗焜：《合作社真谛》，知识产权出版社，2012。

田永胜：《合作社何以供给安全食品——基于集体行动理论的视角》，《中国农业大学学报》（社会科学版）2018 年第 35 期。

王芳、王宁、隋明姜、钱永忠：《合作社实施农业标准化分析——基于河北、吉林、陕西、浙江四省份调查》，《农业技术经济》2013 年第 9 期。

王佳、万俊毅、曾丽军：《关系嵌入、动态能力与合作社竞争优势——基于粤省 286 家合作社样本的实证研究》，《华中农业大学学报》（社会科学版）2023 年第 2 期。

王利科、唐克军：《农业强国建设的历史脉络、现实困境与推进方略》，《贵州社会科学》2024 年第 4 期。

王龙伟、宋美鸽、李晓冬：《契约完备程度对隐性知识获取影响的实证研究》，《科研管理》2018 年第 12 期。

王图展：《农民合作社议价权、自生能力与成员经济绩效——基于 381 份农民专业合作社调查问卷的实证分析》，《中国农村经济》2016 年第 1 期。

王文丽：《农民合作社的社会绩效评价指标体系探讨——基于"三农"视角》，《黑龙江畜牧兽医》2015 年第 6 期。

王燕、傅新红、曾维忠：《农民专业合作社社长声誉与社员信任——从信任建立到信任深化》，经济管理出版社，2021。

王毅、陈劲、许庆瑞：《企业核心能力：理论溯源与逻辑结构剖析》，《管理科学学报》2000 年第 9 期。

王毅、陈劲、许庆瑞、郝春梅：《企业核心能力概念框架研究：三层次模型》，《中南工业大学学报》（社会科学版）2000 年第 2 期。

王玉玲：《茶叶企业核心能力研究》，博士学位论文，福建农林大学，2011。

王志刚、胡宁宁、项猛：《资源与能力视角下农业企业数字化转型研究——基于110家农业企业数字化转型的经验分析》，《经济与管理研究》2024年第45期。

魏后凯：《建设农业强国是事关全局的重大战略决策》，《旗帜》2023年第2期。

魏后凯、崔凯：《农业强国的内涵特征、建设基础与推进方略》，《改革》2022年第12期。

魏后凯、董伟俊：《新发展阶段农业农村现代化研究》，社会科学文献出版社，2021。

魏后凯、杜志雄：《中国农村发展报告（2022）——促进农民农村共同富裕》，中国社会科学出版社，2022。

魏后凯、杜志雄：《中国农村发展报告（2024）——以新质生产力推进乡村全面振兴》，中国社会科学出版社，2024。

魏后凯、杜志雄：《中国农村发展报告——面向2035年的农民农村现代化》，中国社会科学出版社，2021。

魏江：《企业核心能力的内涵与本质》，《管理工程学报》1999年第1期。

魏玲丽、魏晋：《农民合作社纵向一体化保障农产品质量的机理、实践及风险防控》，《农业经济与管理》2023年第4期。

文雷：《中国农民专业合作社治理机制与绩效》，博士学位论文，西北农林科技大学，2013。

翁贞林、兰丁旺、汤晋、廖宇：《风险偏好、合作社参与对水稻绿色生产技术采纳行为的影响——基于江西省520份水稻种植户的调研》，《农业经济与管理》2023年第5期。

〔德〕乌尔里希·贝克、〔英〕安东尼·吉登斯、〔英〕斯科特·拉什：《自反性现代化：现代社会秩序中的政治、传统与美学》，赵文书译，商务印书馆，2001。

〔美〕西奥多·W. 舒尔茨：《改造传统农业》，梁小民译，商务印书馆，2006。

习近平：《高举中国特色社会主义伟大旗帜 为全面建设社会主义现代化国家而团结奋斗——在中国共产党第二十次全国代表大会上的报告》，人民出版社，2022a。

习近平：《加快建设农业强国 推进农业农村现代化》，《求是》2023年第6期。

习近平：《决胜全面建成小康社会 夺取新时代中国特色社会主义伟大胜利——在中国共产党第十九次全国代表大会上的报告》，人民出版社，2017。

习近平：《论"三农"工作》，中央文献出版社，2022b。

习近平：《以中国式现代化全面推进强国建设、民族复兴伟业》，《求是》2025年第1期。

习近平：《在党的二十届三中全会第二次全体会议上的讲话》，《求是》2024年第18期。

席莹、吴春梅：《农民专业合作社双元能力建设及其治理效应》，《农业经济问题》2017年第8期。

徐岸峰、陈继明、李玥：《数字平台企业的核心能力与作用机制研究》，《科学决策》2023年第10期。

徐新：《以色列创新农业》，南京大学出版社，2022。

徐旭初：《农民专业合作社绩效评价体系及其验证》，《农业技术经济》2009年第4期。

徐旭初、黄胜忠：《走向新合作——浙江省农民专业合作社发展研究》，科学出版社，2009。

徐旭初、吴彬：《贫困中的合作——贫困地区农村合作组织发展研究》，浙江大学出版社，2016。

徐旭初、吴彬：《治理机制对农民专业合作社绩效的影响——基于浙江省 526 家农民专业合作社的实证分析》，《中国农村经济》2010 年第 5 期。

徐旭初、吴彬、金建东：《数字赋能乡村——数字乡村的理论与实践》，浙江大学出版社，2022。

徐旭初、吴彬、应丽：《农民专业合作社财务绩效的影响因素分析——基于浙江省 319 家农民专业合作社的实地调查》，《西北农林科技大学学报》（社会科学版）2013 年第 6 期。

徐志刚、朱哲毅、邓衡山：《产品溢价、产业风险与合作社统一销售——基于大小户的合作博弈分析》，《中国农村观察》2017 年第 5 期。

〔英〕亚当·斯密：《国富论》，杨敬年译，陕西人民出版社，2001。

闫石、于占海：《农民合作社带头人能力建设研究》，《中国农民合作社》2015 年第 10 期。

杨丹、程丹、邓明艳：《从全面脱贫到乡村振兴：合作社的跨期贫困治理逻辑——基于是否脱贫摘帽区的多案例比较分析》，《农业经济问题》2023 年第 8 期。

杨丹、刘自敏：《农户专用性投资、农社关系与合作社增收效应》，《中国农村经济》2017 年第 5 期。

杨东霞：《澳大利亚农业》，中国农业出版社，2021。

杨军：《合作社的农产品流通绩效及其影响因素——基于广东和江西 60 家合作社的调查》，《仲恺农业工程学院学报》2015 年第 10 期。

杨楠楠：《农民专业合作社运营能力评价研究》，硕士学位论文，燕山大学，2014。

杨小凯、张永生：《新兴古典经济学与超边际分析》，社会科学文献出版社，2003。

杨旭、张晨明：《乡村振兴背景下合作社带动脱贫户增收影响因素研究——基于×县的经验数据研究》，《当代经济》2024 年第 41 期。

〔英〕伊迪斯·彭罗斯:《企业成长理论》,赵晓译,上海三联书店,2010。

应瑞瑶、何军:《中国农业合作社立法若干理论问题研究》,《农业经济问题》2002 年第 7 期。

郁建兴、任杰:《共同富裕的理论内涵与政策议程》,《政治学研究》2021 年第 3 期。

苑鹏:《"公司+合作社+农户"下的四种农业产业化经营模式探析——从农户福利改善的视角》,《中国合作经济》2013 年第 7 期。

苑鹏:《部分西方发达国家政府与合作社关系的历史演变及其对中国的启示》,《中国农村经济》2009 年第 8 期。

苑鹏:《合作社与股份公司的区别与联系》,《教学与研究》2007 年第 1 期。

苑鹏:《美国政府在发展农民合作社中的作用及其启示》,《农业经济问题》2007 年第 9 期。

苑鹏:《农民专业合作社的财政扶持政策研究》,《经济参考研究》2009 年第 41 期。

苑鹏:《欧美农业合作社的实践创新及其对我国的启示》,《学习与实践》2015 年第 7 期。

苑鹏:《影响妇女有效参与农民专业合作社的因素分析》,《中国妇运》2010 年第 3 期。

苑鹏:《中国特色的农民专业合作社发展探析》,《东岳论丛》2014 年第 4 期。

苑鹏、杜吟棠、吴海丽:《土地流转合作社与现代农业经营组织创新——彭州市磁峰皇城农业资源经营专业合作社的实践》,《农村经济》2009 年第 10 期。

〔美〕约翰·梅尔:《农业经济发展学》,何宝玉、王华、张进选译,农村读物出版社,1988。

〔日〕早见雄次郎、〔美〕弗农·拉坦：《农业发展：国际前景》，吴伟东、翟正惠、卓建伟、胡平译，商务印书馆，1993。

曾蓓、崔焕金：《企业技术能力刚性的产生及其超越》，《山东经济》2007年第6期。

曾萍、邓腾智、宋铁波：《制度环境、核心能力与中国民营企业成长》，《管理学报》2013年第5期。

战睿、王海军、孟翔飞：《核心能力对颠覆性创新的影响——企业创新生态系统的中介作用》，《科学进步与决策》2024年第10期。

张凤海：《动态能力对企业绩效的影响机理研究》，博士学位论文，大连理工大学，2013。

张广胜：《美国农业》，中国农业出版社，2021。

张国峥、赵嵩正、王娟茹：《隐性知识与知识集成：知识吸收的中介作用与激励的调节作用》，《情报理论与实践》2015年第6期。

张红宇：《建设农业强国的理论逻辑——基于农业产业属性的观察与研究》，《改革》2024年第1期。

张红宇：《农业强国的全球特征与中国要求》，《前进》2023年第5期。

张怀英、原丹奇、周忠丽：《企业家精神、社员自身能力与合作社绩效》，《贵州社会科学》2019年第5期。

张吉昌、龙静、王泽民：《中国民营上市企业的组织韧性驱动机制——基于"资源-能力-关系"框架的组态分析》，《经济与管理研究》2022年第2期。

张军：《农业发展的第三次浪潮》，《中国农村经济》2015年第5期。

张坤、刘娴、喻龙文：《中国农民专业合作社可持续经营能力：时代内涵、实证测算与时空演变》，《中南林业科技大学学报》（社会科学版）2024年第3期。

张连刚、柳娥：《组织认同、内部社会资本与合作社成员满意度——基于云南省263个合作社成员的实证分析》，《中国农村观察》2015

年第 5 期。

张满林:《我国农民专业合作社治理问题研究》,《渤海大学学报》(哲学社会科学版) 2010 年第 5 期。

张美珍:《农民专业合作社人力资源研究》,博士学位论文,西北农林科技大学,2010。

张明皓:《中国式现代化进程中农业强国建设:战略内涵、实践布局与政策体系》,《农村经济》2024 年第 8 期。

张明月、薛兴利、郑军:《合作社参与"农超对接"满意度及其影响因素分析——基于 15 省 580 家合作社的问卷调查》,《中国农村观察》2017 年第 3 期。

张文煜、刘占艳:《农民专业合作社内部财务管理制度构建》,《农村经济与科技》2010 年第 8 期。

张晓山:《促进以农产品生产专业户为主体的合作社的发展——以浙江省农民专业合作社的发展为例》,《中国农村经济》2004 年第 11 期。

张晓山:《农民专业合作社的发展趋势探析》,《管理世界》2009 年第 5 期。

张晓山:《农业现代化的出路》,《中国经济和信息化》2013 年第 4 期。

张晓山:《中国加入 WTO 与中国农民的组织化》,《农村合作经济经营管理》2000 年第 1 期。

张晓山:《中国农村改革与发展概论》,中国社会科学出版社,2010。

张晓山、党国英:《丹麦农村社会的政治结构初探》,《中国农村观察》2002 年第 6 期。

张晓山、苑鹏:《合作经济理论与中国农民合作社的实践》,首都经济贸易大学出版社,2009。

张晓山、苑鹏:《合作社基本原则及有关问题的比较研究》,《农村经济与社会》1991 年第 1 期。

张晓山、苑鹏:《通过立法和扶持政策 促进农民合作社快速发展——中

央文件有关农民合作社相关政策的评述》，《中国农民合作社》
2014 年第 1 期。

张雄、黄颖祺：《共同富裕下农民合作社内生发展动力的生成与培育研究》，《经济论坛》2024 年第 4 期。

张学会：《农民专业合作社纵向一体化研究》，博士学位论文，西北农林科技大学，2013。

张亚莉、李辽辽、卢迪：《元知识开发能力对企业颠覆性创新的影响——资源到能力的视角》，《科学学研究》2023 年第 10 期。

张滢：《"家庭农场+合作社"的农业产业化经营新模式：制度特性、生发机制和效益分析》，《农村经济》2015 年第 6 期。

张滢：《农民专业合作社风险识别与治理机制——两种基本合作社组织模式的比较》，《中国农村经济》2011 年第 12 期。

张滢：《以合作社为核心的丹麦猪肉产业组织体系：组织架构、制度特性与经验借鉴》，《中国农村经济》2016 年第 1 期。

张滢、苑鹏：《共同富裕目标下农民合作社能力提升的内在机理与现实观照》，《农村经济》2023 年第 3 期。

张照新、赵海：《新型农业经营主体的困境摆脱及其体制机制创新》，《改革》2013 年第 2 期。

赵国杰、郭春丽：《农民专业合作社生命周期分析与政府角色转换初探》，《农业经济问题》2009 年第 1 期。

赵佳荣：《农民专业合作社"三重绩效"评价模式研究》，《农业技术经济》2010 年第 2 期。

赵泉民、井世洁：《合作社组织与乡村公民共同体构建》，《学术论坛》2016 年第 4 期。

赵铁桥：《办好农民合作社 走好共同富裕路——中国共产党领导下的农民合作社百年变迁与启示》，《中国农民合作社》2021 年第 8 期。

赵晓峰：《"家庭农场+合作社"：农业生产经营组织体制的理想模式及

功能分析》，《天津行政学院学报》2014 年第 2 期。

赵兴庐、张建琦、刘衡：《能力建构视角下资源拼凑对新创企业绩效的影响过程研究》，《管理学报》2016 年第 13 期。

郑适、陈茜苗、王志刚：《土地规模、合作社加入与植保无人机技术认知及采纳——以吉林省为例》，《农业技术经济》2018 年第 6 期。

郑真真：《社会科学研究方法应用》，中国社会科学出版社，2013。

《中共中央关于发展农业生产合作社的决议》，《人民日报》1954 年 1 月 9 日。

中共中央文献研究室编《习近平关于实现中华民族伟大复兴的中国梦论述摘编》，中央文献出版社，2013。

《中华人民共和国农民专业合作社法》（最新修订版），中国法制出版社，2018。

《中华人民共和国农民专业合作社法》，中国法制出版社，2006。

钟真、张琛、张阳悦：《纵向协作程度对合作社收益及分配机制影响——基于 4 个案例的实证分析》，《中国农村经济》2017 年第 6 期。

周娟：《农民专业合作社的困境与农民合作的本土化路径探讨》，《农村经济》2023 年第 1 期。

周文根、章志平、王强：《浙江省农民合作社发展报告（2015）》，浙江工商大学出版社，2015。

周燕、钱慧池、王楠：《隐性知识共享对知识型员工越轨创新的影响机制研究——角色宽度自我效能感与工作繁荣的链式中介作用》，《科技进步与对策》2023 年第 11 期。

朱晓红、陈寒松、张腾：《知识经济背景下平台型企业构建过程中的迭代创新模式——基于动态能力视角的双案例研究》，《管理世界》2019 年第 3 期。

朱哲毅、邓衡山、应瑞瑶：《价格谈判、质量控制与农民专业合作社农资购买服务》，《中国农村经济》2016 年第 7 期。

Adrian, J. S., Drzik, J., "Countering the Biggest Risk of All", *Harvard Business Review* 245 (4) (2005).

Agbo, M., Rousseliere, D., Salanie, J., "Agricultural Marketing Cooperatives with Direct Selling: A Cooperative-Noncooperative Game", *Journal of Economic Behavior & Organization* 109 (56) (2015).

Aghazadeh, H., Beheshti Jazan Abadi, E. and Zandi, F., "Branding Advantage of Agri-food Companies in Competitive Export Markets: A Resource-Based Theory", *British Food Journal* 124 (7) (2022).

Albert, S., Jenny, G., "Dynamic Capabilities as Patterns of Organizational Change: An Empirical Study on Transforming a Firm's Resource Base", *Journal of Organizational Change Management* 28 (2) (2015).

Allee, V., *The Knowledge Evolution: Expanding Organizational Intelligence*, Boston: Butterworth-Heinemann, 1997.

Amit, R., Shoemaker, P., "Strategic Asset and Organizational Rent", *Strategic Management Journal* 14 (4) (1993).

Ann, H., Michael, J. T., *Modernization and Stagnation: Latin American Agriculture into the* 1990s, New York: Greenwood Press, 1991.

Arla Foods, "How Do They Do It in Denmark?", *Rural Cooperatives* 82 (1) (2015).

Bagozzi, R. P., Yi, Y., "On the Evaluation of Structural Equation Models", *Journal of the Academy of Marketing Science* 16 (1988).

Barbaroux, P., "Identifying Collaborative Innovation Capabilities within Knowledge-Intensive Environments: Insights from the ARPANET Project", *European Journal of Innovation Management* 15 (2) (2012).

Barney, J. B., "Is the Resource-Based-View—A Useful Perspective for Strategic Management Research?", *Academy of Management Review* 26 (1) (2001).

Barney, J. B. , "Strategic Factor Markets: Expectations, Luck and Business Strategy", *Management Science* 32 (10) (1986).

Barney, J. B. , "Firm Resources and Sustained Competitive Advantage", *Journal of Management* 17 (1) (1991).

Barreto, H. , "The Hesitant Hand Swinging to and fro: Government and Market, Pigou and Coasemedema's", In *A Research Annual*, Leeds: Emerald Group Publishing Limited, 2010.

Berkowitz, E. N. , Kerin, R. A. , Rudelius, W. , *Marketing*, Chicago: Irwin Professional Publishing, 1989.

Bertoncelj, A. , Kavčič, K. , "Hierarchy Orientation in Equity Alliances: Core Capabilities Perspective", *Kybernetes* 40 (5/6) (2011) .

Boone, C. , Ozcan, S. , "Strategic Choices at Entry and Relative Survival Advantage of Cooperatives versus Corporations in the US Bio-ethanol Industry, 1978-2015", *Journal of Management Studies* 53 (7) (2016).

Borsellino, V. , Varia, F. , Zinnanti, C. , Schimenti, E. , "The Sicilian Cooperative System of Wine Production: The Strategic Choices and Performance Analyses of a Case Study", *International Journal of Wine Business Research* 32 (3) (2020).

Brouthers, K. D. , "Institutional, Cultural and Transaction Cost Influence on Entry Mode Choice and Performance", *Journal of International Business Studies* 33 (2) (2002).

Browne, M. W. , Cudeck, R. , "Alternative Ways of Assessing Model Fit", *Sage Focus Editions* 154 (1993).

Canelas, C. , Selhausen, F. M. , Stam, E. , "Husbands and Wives: Power, Peril and Female Participation in a Ugandan Coffee Cooperative", *Journal of Small Business and Enterprise Development* 31 (8) (2024).

Castilla-Polo, F. , Sanchez-Hernandez, M. I. , Gallardo-Vazquez, D. , "As-

sessing the Influence of Social Responsibility on Reputation: An Empiri-
cal Case Study in Agricultural Cooperatives in Spain", *Journal of Agri-
cultural and Environmental Ethics* 30 (1) (2017).

Cepeda, G. , "Dynamic Capabilities and Operational Capabilities: A Knowl-
edge Management Perspective", *Journal of Business Research* 60 (5)
(2007).

Chaddad, F. D. , Cook M. L. , "An Ownership Rights Typology of Coopera-
tives", *The Journal of Law and Economics* 30 (2) (2002).

Chagwiza, C. , Muradian, R. , Ruben, R. , "Cooperative Membership and
Dairy Performance among Small Holders in Ethiopia", *Food Policy* 59
(16) (2016).

Chesbrough, H. , Rosenbloom, R. S. , "The Role of the Business Model in
Capturing Value from Innovation: Evidence from Xerox Corporation's
Technology Spin-off Companies", *Industrial and Corporate Change* 11
(3) (2002).

Chew, D. A. , Yan, S. , Cheah, C. Y. , "Core Capability and Competitive
Strategy for Construction SMEs in China", *Chinese Management Studies*
2 (3) (2008).

Chmielewski, D. A. , Paladino, A. , "Driving a Resource Orientation: Re-
viewing the Role of Resource and Capability Characteristics", *Manage-
ment Decision* 45 (3) (2007).

Cook, M. L. , "Organizational Economics in the Food, Agribusiness, and
Agricultural Sections", *American Journal of Agricultural Economics* 86
(8) (2004).

Daman, P. , "Capacity Building of Agricultural Cooperatives to Meet the
Market and Human Resources Development Demands: A Step-by-Step
Approach", Paper Prepare for the Participatory Management Develop-

ment Advisory Network, 2013.

Davis, E., Eisenhardt, S., Bingham, W., "Organized to Transform: What NOAA Can Learn From DARPA, ARPA-E, and ATP", Working Paper, 2009.

Dentoni, D., Bitzer, V., Pascucci, S., "Cross-Sector Partnerships and the Co-creation of Dynamic Capabilities for Stake-holder Orientation", *Journal of Business Ethics* 135 (1) (2016).

Dipon, R. G., Cabudol, R. G., "Strategic Plans on the Context of Business Excellence Models and Its Financial Impact: The Case of the Cavendish Banana Grower Cooperatives", *The TQM Journal* (2024).

Distel, A. P., Sofka, W., Faria, P., Preto, M. T., Ribeiro, A. S., "Dynamic Capabilities for Hire—How Former Hostcountry Entrepreneurs as MNC Subsidiary Managers Affect Performance", *Journal of International Business Studies* 53 (2019).

Donovan, J., Blare, T., Poole, N., "Stuck in a Rut: Emerging Cocoa Cooperatives in Peru and the Factors That Influence Their Performance", *International Journal of Agricultural Sustainability* 15 (2) (2017).

Drivas, K., Giannakas, K., "The Effect of Cooperatives on Quality-Enhancing Innovation", *Journal of Agricultural Economics* 61 (2) (2010).

Egbert, H., Henk, J., "Are There Ideological Aspects to the Modernization of Agriculture?", *Journal of Agricultural and Environmental Ethics* 25 (5) (2012).

Egerstrom, L., "Obstacles to Cooperation", Working Paper, 2004.

Eilers, C., Hanf, C. H., *Contracts between Farmers and Farmer Processing Cooperatives: A Principal-agent Approach for the Potato Industry*, Physica: Heidelberg, 1999.

Emelianoff, I. V., *Economic Theory of Cooperation*, Edward Brothers, 1942.

Enke, S. , "Consumer Cooperatives and Economic Efficiency", *American Economics Review* 35 (1) (1945).

Exposito-Langa, M. , Tomas-Miquel, J. V. , Fota, A. E. , "Knowledge Base and Innovative Practices: Analysis of the Moderating Effect of Network Competence. An Application in the Alicante Wine Industry", *International Journal of Wine Business Research* 37 (1) (2025).

Freshwater, D. , "Can Continuation of GSE Status for the Farm Credit System Be Justified?", *Journal of Public Budgeting, Accounting & Financial Management* 11 (1) (1999).

Fulton, M. E. , *Traditional Versus New Generation Cooperatives*, Westport Connquorum Books, 2000.

Fulton, M. E. , Vercammen, J. , "The Distributional Impact of Non-Uniform Pricing Schemes for Cooperatives", *Journal of Cooperatives* 10 (1995).

Gangale, R. , "P4P Supporting Farmer Cooperatives for Sustainable Growth", July 29, 2014.

Grant, R. , "The Resource-Based Theory of Competitive Advantage", *Implications for Strategy Formulation* 33 (3) (1991).

Grashuis, J. , Magnier, A. , "Product Differentiation by Marketing and Processing Cooperatives: A Choice Experiment with Cheese and Cereal Products", *Agribusiness* 34 (1) (2018).

Grashuis, J. , "Better Performance after Mergers and Acquisitions? The Case of US Farmer Cooperatives", *Agricultural Finance Review* 83 (3) (2023).

Grau, A. , Hockmann, H. , Levkovych, I. , "Dairy Cooperatives at the Crossroads", *British Food Journal* 117 (10) (2015).

Griffith, D. A. , Harvey, M. G. , "A Resource Perspective of Global Dynamic Capabilities", *Journal of International Business Studies* 32 (3) (2001).

Harsono, T. W. , Hidayat, K. , Iqbal, M. , Abdillah, Y. , " Exploring the Effect of Transformational Leadership and Knowledge Management in Enhancing Innovative Performance: A Mediating Role of Innovation Capability", *Journal of Manufacturing Technology Management* 36 (1) (2025).

Helfat, C. E. , Peteraf, M. A. , "The Dynamic Resource-Based View: Capability Lifecycles", *Strategic Management Journal* 24 (10) (2003).

Helmberger, P. G. , Hoos, S. , "Cooperative Enterprise and Organization Theory", *Journal of Farm Economics* 44 (1) (1962).

Hendrikse, G. W. J. , Bijman, C. P. , "Ownership Structure in Agrifood Chains: The Marketing Cooperatives", *American Journal of Agricultural Economics* 84 (1) (2002).

Hendrikse, G. W. J. , Veerman, J. , "Marketing Cooperatives: An Incomplete Contracting Perspective", *Journal of Agricultural Economics* 52 (1) (2001).

Hendrikse, G. W. J. , "Screening, Competition and the Choice of the Cooperatives as an Organizational Form", *Journal of Agricultural Economics* 49 (2) (1998).

Henehan, B. M. , Anderson, B. L. , "Evaluating the Performance of Agricultural Cooperative Boards of Directors", Presented at the NCR 194 Committee Meeting, Kansas City, MO, November, 1999.

Herbst, P. , Prufer, J. , "Firms, Nonprofits and Cooperatives: A Theory of Organizational Choice", Working Paper, 2007.

Hobbs, J. E. , Kerr, W. A. , Klein, K. K. , "Creating International Competitiveness through Supply Chain Management: Danish Pork Type",

Supply Chain Management 3 (2) (1998).

Hoffman, J. J., Hoelscher M. L., Sherif, K., "Social Capital, Knowledge Management, and Sustained Superior Performance", *Journal of Knowledge Management* 9 (3) (2005).

Huang, Z. H., Wu, B., Xu, X. C., Liang, Q., "Situation Features and Governance Structure of Farmer Cooperatives in China: Does Initial Situation Matter?", *The Social Science Journal* 53 (1) (2016).

Huber, J., *The Rainbow Society: Ecology and Social Politics*, Free Press, 1985.

Iliopoulos, C., Valentinov, V., "Member Preference Heterogeneity and System-Lifeworld Dichotomy in Cooperatives: An Exploratory Case Study", *Journal of Organizational Change Management* 30 (7) (2017).

Jean-Pierre, C., Andrea, M., "Governance, Commercial Strategies and Performances of Wine Cooperatives: An Analysis of Italian and French Wine Producing Regions", *International Journal of Wine Business Research* 23 (3) (2011).

Ji, C., Chen, Q., Trienekens, J., Wang, H., "Determinants of Cooperative Pig Farmers' Safe Production Behaviour in China: Evidences from Perspective of Cooperatives' Services", *Journal of Integrative Agriculture* 17 (10) (2018).

Johannessen, J. A., Olsen, B., "Aspects of a Cybernetic Theory of Tacit Knowledge and Innovation", *Kybernetes* 40 (1/2) (2011).

Jurgen, S., "Capacity Building for Africa's Cooperatives and Social Organization", A Contribution to the Expert Group Meeting Cooperatives in Social Development, 2013.

Kamasak, R., "The Contribution of Tangible and Intangible Resources, and Capabilities to a Firm's Profitability and Market Performance", *European*

Journal of Management and Business Economics 26（2）（2017）.

Karantinis, K. , Zago, A. , "Endogenous Membership in Mixed Duopsonies", *American Journal of Economics* 83（5）（2001）.

Kirezieva, K. , Bijman, J. , Jacxsens, L. , Luning, P. A. , "The Role of Cooperatives in Food Safety Management of Fresh Produce Chains: Case Studies in Four Strawberry Cooperatives", *Food Control* 62（2）（2016）.

Knudsen, D. C. , Hansen, F. , "Restructuring in Cooperatives: The Example of the Danish Pork Processing Industry, 1968-2002", *Professional Geographer* 60（2）（2008）.

Kohli, A. K. , Jaworski, B. J. , "Market Orientation: The Construct, Research Propositions, and Managerial Implications", *Journal of Marketing* 54（1990）.

Kontogeorgos, A. , "Brands, Quality Badges and Agricultural Cooperatives: How Can They Co-Exist?", *The TQM Journal* 24（1）（2012）.

Kotler, P. , *Principles of Marketing*, Pearson Education, 1999.

Krasachat, W. , Chimkul, K. , "Performance Measurement of Agricultural Cooperatives in Thailand: An Accounting-based Data Envelopment Analysis", *Contribution to Economics* 3（3）（2009）.

Krishnan, D. , Islam, R. , Sarif, S. M. , "A Hierarchical Model to Enhance Financial and Strategic Performance of an Oil and Gas Company in Malaysia", *International Journal of Energy Sector Management* 14（2）（2020）.

Kumar, A. , Saroj, S. , Joshi, P. K. , Takeshima, H. , "Does Cooperative Membership Improve Household Welfare? Evidence from a Panel Data Analysis of Smallholder Dairy Farmers in Bihar, India", *Food Policy* 75（2）（2018）.

Kusmiati, E. , Masyita, D. , Febrian, E. , Cahyandito, M. F. , "A Study on the Determinants of Successful Performance of Indonesian Cooperatives", *International Journal of Social Economics* 50 (9) (2023).

Leonard-Barton, D. , "Core Capabilities and Core Rigidities: A Paradox in Managing New Product Development", *Strategic Management Journal* 13 (1) (1992).

Lerner, D. , *The Passing of Traditional Society: Modernizing the Middle East*, Free Press, 1958.

Liang, Q. , Lu, H. , Deng, W. , "Between Social Capital and Formal Governance in Farmer Cooperatives: Evidence from China", *Outlook on Agriculture* 47 (3) (2018).

Liang, Q. , Hendrikse, G. , Huang, Z. , Xu, X. , "Governance Structure of Chinese Farmer Cooperatives: Evidence from Zhejiang Province", *Agribusiness* 31 (2) (2015).

Long, C. , Vickers-Koch, M. , "Using Core Capabilities to Create Competitive Advantage", *Organizational Dynamics* 24 (1) (1995).

Ma, W. , Abdulai, A. , Goetz, R. , "Agricultural Cooperatives and Investment in Organic Soil Amendments and Chemical Fertilizer in China", *American Journal of Agricultural Economics* 100 (2) (2018).

Ma, W. , Renwick, A. , Yuan, P. , Nazmun, R. , "Agricultural Cooperative Membership and Technical Efficiency of Apple Farmers in China: An Analysis Accounting for Selectivity Bias", *Food Policy* 81 (2018).

Mahmoudsalehi, M. , Moradkhannejad, R. , "How Knowledge Management Is Affected by Organizational Structure", *The Learning Organization* 19 (6) (2012).

Makadok, R. , "Toward a Synthesis of the Resource-Based and Dynamic-Capability Views of Rent Creation", *Strategic Management Journal* 22 (5)

(2001).

Mathew, S. , Seddighi, H. , "The Formation of a Firm's Core Competence and Its Development: An Analysis with a Special Reference to North East England Firms", *European Journal of Management Studies* 27 (3) (2022).

Max, S. , David, B. , "New Model Rural Cooperatives in Gansu: A Case Study", *Journal of Enterprising Communities: People and Places in the Global Economy* 6 (4) (2012).

Miller, K. D. , "A Framework for Integrated Risk Management in International Business", *Journal of International Business Studies* 23 (2) (1992).

Nilsson, J. , Gunner, L. N. , "Are Large and Complex Agricultural Cooperatives Losing Their Social Capital?", *Agribusiness* 2 (2) (2012).

Nilsson, J. , "Organizational Principles for Co-operative Firms", *Scandinavian Journal of Management* 17 (3) (2001).

Nourse, E. G. , *The Place of the Cooperative in Our National Economy: American Cooperation 1942–1945*, Washington D. C. : American Institute of Cooperation, 1995.

Oliver, C. , "Sustainable Competitive Advantages: Combining Institutional and Resource-Based Views", *Strategic Management Journal* 18 (9) (1997).

Ostrom, V. , Feeny, D. , *Rethinking Institutional Analysis and Development: Issues, Alternatives and Choices*, San Francisco: ICS Press, 1993.

Peteraf, M. A. , "The Cornerstones of Competitive Advantages: A Resource-Based View", *Strategic Management Journal* 14 (3) (1993).

Phillips, R. , "Economics Nature of the Cooperative Association", *Journal of Farm Economics* 35 (1) (1953).

Pitts, S. , *Value Chain Integration as an Alternative to Fair Trade for Chiapas*

Coffee Farmers. Entrepreneurship and Development in the 21st Century, Leeds: Emerald Publishing Limited, 2019.

Pokharel, K. P. , Regmi, M. , Featherstone, A. M. , Archer, D. W. , "Examining the Financial Performance of Agricultural Cooperatives in the USA", *Agricultural Finance Review* 79 (1) (2019).

Poole, N. , Donovan J. , "Building Cooperative Capacity: The Specialty Coffee Sector in Nicaragua", *Journal of Agribusiness in Developing and Emerging Economies* 4 (2) (2014).

Porter, M. E. , *Competitive Advantage: Creating and Sustaining Superior Performance*, New York: The Free Press, 1985.

Prahalad , C. K. , Hamel, G. , "The Core Competence of the Corporation", *Harvard Business Review* 68 (3) (1990).

Prahalad, C. K. , Hamel, G. , "Strategy as a Field of Study: Why Search for a New Paradigm?", *Strategic Management Journal* 15 (S2) (1994).

Prieto, I. M. , Revilla, E. , Rodríguez-Prado, B. , "Managing the Knowledge Paradox in Product Development", *Journal of Knowledge Management* 13 (3) (2009).

Pulfer, I. , Mohring, A. , Dobricki, M. , Lips, M. , "Success Factors for Farming Collectives", Paper Submitted to the 12th Congress of the European Association of Agricultural Economists, 2008.

Ragna, S. A. , Evi, H. , "The Use of Tacit Knowledge within Innovative Companies: Knowledge Management in Innovative Enterprises", *Journal of Knowledge Management* 12 (1) (2008).

Rehman, S. U. , Bresciani, S. , Riaz, A. , Giovando, G. , "Unveiling Knowledge Dynamics for Competitive Advantage: Insights into Hiding, Sharing and Big Data Management", *EuroMed Journal of Business* (2024).

Richardson, G. B. , "The Organization of Industry", *The Economic Journal* 82 (327) (1972).

Robbins S. P. , *Management* (4th ed.) , Upper Saddle River: Prentice Hall Inc. , 1994.

Roberts, N. , Campbell, D. E. , Vijayasarathy, L. R. , "Using Information Systems to Sense Opportunities for Innovation: Integrating Postadoptive Use Behaviors with the Dynamic Managerial Capability Perspective", *Journal of Management Information Systems* 33 (1) (2016).

Robotka, F. , *A Theory of Cooperation*, Minneapolis: University of Minnesota Press, 1957.

Royer, J. S. , "Forward Integration by Farmer Cooperatives: Comparative Incentives and Impacts", *Journal of Cooperatives* 10 (10) (1995a).

Royer, J. S. , "Potential for Cooperative Involvement in Vertical Coordination and Value-added Activities", *Agribusiness* 11 (11) (1995b).

Saitone, T. L. , Sexton, R. J. , Malan, B. , "Price Premiums, Payment Delays, and Default Risk: Understanding Developing Country Farmers' Decisions to Market through a Cooperative or a Private Trader", *Agricultural Economics* 49 (3) (2018).

Salvato, C. , Vassolo, R. , "The Sources of Dynamism in Dynamic Capabilities", *Strategic Management Journal* 39 (6) (2018).

Sanchez, R. , *A Scientific Critique of the Resource-Base View (RBV) in Strategy Theory, with Competence-Based Remedies for the RBV's Conceptual Deficiencies and Logic Problems*, Leeds: Emerald Group Publishing Limited, 2008.

Satty, T. L. , Vargas, L. G. , *Decision Making in Economic, Political, Social and Technological Environment with the Analytic Hierarchy Process*, Pittsburgh: RWS Publication, 1994.

Schultz, D. E. , "Integrated Marketing Communications", *Journal of Promotion Management* 1 (1) (1992).

Schumpeter, J. A. , *Theory of Economic Development: An Inquiry into Profits, Capital, Credit, Interest, and the Business Cycle*, Cambridge: Harvard University Press, 1934.

Sexton, R. J. , "Imperfect Competition in Agricultural Markets and the Role of Cooperatives: A Spatial Analysis", *American Journal of Agricultural Economics* 72 (3) (1990).

Shannon, C. E. , "A Mathematical Theory of Communication", *Bell System Technical Journal* 27 (1948).

Shrotriya, G. C. , Daman, P. , *Climate Change and Agricultural Cooperatives*, IFFCO Foundation, New Delhi, 2008.

Shumeta, Z. , Haese, M. D. , "Do Coffee Cooperatives Benefit Farmers? An Exploration of Heterogeneous Impact of Coffee Cooperative Membership in Southwest Ethiopia", *International Food and Agribusiness Management Review* 19 (4) (2016).

Tang, H. K. , "An Integrative Model of Innovation in Organizations", *Technovation* 18 (5) (1998).

Teece, D. J. , Pisano, G. , Shuen, A. , "Dynamic Capabilities and Strategic Management", *Strategic Management Journal* 18 (7) (1997).

Teece, D. J. , "Assessing the Competition Faced by Oil Pipelines", *Contemporary Economic Policy* 4 (4) (2007).

Tennbakk, B. , "Marketing Cooperatives in Mixed Duopolies", *Journal of Agricultural Economics* 46 (1) (1995).

Thomas, R. , Christopher, B. B. , "Agro-industrialization, Globalization, and International Development an Overview of Issues, Patterns and Determinants", *Agricultural Economics* 23 (1) (2000).

Townsend, D. M. , Busenitz, L. W. , "Turning Water into Wine? Exploring the Role of Dynamic Capabilities in Early Stage Capitalization Processes", *Journal of Business Venturing* 30 (2) (2015).

Tribl, C. , "Spatial Competition of Food Processing Cooperatives in a Mixed Market—The Case of Uniform Delivered Pricing", Working Paper, 2009.

Turvey, C. G. , He, G. , Kong, R. , Ma, J. , Meagher, P. , "The 7 Cs of Rural Credit in China", *Journal of Agribusiness in Developing and Emerging Economies*, 1 (2) (2011).

Urban, L. , "Adding Dynamics to Core Competence Concept Applications", *European Business Review* 25 (5) (2013).

Vu, N. H. , Chi, N. T. K. , Nguyen, H. H. , "Effects of Gender and Agricultural Cooperatives on Biodiversity Conservation Farming Practices: Evidence from an Emerging Economy", *Journal of Agribusiness in Developing and Emerging Economics* (2024).

Wernerfelt, B. , "A Resource-Based View of the Firm", *Strategic Management Journal* 5 (2) (1984).

Wilden, W. , Gudergan, A. , Nielsen, G. , Lings, K. , "Dynamic Capabilities and Performance: Strategy, Structure and Environment", *PLS Applications in Strategic Management* 46 (1) (2012).

Wollni, M. , Fischer, E. , "Member Deliveries in Collective Marketing Relationships: Evidence from Coffee Cooperatives in Costa Rica", *European Review of Agricultural Economics* 42 (2) (2015).

Ying, Z. , Zuihui, H. , "Identifying Risks Inherent in Farmer Cooperatives in China", *China Agricultural Economic Review* 6 (2) (2014).

Zanuzzi, C. M. , Fogueesatto, C. G. , Tonial, G. , Pivoto, D. , Selig, P. M. , "Knowledge Management in an Agribusiness Chain: Difference

Between Farmers Who Are Members of Agricultural Cooperatives and Suppliers of Firms", *International Journal of Social Economics* 48 (11) (2012).

Zhang, J., Goddard, E., Lerohl, M., "Estimating Pricing Games in the Wheat-handling Market in Saskatchewan: The Role of a Major Cooperative", In *Cooperative Firms in Global Markets*, Leeds: Emerald Group Publishing Limited, 2007.

Zollo, M., Winter, S. G., "Deliberate Learning and the Evolution of Dynamic Capabilities", *Organization Science* 13 (3) (2002).

Zott, C., "Dynamic Capabilities and the Emergence of Intra-industry Differential Firm Performance: Insights from a Simulation Study", *Strategic Management Journal* 24 (1) (2003).

Zusman, P., *Individual Behavior and Social Choice in a Cooperative Settlement*, Jerusalem: The Magnes Press, 1988.

Zusman, P., "Constitutional Selection of Collective-Choice Rules in a Cooperative Enterprise", *Journal of Economics Behavior and Organization* 17 (1) (1992).

后　记

　　"北京是个站牌……北京是个课堂……北京是个战场……是那个梦一样的城市……北京，我的故乡，风沙红叶是我的成长；北京，我的梦乡，在梦里你蔚蓝金黄！"这首《一个北京人在北京》是我在攻读博士学位三年期间最常听的歌。2012年冬，我来到中国社会科学院递交考博报名材料，站在大门前——飘扬的国旗、威严的警卫、古朴的景泰蓝铜胎瓶；迈入大楼内，学术气氛浓郁——马克思主义研究院、哲学研究所……农村发展研究所，科研人员或在思考撰写或在讨论学术。那时的我，心里特别渴望能够有机会在中国社会科学院深造和学习。2013年夏，我如愿收到了中国社会科学院研究生院的录取通知书。于是，我，一个地地道道的南方姑娘，开始了在北京的求学。

　　我是如此幸运，能够在中国社会科学院这一国家哲学社会科学研究的最高学术机构和综合研究中心学习；我是如此幸运，能够在农村发展研究所这一中国农村问题研究的国家级学术平台攻读博士学位；我是如此幸运，能够师从苑鹏研究员从事农村组织与制度的钻研。和苑老师的相识，是在"2012国际合作社年——农业合作社的国际趋势与中国实践"国际研讨会上。会上，苑老师有关"公司+合作社+农户"的利益联结机制的发言令我至今记忆犹新。和苑老师一起，我第一次来到了山西、河南等地调研；和苑老师一起，我第一次乘坐了京广线；和苑老师一起，我第一次赴意大利调研并有幸访问了联合国粮食及农业组织（FAO）、欧洲合作社和社会企业研究所（EURICSE）……读博期间，苑老师指引我阅读了大量有关农民合作社的经典文献，鼓励我参加导师主持的课题研究，带领我到各地开展实地调研，推荐我参加高水平的学术会议，指导我撰写学术论文，使我深刻认识到了农民合作社发展的意义和前景，进一步明确了科研方向，掌握了相关理论与方法，深入了农民合作社研究的探寻。

感谢中国社会科学院农村发展研究所的张晓山老师、李周老师、崔红志老师、潘劲老师、杜志雄老师、党国英老师、孙同全老师、刘建进老师、任长青老师、曹斌老师、李人庆老师、陆雷老师、赵黎老师、刘长全老师……忘不了张晓山老师的睿智，忘不了崔红志老师的幽默，忘不了潘劲老师的严谨，忘不了杜志雄老师的肯定，忘不了党国英老师的博学，忘不了曹斌老师的热情，忘不了陆雷老师的思想火花，忘不了赵黎老师的细心……在我的学习、调研、毕业论文写作过程中，老师们给予了大量无私的帮助。特别感谢科研处张斌老师，从入学到毕业，张老师始终带领我们一路"奔跑"，不厌其烦地提醒我们求学期间的每一个关键的时间节点和注意事项。

感谢我的同班同学王真、王月金、张斌、赵海兰、惠超、骆李静、李建、何小川、杨建惠、陈晓明、陈梦玫、刘君言！读博期间，我们结下了深厚的友谊。忘不了我们在广阳城地铁站的初次相遇，忘不了我们在图书馆开学术沙龙，忘不了我们骑单车奔驰在良乡镇上，忘不了我们一起在梅花庄小聚，忘不了我们在零下8摄氏度的雪夜冲向文印室打印资料，忘不了我们每天饭后在研究生院小公园里散步谈心，忘不了我们在贡院东街的社科书店为淘到一本好书而欣喜万分……感谢师兄王军、丁忠兵，师姐彭莹莹，师弟刘铁柱，师妹刘亚辉！与他们的学术交流和人生探讨使我受益匪浅。在中国社会科学院研究生院攻读博士学位的时光是我人生最宝贵的财富！

读博期间，我开始关注农民合作社能力研究这一学术领域，迄今整整十余年的时间，见证了中国农民合作社在经历"先发展后规范""边发展边规范""量质并举"三个阶段后进入"高质量发展"的新阶段。在这一发展历程中，能力承担了十分重要的角色。强国必先强农，农强方能国强。加快建设农业强国是中国式现代化的必然要求，是党中央着眼全面建成社会主义现代化强国的战略部署，也是夯实国家安全根基的重要举措。农业强国目标的提出对农民合作社能力建设提出了更为全面、更高质量的要求，如优化配置生产要素的能力、技术赋能农业生产经营的能力、服务带动小农户与现代农业发展有机衔接的能力、农业农村生态环境保护的能力、应对复杂多变外部环境的能力等。可以确认，农业强国目标下的农民合作社能力提升必定是"三农"领域的实践热点。

为此，本书围绕加快建设农业强国目标，讨论农民合作社能力的内涵特征和发展水平，总结农民合作社能力提升以推进农业强国建设的具体实践，并力图提出系统且具有解释力的农民合作社能力理论体系，为构建我国农民合作社的高质量发展模式和政策支持体系提供参照。

在此基础上，我于2024年成功申报获批国家社会科学基金一般项目立项，因此，本著作无疑是该项目"风险叠加背景下农民合作社'能力—韧性'提升机制及政策优化研究"（批准号：24BGL199）的关键性成果。

特别感谢我的博士生导师苑鹏研究员！苑老师在本书的立意选题、论证逻辑、研究启示等方面，提出了中肯的修改意见。正是苑老师的悉心指导和严谨要求，才使得这部专著得以付梓。

感谢浙江大学中国农村发展研究院的黄祖辉教授！黄老师是我研究农村组织与制度的启蒙老师。在我学术研究最迷茫、最困惑的时候，正是黄老师的鼓励和指导，使我能够在农民合作社研究的道路上越走越坚定。

感谢中国农业大学的何秀荣教授、中国人民大学的孔祥智教授、国家发展和改革委员会产业经济与技术经济研究所姜长云研究员对我从事农民合作社能力研究的指导和点拨。你们是我学术研究的标杆和榜样！

感谢温州大学为我提供了良好的科研环境与和谐的工作氛围。感谢我的同事蒋天虹教授、徐世刚教授、叶春霞副教授、郑慧副教授、郑阳阳副教授、陈雪晴副教授、姜亮博士等对本书研究给予的关心和帮助！

近年来，虽然受新冠疫情限制，我还是跑了国内许多地方，了解了不少农民合作社发展的实践，深刻感受到政府部门、农村基层干部、农业生产经营主体、农业社会化服务主体扶持农民合作社高质量发展和投身加快建设农业强国的努力。仅就浙江省而言，应该感谢中国渔业协会的沈学能会长、浙江省湖州市安吉县农业农村局的赖建红站长、安吉女子茶叶专业合作社的宋昌美女士、菱湖旺龙水产专业合作社的费财林社长、德清先锋农机专业合作社的费颖儿女士、温州市农业农村局的徐炯处长、平阳县农业农村局的周高培副局长、梅屿蔬菜专业合作社的黄则强、兴民农村保险互助社的社长林志寅、陈岙村陈众芳书记……他们的智慧和探索为本书研究提供了宝贵的经验事实和理论思考的起点。

还要感谢社会科学文献出版社恽薇老师的精心策划和热心支持。她对本书选题的敏锐视角，对本书写作的鼓励和对本书出版的支持，是本书得以快速问世的重要原因。本书责任编辑、文稿编辑、美术编辑等高效而又富有价值的贡献，让我深刻体会到出版工作"高质量发展"的含义。

我们对以满足广大农民群众需求为导向的农民所有、农民管理、农民受益的农民合作社发展前景满怀希望，对加快建设具有中国特色的农业强国充满信心！到21世纪中叶，当一个综合国力和国际影响力领先的社会主义现代化强国呈现在我们面前，当一个确保粮食和重要农

产品稳定安全供给、农业科技装备先进、农业产业链供应链健全、农业
生产经营体系完善、农业发展方式可持续化、农耕文明历史悠久、国际
竞争力显著的农业强国建成时，必定凝聚着农民的辛勤汗水、农民合作
社发展的实践经验以及农民合作社学者同仁的长期坚守。让我们一起
努力奋斗吧！

张　滢

2025 年 2 月

于北京团结湖

图书在版编目（CIP）数据

农民合作社能力提升研究：以加快农业强国建设为
视角/张滢著.--北京：社会科学文献出版社，2025.
4.--ISBN 978-7-5228-5178-5

Ⅰ.F321.42

中国国家版本馆 CIP 数据核字第 2025AD0297 号

农民合作社能力提升研究

—— 以加快农业强国建设为视角

著　　者／张　滢

出 版 人／冀祥德
组稿编辑／恽　薇
责任编辑／冯咏梅
文稿编辑／赵亚汝　姜　瀚　张真真
责任印制／岳　阳

出　　版／社会科学文献出版社·经济与管理分社（010）59367226
　　　　　地址：北京市北三环中路甲 29 号院华龙大厦　邮编：100029
　　　　　网址：www.ssap.com.cn
发　　行／社会科学文献出版社（010）59367028
印　　装／三河市龙林印务有限公司

规　　格／开　本：787mm×1092mm　1/16
　　　　　印　张：19.75　字　数：264 千字
版　　次／2025 年 4 月第 1 版　2025 年 4 月第 1 次印刷
书　　号／ISBN 978-7-5228-5178-5
定　　价／128.00 元

读者服务电话：4008918866

版权所有 翻印必究